TOEIC®テスト
TEPPAN
英単語

著 スタディサプリENGLISH（英文作成）
関正生（解説）

KADOKAWA

本書は小社既刊『TOEIC テスト TEPPAN 英単語』に、追加単語を加え、内容を加筆・修正した改訂版です。

は|じ|め|に

単語帳がキライな人へ

　この本は、オンラインサービス『スタディサプリ ENGLISH TOEIC®
L&R TEST対策コース』の中で大好評を得ている英単語対策コーナー
『TEPPAN英単語』を書籍化のために磨き上げ、進化させたものです。
初心者〜上級者まで対象としてはいますが、特に以下のような方にオ
ススメできます。

　　□ 単語の丸暗記がキライな人
　　□ 黙々と修行のように単語を覚えるのがイヤな人
　　□ 単語のトリビアが好きな人

　この本がそういった方々に有効な理由を、この本ができた背景を交
えてお話しさせてください。僕は『スタディサプリ ENGLISH』のTOEIC
テスト対策の講義で400本以上の動画を担当して、年間で数万人もの
TOEIC受験者に講義をしています。

　ここ10年以上、ほぼ毎回TOEICテストを実際に受験し、今現在も
990点満点を取り続け、25年以上におよぶ英語講師としての経験の集
大成として、講義動画に様々なノウハウを注ぎ込んでいます。ただ、い
くらそのノウハウに自信があるとはいえ、ネットでの講義ですから一
方的に知識を伝えるだけだと思われがちです。事実、僕自身も最初は
そう思っていましたし、その中で全力を尽くせば、それはそれでTOEIC
受験者に役立つサービスであると思っていました。

教室では聞けない貴重な情報

　しかし実際にサービスが開始されて初めて気づいたのですが、ユー
ザーの声から様々な情報を得ることができたのです。初級者がどこか
ら手をつければいいのか、中級者がどこで効率の悪い勉強をしてしま
うのか、上級者がどこで勘違いをして壁にぶつかっているのか、とい
ったことに関して、たくさんの悩み・報告を得ることができました。

もちろん教室で教えていても受講者の声を聞くことはできます。しかしオンラインサービスだからこそ実現できたのは、「些細な声」をきわめて具体的に聞けることでした。

　普通であれば恥ずかしいと思って声にしないようなことを、ネットを通してのコメントだからこそ気軽に率直に、かつ大量に書いてもらえました。今まで、教室での授業を何万回もこなし、膨大な数のアンケートにもすべて目を通し、日本一多くの受講者を教えてきた自負がありましたが、それでも聞いたことのないような些細な悩みを知ることができたのです。

　そこで得られた、たくさんの貴重な情報は、もちろん色々なところで活用させてもらっていますが、その大半はいまだ『スタディサプリ ENGLISH』のデータベースと僕の頭の中に留まっているままでした。でもそれはあまりにももったいないということで、その情報を書籍で一気に公開した方がいいということになりました。まずは単語暗記に伴う苦痛を取り除くための本を作ろうということで生まれたのがこの本です。

「並べる」だけでなく「覚えさせる」のが単語帳の役目

　単語帳本来の役目は「単語を覚えさせる」ことです。いくらTOEICによく出るからといって、単語を羅列するだけで、「さあ、どれも大事な単語だから、がんばって覚えましょう」と言うことではないはずです。

　そうではなくて、「この本を使ったからこそ、効率的に単語を覚えられた」という経験を提供することこそが単語帳の役目だと信じています。この本では「僕の英単語の知識」と「ユーザーが知っている覚え方」を結集し、さらにユーザーの悩みに対して僕がコメントしたことで「新たに生まれた化学反応のような覚え方」の3本柱が、みなさんの単語学習を効率的に、かつ楽しいものに変えてくれるはずです。

関 正生

記憶エピソードと カクシン解説で 必須単語1148を絶対忘れない

記憶エピソード

カクシン

chi をシと読むことさえ覚えてしまえば、日本語でも「マシン」と使われているので覚えやすかったです。（医師・弁護士などの専門職・800点台）

リスニングで出るので発音に注意しましょう。上級者でも「マスィーン」だと思ってしまう人が多いですが「マシーン」です（ちなみにこれがなまって「ミシン」となりました）。

「エックッセレント！」と大げさに発音する英語の先生がいて、その面白さで頭に残っていたので覚えやすかった。（メーカー・700点台）

本来は「普通を超える(excell=excel)くらいすばらしい」です。ほめるときに Excellent! と言うことがあります。

スペルにはなじみがないですが、「チョイスが良い」のようにカタカナでよく使われるので、そこから覚えました。（学生・300点台）

動詞 choose(choose-chose-chosen と活用)の名詞形が choice です。「買い物で良いチョイス(選択)をする」のように使いますね。

Honda の FIT という車のCMで、「ちょうどいい」と言っていたので、そのイメージでそのまま覚えることができた。（自営業・300点未満）

「ジャストフィット」のイメージ通りです。ちなみに「フィットネスクラブ(fitness club)」は「スポーツクラブ」のことです。

海外出張時に、「クレジットカード」か「現金」かを伝えることが多く、すぐに頭にインプットされました。（メーカー・400点台）

銀行の「キャッシュカード」は「現金をおろすためのカード」です。cash 自体はあくまで「現金」という意味です。

　TOEIC 受験者に必須の単語1148について、「どのように覚えたか」、「なぜ覚えられなかったか」を徹底ヒアリング。年齢・性別・職業、多様な受験者から集めた記憶エピソードの中でも単語学習の気づきやブレイクスルーになるものを厳選し掲載。

　さらに、『スタディサプリ ENGLISH』でTOEIC テスト対策の講義を行ってきた著者による点数に直結するカクシン解説も加え、読むだけで単語のイメージや覚え方をつかめる構成になっています。

本書の使い方

　本書は主に、次の3ステップで使用すると効果的にTOEICテストに必要な英単語を身につけることができるようになっています。

Step 1
見出し語と意味、フレーズ・例文をチェック！

　まずは、見開き左ページの「見出しの英単語」と「意味」を確認します。TOEIC L&Rテストでは「英語→日本語」がわかれば得点できるので、「見出し語の意味」を即答できるようにしてください。ここで欲張って「日本語→英語」まで手を出してしまうと膨大な時間がかかってしまうので、まずはTOEICテストでスコアを上げるために一番効率の良い方法を取ってください。赤シートを使って確認するのもよいでしょう。

Step 2
カクシン解説で点数につながる要点・つまずきポイントの克服法を整理

　次に見開き右ページの「記憶エピソード」→「カクシン解説」の順に読んでください。「記憶エピソード」は学習者の生の声なので、読者の方にとっても思いがけない発見があるかもしれません。「カクシン解説」は、つまずきポイントの克服法や、各単語をTOEICのスコアにつながる知識にブラッシュアップできるように書きました。良いと思うところを拾って自分のものにしてください。

Step 3
音声でいつでもどこでも復習

　Step 1、2で単語の知識がしっかりと蓄積されてきたら、音声を使って、日々のスキマ時間に復習しましょう。

本書音声データのご利用方法

　本書に掲載されている単語と例文の音声を下記のサイトから無料でダウンロードできます。記載されている注意事項をよくお読みいただき、下記のサイトから無料ダウンロードページへお進みください。

https://www.kadokawa.co.jp/product/322102001039

　上記のURLへパソコンからアクセスいただくと、mp3形式の音声データをダウンロードできます。「改訂版　TOEICテストTEPPAN英単語」のダウンロードボタンをクリックしてダウンロードし、ご利用ください。音声のトラック名は本文中の TRACK マークの番号と対応しています。

- ●音声のダウンロードはパソコンからのみとなります。携帯電話・スマートフォンからはダウンロードできません。
- ●音声はmp3形式で保存されています。お聴きいただくにはmp3ファイルを再生できる環境が必要です。
- ●ダウンロードページへのアクセスがうまくいかない場合は、お使いのブラウザが最新かどうかをご確認ください。
- ●フォルダは圧縮されていますので、解凍した上でご利用ください。
- ●なお、本サービスは予告なく終了する場合がございます。あらかじめご了承ください。

本書の音声の構成

本書の音声は次の構成になっています。

① 見出し語の英語
② 見出し語の日本語
③ 例文の英語

※ Extra Words は例文を掲載していないため①、②の音声のみになります。

本書の「記憶エピソード」イラストと表記について

「記憶エピソード」のイラストはアンケートに答えていただいた方の年齢・性別と、エピソードの種類を表しています。エピソード内容にある○○点台という表記はTOEICテストの点数を表しています。

単語をこう覚えた！

単語のココが覚えづらかった…

20代

20代

30代

30代

40代

40代

50代

50代

60代

60代

もくじ

Chapter 1

目標600点の 英単語

この本の核となる単語を確認していきます。普通なら派生語扱いで済ませてしまう単語も TOEIC で重要なもの、多くの人が苦労するものは見出し語として取り上げ、きちんと解説しています。今までに経験したことのないスムーズさで単語を覚えていけるはずです。

0001 machine
[məʃíːn]

名 機械
machinery 名 機械　mechanical 形 機械の
mechanic 名 修理工
例 The **machine** is out of order.
　その機械は故障中です。

0002 excellent
[éksələnt]

形 すばらしい
例 provide **excellent** service
　すばらしいサービスを提供する

0003 choice
[tʃɔ́ɪs]

名 選択・選択肢
choose 動 選ぶ
例 many **choices**
　たくさんの選択肢

0004 fit
[fít]

動 適合する・合う　形 ふさわしい
例 **fit** in a box
　箱に合う

0005 cash
[kǽʃ]

名 現金
例 pay in **cash**
　現金で払う

0006 vacation
[veɪkéɪʃən]

名 休暇　動 休暇を過ごす
例 a paid **vacation**
　有給休暇

0007 government
[gʌ́vərnmənt]

名 政府
govern 動 統治する
例 receive aid from the **government**
　政府から援助を受ける

0008 information
[ìnfərméɪʃən]

名 情報
inform 動 知らせる　informative 形 有益な
例 some important **information**
　重要な情報

12

記憶エピソード　／　カクシン

chi をシと読むことさえ覚えてしまえば、日本語でも「マシン」と使われているので覚えやすかったです。
（医師・弁護士などの専門職・800点台）

リスニングで出るので発音に注意しましょう。上級者でも「マスィーン」だと思ってしまう人が多いですが「マシーン」です（ちなみにこれがなまって「ミシン」となりました）。

「エックッセレントット！」と大げさに発音する英語の先生がいて、その面白さで頭に残っていたので覚えやすかった。
（メーカー・700点台）

本来は「普通を超える（excell=excel）くらいすばらしい」です。ほめるときに Excellent! と言うことがあります。

スペルにはなじみがないですが、「チョイスが良い」のようにカタカナでよく使われるので、そこから覚えました。
（学生・300点台）

動詞 choose（choose-chose-chosen と活用）の名詞形が choice です。「買い物で良いチョイス（選択）をする」のように使いますね。

Honda の FIT という車の CM で、「ちょうどいい」と言っていたので、そのイメージでそのまま覚えることができた。
（自営業・300点未満）

「ジャストフィット」のイメージ通りです。ちなみに「フィットネスクラブ（fitness club）」は「スポーツクラブ」のことです。

海外出張時に、「クレジットカード」か「現金」かを伝えることが多く、すぐに頭にインプットされました。
（メーカー・400点台）

銀行の「キャッシュカード」は「現金をおろすためのカード」です。cash 自体はあくまで「現金」という意味です。

テレビドラマの『ロングバケーション』から、「休暇」という意味がすぐ覚えられた。
（金融・700点台）

vac は「空っぽ」で、「仕事の予定が空っぽ」→「休暇」になりました。vacuum「真空（空っぽの状態）」にも vac が使われています。

なぜかずっと「大統領」という意味と勘違いしており、いまでも時々間違えます。
（会社員・300点台）

確かに President「大統領」とセットで使われることが多いですが、さほど英文の意味にズレはないのでそんなに気にしなくて OK でしょう。

「インフォメーションセンター」など、日本でもよく耳にする単語なので、すぐ覚えられました。
（メーカー・500点台）

「インフォメーションセンター」は店内の「情報」を教える場所です。Part 5 では「information は不可算名詞」というのがポイントです。

0009	**automatic**	形 自動の
	[ɔ̀ːtəmǽtɪk]	automatically 副 自動的に 例 an **automatic** door 自動ドア

0010	**select**	動 選ぶ・選択する
	[səlékt]	selection 名 選択 例 **select** an answer 回答を選択する

0011	**local**	形 地元の・その地方の
	[lóukl]	例 **local** residents 地元住民

0012	**cover**	動 覆う・扱う・取材する・保険をかける・進む
	[kʌ́vər]	例 The article **covers** the accident in detail. その記事は事故について詳細に取り上げている。

0013	**audience**	名 聴衆・観客
	[ɔ́ːdiəns]	例 The **audience** gave a round of applause. 観客が一斉に拍手した。

0014	**guest**	名 招待客・宿泊客
	[gést]	例 a **guest** list for the banquet 宴会の招待客リスト

0015	**helpful**	形 役に立つ
	[hélpfl]	help 動 助ける・役立つ 例 **helpful** advice 役に立つ助言

0016	**success**	名 成功
	[səksés]	succeed 動 成功する　successful 形 成功した successfully 副 首尾よく 例 a key to **success** 成功への鍵

記憶エピソード	カクシン

車の「オートマ」という言葉から、ギアが「自動で変わる」という意味と結びつけて、覚えやすかった。
（ソフトウェア・インターネット・通信・500点台）

automaticなど長い単語では、つい「オートマ<u>チ</u>ック」と発音しがちですので、「オートマ<u>ティ</u>ック」と、ロマンティックに発音してください。ちなみにアクセントは「マ」の部分です。

「セレクトショップの服は、店員さん自身が服を選んでいる」と覚えました。
（会社員・800点台）

lectは「選ぶ・集める」という意味で、elect「選ぶ」、collect「集める」でも使われています。

日本語として使われているローカルに引っ張られて「マイナーな」という意味と勘違いしてしまう。
（学生・600点台）

「田舎の」ではありません！　飛行機ではlocal time「現地時刻」が使われます。空港がある大都市にもlocalが使われているわけです。

「あの曲をカバーする」といったように、普段からよく使うので、意味を覚えるのに苦労しなかった。
（医師・弁護士等の専門職・800点台）

多義語として重要です。「出来事をカバーする」→「扱う・取材する」、「カバーをかけて守る」→「保険をかける」、「道をカバーする」→「進む」です。

『クイズ$ミリオネア』というクイズ番組で、挑戦者が聴衆に答えを聞くときに「オーディエンス」と言っていたので覚えた。
（公務員・600点台）

audiは「聴く」です（audio「オーディオ」のaudiです）。イベントなどで「曲・話を聴く人」→「聴衆・観客」となりました。

テレビの「ゲスト」をイメージしていたが、TOEICでは「お客」という意味で出てくることが多く戸惑った。
（商社・700点台）

guest本来の意味は「招待客・宿泊客」です。どんなに安いホテルでも、宿泊するときはguestなんです。

helpの「助ける」という意味に引っ張られ、なかなか「役に立つ」という意味と結びつけられなかった。
（学生・500点台）

helpには「役立つ」という重要な意味があります。たとえばこの本がみなさんの勉強を「助ける・手伝う」なら、それは「役立つ」と言えますね。

育毛剤のCMでよく聞いたので、そこから「育毛に成功する」というイメージで覚えていました。
（メーカー・400点台）

successは名詞「成功」で、動詞のsucceedとの品詞の区別がPart 5で重要です。ちなみに例のa key to successのtoは前置詞です。

0017 **retire**	動 退職する・引退する
☐☐☐ [rɪtáɪər]	retirement 名 退職 例 **retire** at the age of 60 60歳で退職する

0018 **exchange**	動 交換する 名 交換
☐☐☐ [ɪkstʃéɪndʒ]	例 **exchange** ideas about a project プロジェクトに関する意見を交換する

0019 **monitor**	動 監視する 名 モニター
☐☐☐ [mɑ́nɪtər]	例 **monitor** the progress of a project プロジェクトの進捗状況をチェックする

0020 **hall**	名 ホール・会館
☐☐☐ [hɔ́:l]	例 Employees gathered in the **hall**. 従業員はホールに集まった。

0021 **policy**	名 方針
☐☐☐ [pɑ́ləsi]	例 a strict **policy** 厳格な方針

0022 **complete**	動 完全なものにする・完成させる 形 完全な
☐☐☐ [kəmplí:t]	completion 名 完成・完了 completely 副 完全に 例 **complete** a project on schedule プロジェクトを予定通り完了させる

0023 **completely**	副 完全に
☐☐☐ [kəmplí:tli]	complete 動 完成させる 形 完全な 例 The hotel was **completely** booked. そのホテルは満室でした。

0024 **repair**	動 修理する 名 修理
☐☐☐ [rɪpéər]	例 **repair** a photocopier コピー機を修理する

16

記憶エピソード	カクシン

 日本語でも一般的に定年退職を迎えることを「リタイアする」と言うので、難なく覚えることができました。（商社・500点台）

「再び(re)後ろへ引く(tire)」→「退く・退職する」です。リスニングで「退職する人の送別会」がよく出るので、この単語が使われます。

 大学の頃、交換留学生を「エクスチェンジ・スチューデント」と言っていたので、そのイメージから覚えられた。（会社員・700点台）

外貨両替所(空港にありますが、最近は日本の銀行やデパートでも見かけます)には、**MONEY EXCHANGE**と書いてあります。

 エンジニアのテクニカルレポートで使用します。普段からよく使うのでインプットしやすかったです。（メーカー・400点台）

パソコンの「モニター(画面)」は有名ですが、動詞「監視する」に注意。「モニターを見ながら監視する」と覚えてください。

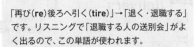 イベントなどで「大ホール、小ホール」とよく見たので、劇場のイメージがもともとあり、すぐに覚えられた。（会社員・300点台）

意味は簡単ですが、短い単語なのでリスニングで聞き落としやすいです。「ホーゥ」という感じで発音されます。

 「彼のポリシーだから」といった具合によく日本でも使うので、その文脈から意味を連想しやすかった。（官公庁・公社・団体・500点台）

日本語でも人の「考え方・方針」のことを「ポリシー」と言いますね。

 よくゲームなどでステージをクリアすると「Mission Complete」と表示されるので、そのイメージで覚えた。（学生・800点台）

カードやマンガを「コンプリートする」というのは、シリーズ全部を集めて「完全なものにする・完成させる」ということです。

 completeの副詞ということで意味は覚えやすかった。（会社員・800点台）

リーディング対策として、not ~ completely「完全に~というわけではない」までチェックしておいてください。

 仕事上、自動車を修理するときに必要な部品を「リペア部品」と呼ぶので、そこに関連付けて覚えました。（メーカー・600点台）

日本語でも「バッグのリペア」と使われています。本来は「再び(re)用意する(pair＝prepare)」→「修理する」です。

0025	**delivery** ☐ ☐ ☐ [dɪlívəri]	**名 配達** deliver 動 配達する 例 an overnight **delivery** 翌日配達

0026	**successful** ☐ ☐ ☐ [səksésfl]	**形 成功した** success 名 成功　successfully 副 首尾よく succeed 動 成功する 例 a **successful** architect 成功した建築家

0027	**effect** ☐ ☐ ☐ [ɪfékt]	**名 効果・結果・影響** effective 形 効果的な・有効な 例 have a good **effect** よい効果がある

0028	**orientation** ☐ ☐ ☐ [ɔ̀:riəntéɪʃən]	**名 オリエンテーション・方向付け** 例 an **orientation** for new employees 新入社員のためのオリエンテーション

0029	**result** ☐ ☐ ☐ [rɪzʌ́lt]	**名 結果　動 結果となる** 例 gain a good **result** よい結果を得る

0030	**cost** ☐ ☐ ☐ [kɔ́(:)st]	**動 (費用が)かかる　名 費用・コスト** 例 The computer **costs** over $1,000. そのコンピューターは1,000ドル以上します。

0031	**document** ☐ ☐ ☐ 名 [dάkjəmənt] 動 [dάkjəmènt]	**名 文書・資料　動 文書に記録する** 例 read **documents** 文書を読む

0032	**overnight** ☐ ☐ ☐ [óuvərnάɪt]	**副 一晩中・夜通し・突然** 例 stay **overnight** 一晩泊まる

記憶エピソード	カクシン
「ピザのデリバリーお願いね」というように、日頃から使っているので、覚えやすい。（教育団体職員・700点台）	意味が簡単で油断しがちですが、Part 5の品詞問題で狙われるので、動詞deliver「配達する」としっかり区別してください。
successの派生語であることがわかりやすいスペルなので、関連付けて覚えやすかった。（学生・600点台）	「成功(success)がたくさん(ful)」→「成功した」です。TOEICではやたらと成功した人ばかり出るので、よく使われる単語です。
デザインの仕事をしており、PCソフト上で「エフェクト」を多用しているので、意味を覚えやすかったです。（広告・出版・マスコミ・600点台）	efは、本来ex「外に」です(ex+fが言いにくいのでefに変化)。effectは「外に(ex)出てきたもの」→「効果・結果・影響」となりました。
「校内オリエンテーション」のように日本語でもよく使うが、具体的にどのような意味かは言うことができない。（官公庁・公社・団体・400点台）	orientは、origin「起源」やoriginal「最初の・独自の」と関連があり、orientationは「最初に正しい方向を向かせること」です。
大学時代「結果を出す」という動詞だと勘違いしていたことがあった。（会社員・600点台）	リスニングでは「リゾルト」のように聞こえることもあります。動詞は、原因 result in 結果、結果 result from 原因 の形で使われます。
「コスト削減」などニュースでよく聞くので、予算などお金に関するイメージを持ってました。（医療・700点台）	日本語の「コスト」は名詞で使われていますが、動詞のほうが重要で、cost 人 お金「人 に お金 がかかる」の形でよく出てきます。
仕事で「ワードドキュメント」という言葉をよく使うので、すんなりと意味を覚えられました。（会社員・700点台）	余裕があれば、動詞「文書に記録する」も覚えてください。document all business expenses「すべての経費を記録する」です。
「夜通し」という意味しか知らなかった。「急に」とかの意味で出てくることは知らなかった。（メーカー・800点台）	「一晩中ずっと」以外に、「夜(night)を越えて(over)」→「一夜で」→「一夜で突然に」という意味もあります。

0033	**damage** □ □ □ [dǽmɪdʒ]	**名** 損害・損傷 **動** 損害を与える・損傷する 例 cause considerable **damage** かなりの損害をもたらす

0034	**detail** □ □ □ [díːteɪl]	**名** 詳細 例 for further **details** さらなる詳細については

0035	**seat** □ □ □ [síːt]	**動** 座らせる　**名** 席・座席 例 Please be **seated**. どうぞご着席ください。

0036	**stock** □ □ □ [stɑ́k]	**名** 株・在庫 例 out of **stock** 在庫切れで

0037	**exercise** □ □ □ [éksərsàɪz]	**動** 運動する・行使する　**名** 運動・行使 例 **exercise** at a fitness center フィットネスセンターで運動する

0038	**anniversary** □ □ □ [æ̀nəvə́ːrsəri]	**名** 記念日・〜周年 annual **形** 毎年の 例 celebrate a 15th **anniversary** 15周年を祝う

0039	**press** □ □ □ [prés]	**名** 新聞・報道　**動** 押す・圧力をかける 例 according to a **press** release 報道発表によると

0040	**discount** □ □ □ [dískaunt]	**名** 割引　**動** 割り引く 例 offer a 5% **discount** 5%割引にする

記憶エピソード	カクシン

「ダメージヘア」「ダメージを与える」など、日本語として普段から使っているので簡単に覚えられました。（メーカー・700点台）

発音に注意してください。「ダメージ」ではなく「ダミッジ」です。

日本語表記「ディテール」で発音を覚えたのですが、実際の発音が違うので、音を覚えるのに苦労しました。（サービス・500点台）

聞き取りに苦労しているという声がすごく多かったです。最初の de をオーバーに強く読んで覚えてください。

シートという日本語もあるので覚えやすかったが、動詞は「座る」だと思っていて学校のテストで間違えてしまった。（学生・600点台）

「座る」という勘違いがすごく多いですが、seatは「座らせる」です。受動態 be seated で「座らせられる」→「座る」となります。

「在庫」の意味で覚えていたのですが、資産運用を始めてから「株」の意味を持つことを初めて知りました。（メーカー・400点台）

本来「木の幹」で、幹が成長するイメージから「お金が増えるもの」→「株」、「株は財産をためたもの」→「在庫」となりました。

「ダイエットのためにエクササイズする」など普段からよく使う言葉なので、無理なく覚えられました。（会社員・800点台）

本来は「使う」という意味で、「(体を)使う」→「運動する」、「(力などを)使う」→「行使する」となりました。

普段から使うので意味はわかりますが、TOEICでは「年に一度」の意味で出ることが多いので注意したいです。（会社員・400点台）

鋭い指摘ですね。実は、annual「毎年の」と関連があって、「毎年やってくる記念日」というイメージで覚えると TOEIC で役立ちます。

私はサラリーマンなので、「ズボンに折り目がついていないといけない。プレスしよう」と記憶しました。（金融・400点台）

本来「押す・圧力をかける」です。印刷するときに圧力をかけて印刷したため、press がそのまま「新聞・報道」になりました。

よく使われる「ディスカウントストア」という言葉から連想しやすい。安売りのお店のイメージ。（自営業・700点台）

「反対に(dis)数える(count)」→「割引」です。ちなみに「ディスカウントショップ」とは「大量に仕入れ、その分を割り引いて売る店」です。

0041	**propose** [prəpóuz]	動 提案する
		proposal 名 提案
		例 **propose** flexible working hours
		フレックスタイム制を提案する

0042	**finally** [fáɪnli]	副 ついに・最後に
		final 形 最終の
		例 **finally** complete a project
		ついにプロジェクトが完了する

0043	**organize** [ɔ́rgənàɪz]	動 組織する・まとめる・整理する
		organization 名 組織・団体
		例 **organize** a committee
		委員会を組織する

0044	**guideline** [gáɪdlàɪn]	名 指針・ガイドライン
		guide 動 案内する・指導する 名 ガイド・案内書
		例 change a **guideline**
		指針を変更する

0045	**exit** [égzɪt]	名 出口 動 (建物などから)出る
		例 emergency **exit**
		非常口(緊急時の出口)

0046	**deadline** [dédlàɪn]	名 締め切り
		例 meet a **deadline**
		締め切りに間に合わせる

0047	**growth** [gróuθ]	名 成長
		grow 動 成長する
		例 **growth** and development of a company
		会社の成長と発展

0048	**creative** [kriéɪtɪv]	形 創造的な
		create 動 創造する
		例 a **creative** work
		創造的な作品

プロポーズは日本だと結婚前に行う告白だという印象が強いので、「提案する」という意味がなかなか出てこない。
（メーカー・600点台）

本来「提案する」という意味なんです。「結婚を提案する」の意味だけが日本人の間で有名になってしまったわけですね。

安室奈美恵のアルバム「Finally」から最後のイメージが連想しやすかったです。
（ソフトウェア・インターネット・通信・400点台）

「ついにとうとうここまできた…」というイメージの単語です。ちなみに fin「終わり」は、finish「終える」にも使われています。

鞄の中身がまとまっているときに「organize されている」と褒められたことからも記憶に残っています。
（教育・700点台）

organ「器官」から生まれたのが動詞 organize です。「組織する」→「（きちんと）まとめる・整理する」ということです。

「ガイドライン」は日本語でもよく使うので、そこから連想して「指針」の意味を覚えるのは難しくなかった。
（商社・800点台）

政策などの指針を「ガイドライン」と言いますね。「案内・指導する（guide）方向性（line）」→「指針」となりました。

普段目にする非常口の上にある緑の電灯。そこにExitと書いてあるので覚えやすかった。
（サービス・400点台）

デパート・学校などの「出口」や「非常口」にはExit と表示されています。ex は「外」を表し、本来は「外に行く」という意味です。

研究室に所属してから、日々deadlineとの戦いをしているので、親近感がある。
（学生・700点台）

「守れなければ命を失う（dead）境界線（line）」→「締め切り」です。結構シビアな語源なんですね。

仕事でこの言葉をよく使うので覚えやすかったです。
（メーカー・500点台）

grow の名詞形で、ニュースを聞いていると必ず出てくる単語です。成長企業が多い TOEIC の世界では頻繁に使われます。

「クリエイティブな仕事」などよく聞く言葉なので、特に問題ありませんでした。
（サービス・600点台）

「創造的・独創的な方法」を表すのに使います。Part 7の「求人広告」や「コンテスト」などでよく出てくる単語です。

0049 legal
[líːgl]

形 合法の・法的な
law 名 法律　illegal 形 違法の
例 take **legal** action
法的手段を取る

0050 easily
[íːzli]

副 容易に
easy 形 容易な
例 **easily** accessible
容易に入手できる

0051 possibility
[pὰsəbíləti]

名 可能性
possible 形 可能な・見込まれる
possibly 副 もしかすると
例 a **possibility** of acceptance
受諾可能性

0052 conference
[kάnfərəns]

名 会議
例 hold a **conference**
会議を行う

0053 weekly
[wíːkli]

形 毎週の・1週間の
week 名 週
例 a **weekly** conference
週1回の定例会議

0054 quarter
[kwɔ́ːrtər]

名 4分の1・四半期
quarterly 形 4分の1の・四半期の
例 a sales estimate for the second **quarter**
第二四半期の販売予測

0055 quarterly
[kwɔ́ːrtərli]

形 4分の1の・四半期の
quarter 名 4分の1・四半期
例 a **quarterly** report
四半期報告

0056 lecture
[léktʃər]

名 講義
例 give a **lecture**
講義をする

記憶エピソード		カクシン

『リーガルハイ』という弁護士が主役のドラマがあったので、「法律の」という意味が覚えやすかったです。（学生・400点台）

> **leg** は **law**「法律」と関連があります。ちなみに『リーガルハイ』は僕の人生でベスト5に入るドラマです。

easy と easily などの形容詞と副詞の見分けが苦手です。TOEIC の空欄補充でどちらを入れるか迷います。（教育関係パート・アルバイト・500点台）

> 形容詞 **easy** に「副詞を作る **ly** がついた」ものが **easily** です。「形容詞 +ly = 副詞」と知っておいてください。

「可能な」という意味の形容詞 possible と間違えそうになります。（小売・400点台）

> **possible**「ありうる」は **-ible** で終わるので形容詞。**-ty** で終わる **possibility** は名詞です。

会社で会議室を「カンファレンスルーム」と呼ぶので、「会議」という意味が頭に入りやすかったです。（会社員・500点台）

> 発展として、**conference call** は「電話会議」のことで、海外にオフィスを持つ会社では頻繁に使われています。

スマホゲームで1週間に1回の「ウィークリーボーナス」というものがあり、そのイメージで覚えている。（学生・300点台）

> 「形容詞 +ly = 副詞」が基本ですが、「名詞 +ly = 形容詞」となります。「名詞 week+ly = 形容詞 weekly」です（このルールはかなり便利です）。

大学受験では「4分の1」で出ることが多かったが、TOEIC では「四半期」でよく出るので、注意したいと思う。（学生・700点台）

> 本来は「4分の1」ですが、ビジネスでは「1年を4つの期間に分けた、3カ月単位の期間」を指します。大学生は「4分の1」しか知らず、よく間違えるので注意。

quality とスペルがとても似ているので、よく間違えてしまいます。（自営業・500点台）

> まずは **quarter** をしっかり覚えてください。次に品詞に注意して、「名詞 quarter+ly = 形容詞 quarterly」と考えれば OK です。

主人がよく「レクチャーを受ければできるよ」と言うので覚えた。（団体職員・教育・700点台）

> 良いご主人ですね。ちなみに、**lecture on ~**「～についての講義」です。この **on** は「意識の接触（～について）」です。

0057	**chart**		**名 図表**
	[tʃɑ́ːrt]		例 a statistical **chart**
			統計表

0058	**continue**		**動 続ける・続く**
	[kəntínjuː]		**continuous** 形 継続的な
			例 **continue** to work
			働き続ける

0059	**store**		**名 店・蓄え　動 蓄える・貯蔵する**
	[stɔ́ːr]		**storage** 名 貯蔵・倉庫
			例 a **store** of emergency food
			非常食の蓄え

0060	**formal**		**形 正式な**
	[fɔ́ːrml]		**casual** 形 カジュアルな
			例 **formal** attire
			正装

0061	**appointment**		**名 約束・予約**
	[əpɔ́intmənt]		例 make an **appointment** with a doctor
			病院の予約をする

0062	**expensive**		**形 高価な**
	[ikspénsiv]		**expense** 名 費用　**inexpensive** 形 安価な
			例 **expensive** furniture
			高価な家具

0063	**focus**		**動 焦点を置く・集中する**
	[fóukəs]		例 **focus** on the first issue
			初めの問題に焦点を当てる

0064	**open**		**形 開いている・営業中の**
	[óupn]		**動 開く・開ける**
			opening 名 開店・(職の)空き
			例 be **open** until 9 P.M. 午後9時まで開いている

26

記憶エピソード	カクシン
これは「図表」という意味で、日本語の中でも使っていたので覚えるのに苦労しませんでした。（メーカー・500点台）	「今週のヒットチャート」とは「ランキングの表」のことです。プレゼンでは欠かせない単語です。
ゲームで「コンティニューする」とよく見るので、そこから「継続する」という意味を連想しやすいです。（事務員・500点台）	ドラマで使われる「to be continued（続く）」は「これから続けられる」→「続く」です（to不定詞は「これから〜する」の意味）。
「お店」の意味がありますが、「蓄え・保存」という意味もあるため、混乱しやすい。（ソフトウェア・インターネット・通信・700点台）	お店は「ものを蓄えておく場所」なので、「store（お店）に蓄える」と覚えてください。
結婚式に着ていったスーツが「堅苦し」かったので、「形式ばった」の意味が実感とともに頭に入っています。（学生・400点台）	本来「形（form）にこだわった・形式ばった」です。「フォーマルなドレス（formal dress）」とは「正式な場で着る服（礼服・正装）」です。
仕事でよく「顧客のアポはとれた？」と使うので、意味を覚えやすかったです。（金融・600点台）	日本語の「アポ」は「仕事の約束」しか表しませんが、本来は「人との面会」で、TOEICでは「医者との面会」→「病院の予約」でよく出ます。
海外で買い物中、店員に勧められたときに断るため「too expensive」と使っていたら、覚えてしまいました。（メーカー・500点台）	expensの部分はspend「費やす」と関係があります。exは「外へ」なので「外へ費やす」→「（多くの）費用がかかる・高価な」です。
アニメ『フィニアスとファーブ』で主人公の姉が「集中しなければ」というときにfocusを使っていたので覚えた。（無職・500点台）	カメラで自動的に「焦点」を合わせる機能を「オートフォーカス」と言います。focus on 〜「〜に焦点を置く・重点を置く」の形が重要です。
自動詞・他動詞・名詞・形容詞と幅広く使える単語なので、その点を意識して捉えるようにしています。（メーカー・600点台）	その通りですね。特に形容詞が大事で、店頭の札などに書かれているOPENとは「開いている」→「営業中」という形容詞です（ちなみに動詞は「開く」という動作を表します）。

0065	**bargain** ☐ ☐ ☐ [báːrɡən]	名 バーゲン品・安値・契約・取引 例 buy a sweater at a **bargain** セーターを特売価格で買う
0066	**medicine** ☐ ☐ ☐ [médəsn]	名 医学・薬 medication 名 薬 例 take **medicine** 薬を飲む
0067	**bottom** ☐ ☐ ☐ [bátəm]	名 底・最下層 例 the **bottom** of a container 容器の底
0068	**celebrate** ☐ ☐ ☐ [séləbrèɪt]	動 祝う celebration 名 祝賀　celebrity 名 有名人 例 **celebrate** the completion of a project プロジェクトの完成を祝う
0069	**official** ☐ ☐ ☐ [əfíʃəl]	形 公の・公式の 例 make an **official** statement 公式声明を発表する
0070	**quickly** ☐ ☐ ☐ [kwíkli]	副 すぐに・速く・素早く 例 respond **quickly** to the complaints 苦情に素早く対応する
0071	**unique** ☐ ☐ ☐ [juːníːk]	形 独特な 例 a **unique** advertising campaign 独特な広告キャンペーン
0072	**expert** ☐ ☐ ☐ [ékspəːrt]	名 専門家 expertise 名 専門知識 例 an **expert** in finance 金融の専門家

記憶エピソード	カクシン

魅惑的な単語です。この言葉を見かけたら、立ち寄らずにはいられません。でも「契約」の意味を忘れがちです。
（公務員・700点台）

本来「値切る」で、そこから「バーゲン品・安値」、そして「（値切って行う）契約・取引」となりました。この意味は魅惑的ではないでしょうね。

医学に関するものか薬に関するものかがうまく整理できておらず、混乱することがあります。
（医師・弁護士等の専門職・700点台）

本来「医学」で、そこから「薬」の意味が生まれました。「医学」と「薬」の区別は文脈判断ですが、TOEICの英文では簡単にできるのでご安心を。

「ボトムアップの意思決定」とか、「トップダウンの意思決定」とかよく使うので、「底・底辺」の意味がイメージしやすい。
（金融・700点台）

真面目なコメントは左にあるので、僕は中学の同級生が bottom を覚えるときに使った「ボットンと底に落ちる」という品のない言葉を。

安室奈美恵さんの『CAN YOU CELEBRATE?』という曲で知っていた。
（公務員・400点台）

「セレブ」とは、celebrity「有名人」で、元々「有名で祝福される人」のことです。「お金持ち」という意味ではありません！

「オフィシャルグッズ」のように普段からよく使うので、覚えるのに苦労はしなかったです。
（会社員・800点台）

「オフィシャルサイト」は「公式のウェブサイト」で、日本語でも「オフィシャル〇〇」のように、公式のものによく使われていますね。

バレーボールで「クイックアタック」という相手選手もついてこられない早業があり、その quick から覚えました。
（医療・700点台）

「形容詞 quick（速い・素早い）+ly＝副詞 quickly（速く・素早く）」ですね。quickly を素早く発音しながら覚えてください。

「面白い」という意味だけで覚えており、「類のない」といった意味を覚えにくかったです。
（サービス・600点台）

「面白い」のイメージは捨ててください。「独特」という意味で、「オンリーワン」に近い感じです。

日本語で「エキスパート」と呼ぶことが一般的ですが、発音は「エキスパット」に近いので、混乱してしまいます。
（会社員・400点台）

発音というより「アクセント」を意識したほうがイメージがつかめます。先頭を強く読む意識を持てば OK です。

0073	**based** ☐ ☐ ☐ [béɪst]	形 ～に拠点のある・～に基づいた 例 The team is **based** in Florida. そのチームはフロリダを拠点としています。

0074	**update** ☐ ☐ ☐ ☐ 動[ʌ̀pdéɪt] 名[ʌ́pdèɪt]	動 最新のものにする・更新する 名 最新情報 例 frequently **updated** Website 頻繁に更新されるウェブサイト

0075	**advance** ☐ ☐ ☐ [ədvǽns]	動 前進させる・前進する　名 前進 例 **advance** to the next stage 次の段階に前進する

0076	**basis** ☐ ☐ ☐ [béɪsɪs]	名 基準・基礎 basic 形 基礎の 例 on a daily **basis** 毎日

0077	**security** ☐ ☐ ☐ [sekjúərəti]	名 警備・安全・安心 例 enhance **security** 警備を強化する

0078	**entry** ☐ ☐ ☐ [éntri]	名 入場・登録・（投稿）記事 enter 動 入る・入力する 例 **entry** to a hall ホールへの入場

0079	**agree** ☐ ☐ ☐ [əgríː]	動 同意する agreement 名 合意・取決め　disagree 動 反対する 例 **agree** to postpone a meeting 会議を延期することに同意する

0080	**deliver** ☐ ☐ ☐ [dɪlívər]	動 配達する・伝える・（演説を）する delivery 名 配達 例 **deliver** an election speech 選挙演説を行う

記憶エピソード	カクシン
映画などで、based on the fact「事実に基づいた」という表現を見るので、イメージはつかみやすかったです。（会社員・800点台）	TOEICでは、**Tokyo-based**「東京に本社がある」の使い方も重要です（**Part 7**では、本社の場所が問われることが多いので）。
パソコンやスマホで、「ソフトウェアのアップデート」という表示が頻繁に出てくるので覚えやすかった。（ソフトウェア・インターネット・通信・500点台）	「最先端の（**up-to-date**）ものにする」→「最新のものにする・更新する」ということです。
講座の「アドバンスコース」を「上級者向け」と思っていたので、「前進させる」という意味が覚えづらかったです。（学生・500点台）	「アドバンス（ト）コース」は「前に進められた人のコース」→「上級コース」です。in advance「前もって」という熟語も重要です。
basicは普段からよく使うので覚えやすいですが、basisは日常で使う機会もないので、覚えにくかったです。（会社員・700点台）	**basic**はicで終わるので形容詞メインの単語です。**basis**は名詞で、**on a ~ basis**「～という基準で」の形でよく使われます。
情報セキュリティマネジメントシステムの業務で使用し「防衛」のイメージが強く、「安全」は覚えにくかったです。（会社員・300点台）	かなりマニアックなコメントですね。最近はビルの警備員の制服に**SECURITY**と書かれています。明日の朝にでもぜひチェックを。
『エヴァンゲリオン』でエヴァに乗るときに入るプラグを「エントリープラグ」と言うので、そのイメージで覚えた。（会社員・500点台）	「コンテストにエントリーする」とは「そのコンテストに入ること」です。また「SNSの記事の入力」→「（投稿）記事」という意味も重要です。
日本の討論番組で、「この意見にAgree? それともDisagree?」というのがあって覚えられた。（商社・700点台）	**agree with**人「人に賛成だ」、**agree to**名詞「（提案）に同意する」、**agree to**原形「～することに同意する」の形が重要です。
デリバリーのピザがない頃、「婆さんが出かけて配達する（デリヴァーのヴァーにかけて）」で覚えました。（サービス・400点台）	「届ける」が意味の中心で、「物を届ける」→「配達する」だけでなく、「言葉を届ける」→「伝える・演説をする」となりました。

0081	**understand** [ʌ̀ndərstǽnd]	**動 理解する** 例 **understand** a procedure 手順を理解する

0082	**modern** [mádərn]	**形 現代の** 例 specialize in **modern** art 現代美術を専門とする

0083	**energy** [énərʒi]	**名 エネルギー** **energetic 形** 活動的な・精力的な 例 renewable **energy** 再生可能なエネルギー

0084	**scientific** [sàiəntífik]	**形 科学的な** **science 名** 科学 例 a **scientific** experiment 科学実験

0085	**schedule** [skédʒuːl]	**名 予定・スケジュール 動 予定する** **reschedule 動** 予定を変更する 例 change a **schedule** 予定を変更する

0086	**simply** [símpli]	**副 単に** **simple 形** 単純な・簡単な 例 **Simply** click here for details. こちらをクリックするだけで詳細が表示されます。

0087	**regular** [régjələr]	**形 通常の・規則的な・定期的な** **regularly 副** 規則正しく・定期的に 例 a **regular** audit 定期的な監査

0088	**trend** [trénd]	**名 傾向・流行 動 傾く** 例 a recent **trend** 最近の動向

記憶エピソード	カクシン

 アジカンの『アンダースタンド』という曲が好きだったので、その歌詞の流れから意味を覚えやすかったです。
（会社員・800点台）

英会話してると、ネイティブって結構ストレートに、I don't understand.「理解できません」とか言うので、意外と傷つきますよね。

 GLAY世代の私には『彼女の"Modern ..."』という曲で覚えた単語。高校時代の記憶が甦る単語。
（医師・弁護士等の専門職・500点台）

この曲は鮮烈でしたね（当時僕は大学生）。modern life「現代生活」やmodern society「現代社会」もチェックしておいてください。

 「エナジードリンク」という言葉をよく聞くので、「エネルギー」という意味を覚えやすかったです。
（自営業・400点台）

「エナジードリンク（エネルギー補充の栄養ドリンク）」では、energyが正しい発音で使われていますね。

 scienまでの綴りから「科学」に関連する言葉ということが連想しやすく、覚えやすかった。
（会社員・500点台）

science「科学」の形容詞です。a scientific research「科学的な研究」も覚えておいてください。

 「スケジュール帳」など毎日使っているものの名前なので、覚えるのに苦労はしませんでした。
（学生・300点台）

イギリス式発音では「シェジュール」になることを知っておいてください。TOEICではスケジュール変更だらけなので、よく出てきます。

 simpleが「単純な」なので、それの副詞で「単に」と覚えています。simply because ～をよく聞く気がします。
（ソフトウェア・インターネット・通信・900点台）

「単に～するだけ」というシンプルなイメージです。ちなみに、simply because ～は「単に～という理由で」となります。

 野球部員やスポーツのレギュラーがすぐに思い浮かび、「定期的な」の意味がすぐに頭に入りませんでした。
（メーカー・600点台）

スポーツの「レギュラー選手」は「規則的に決まって試合に出る選手」のことです。飲み物の「レギュラーサイズ」は「通常のサイズ」です。

 「トレンドチェック」や「最近のトレンド」などよく聞く言葉なので、「傾向」という意味が頭に入りやすかったです。
（学生・600点台）

本来「傾く」という意味で、「人の心が傾くこと」→「傾向・流行」となりました。

0089 **discuss** ☐☐☐ [dɪskʌ́s]	**動 話す・議論する** discussion **名** 討議 例 **discuss** the best way 最善の方法を話し合う	

0090 **downstairs** ☐☐☐ [dáunstéərz]	**副 下の階へ** upstairs **副** 上の階へ 例 go **downstairs** 下の階へ行く	

0091 **editor** ☐☐☐ [édətər]	**名 編集者** edit **動** 編集する editorial **形** 編集の 例 an **editor** of a science journal 科学雑誌の編集者	

0092 **add** ☐☐☐ [æd]	**動 加える** addition **名** 追加 additional **形** 追加の 例 **add** sugar 砂糖を加える	

0093 **operate** ☐☐☐ [ápərèɪt]	**動 操作する** operation **名** 操作 例 **operate** a new assembly line 新しい組み立てラインを稼働させる	

0094 **include** ☐☐☐ [ɪnklúːd]	**動 含む** including **前** ～を含めて exclude **動** 除外する 例 This notice **includes** important information. このお知らせは重要な情報を含みます。	

0095 **industry** ☐☐☐ [índəstri]	**名 産業・業界** industrial **形** 産業の 例 the advertising **industry** 広告業界	

0096 **report** ☐☐☐ [rɪpɔ́ːrt]	**動 報告する・直属する 名 報告（書）** reportedly **副** 伝えられるところによれば 例 **report** to a manager 部長に報告する	

記憶エピソード	カクシン

みんなで討論するときに「ディスカッションする」と言うので、その動詞ということですぐに覚えられた。（メーカー・400点台）

スタディサプリの講義で「必ずしも激しい議論とは限らず、普通に『話す・相談する』でもよく使われる」という説明をしたら、すごく評判が良かったです。

海外のホテルで、階下に降りるエレベーターでdownstairsと言っている人を見かけて、覚えました。（サービス・400点台）

僕も銀座のデパートで外国人が"Downstairs!"と言ってるのを聞いたことがあります。TOEICでは「副詞」というのも重要です。

プログラムを組むためのソフトウェアを「エディター」と言うので、プログラムを「編集するもの」と覚えています。（官公庁・公社・団体・500点台）

リスニングで「職業を問う問題」の選択肢でよく使われます。editor in chiefなら「編集長」となります。

アメリカにいたとき、レシピに必ずこの単語が書いてあったので、何度も見ているうちに覚えました。（教育関係パート・アルバイト・800点台）

Facebookの友人申請では英語で"Add me!"と出てきます。友達リストに「加えて！」という意味です。

コールセンターの「オペレーター」や、手術の「オペ」という言葉からイメージを頭に入れて覚えました。（公務員・500点台）

Part 1では「（機械を）操作する」で出てきます。本来「仕事をさせる」で、「（機械に）仕事をさせる」→「操作する」となりました。

プログラミングで頻出単語なので、なじみがあり覚えやすいです。（ソフトウェア・インターネット・通信・500点台）

「中へ〈in〉閉じる〈clude=close〉」→「閉じ込める」→「含む」となりました。including tax「税込み」でも使われていますね。

「産業」という意味は覚えていましたが、「業界」の意味がわからず、Part 7で困ったことがあります。（商社・800点台）

スタディサプリの講義で「『産業』よりも『業界』のほうがよく使われる」と説明して反響が大きかった単語です。

「レポート」は大学でよく聞くワードの1つ。普段から自然と使っているので覚えるのに苦労はしませんでした。（学生・600点台）

1つ注意が必要なのは、report to ～「～に報告する・～に直属する」という熟語。「報告相手は上司」→「（上司に）直属する」です。

0097 **passenger** ☐ ☐ ☐ [pǽsndʒər]	名 乗客 例 **passengers** on an airplane 飛行機の乗客	

0098 **position** ☐ ☐ ☐ [pəzíʃən]	名 役職・地位・位置 例 apply for a **position** 職に応募する

0099 **capacity** ☐ ☐ ☐ [kəpǽsəti]	名 能力・収容力 例 a seating **capacity** of 10 10人分の座席

0100 **flat** ☐ ☐ ☐ [flǽt]	形 平らな・(タイヤが)パンクした 例 a **flat** tire パンクした**タイヤ**

0101 **mainly** ☐ ☐ ☐ [méɪnli]	副 主に main 形 主な 例 What is the conversation **mainly** about? その会話は主に何についてですか?

0102 **develop** ☐ ☐ ☐ [dɪvéləp]	動 開発する・発展させる development 名 開発・発展 例 **develop** new software 新しいソフトウェアを開発する

0103 **rate** ☐ ☐ ☐ [réɪt]	名 料金・割合・相場 例 utility **rates** 公共料金

0104 **delay** ☐ ☐ ☐ [dɪléɪ]	動 遅らせる・遅れる　名 遅延 例 The train is **delayed** by one hour. 電車が1時間遅れています。

電車に乗っていると車内アナウンスでよく聞く。電車で使われる単語は何度も聞くので覚えやすい。
（メーカー・500点台）

「改札を通り過ぎる（pass）人」と考えてください。みなさんが電車・バスに乗ってこれを読んでいれば、まさに今 passenger なわけです。

サッカーで「ポジション争い」などとよく使うので、覚えやすかったです。
（学生・500点台）

スポーツ以外にも、社会的な立場など様々な「立場」に使われる単語です。

仕事量が多すぎると「キャパオーバー」と言ったりするので、「容量」というイメージは覚えやすかったです。
（ソフトウェア・インターネット・通信・500点台）

「（ある場所の）収容力」を日本語で「キャパ」と言いますが、capacity のことです。「場所が（人など<u>を）収容できる能力</u>」ということです。

住宅ローンの「フラット35」をイメージして、金利が平らで安定的なイメージをしました。
（ソフトウェア・インターネット・通信・600点台）

例の a flat tire はパンクの結果、空気が抜けて、地面に対して「平ら」になったタイヤのイメージです。

「メインイベント」のようによく使われる main の副詞形としてすぐに覚えられました。
（会社員・600点台）

例はそのまんま TOEIC の設問で出てきますね。以前は「メーン」と書かれることもありましたが、正しい発音は「メイン」ですね。

---

develop と developed の単語の意味の違いを覚えるのが少し大変だった。
（学生・500点台）

グイグイと広がっていくイメージの単語です。developed は過去分詞で「発達させられた」→「発展した」で、developed countries「発展した国」→「先進国」のことです。

通貨交換をする際に「レート」という言葉が用いられているため、それと関連付けて覚えています。
（商社・700点台）

「割合」や「レート（相場）」が有名ですが、TOEIC では「料金」という意味でもよく使われます。utility は本来「実用」という意味です。

エレキギターの音の効果を出す機械に delay というのがあり、そのイメージから覚えやすかったです。
（会社員・600点台）

日本の駅や空港でも遅延情報は"Delay"と表示されます。現実でも TOEIC の世界でも、飛行機はよく遅れるだけに、頻繁に使われます。

0105	**rent** [rént]	動 賃貸する・賃借する **lend** 動 貸す 例 **rent** a car 車を借りる

0106	**standard** [stǽndərd]	名 標準・基準　形 標準の 例 a **standard** level 標準レベル

0107	**award** [əwɔ́:rd]	動 授与する　名 賞 例 Mr. Brown was **awarded** the first-prize. Brownさんは1等賞を授与されました。

0108	**native** [néɪtɪv]	形 母国の・出生地の・生まれつきの 例 **native** English speaker 英語が母語の人

0109	**condition** [kəndíʃən]	名 状況・条件 例 economic **conditions** 経済状況

0110	**casual** [kǽʒuəl]	形 カジュアルな・気軽な **formal** 形 正式な 例 **casual** attire カジュアルな服装

0111	**historical** [hɪstɔ́:rɪkl]	形 歴史的な **history** 名 歴史 例 a **historical** event 歴史上の事件

0112	**manage** [mǽnɪdʒ]	動 管理する・どうにかして〜する・ やり遂げる **management** 名 管理・経営　**manager** 名 管理人・経営者 例 **manage** a database of information 情報のデータベースを管理する

rent と lend の違いがわからなくなり、Part 5 の選択問題で間違えることが多いです。
（学生・700点台）

rent には「貸す・借りる」両方の意味があります（文脈で判断できます）。**FOR RENT**（貸し家あり）という表示は日本でもよく見かけます。

「標準」という意味は覚えやすいのですが、「軍旗・旗印」といった意味がなかなか思い浮かびません。
（公務員・700点台）

え、「軍旗」とか覚えなくて大丈夫ですよ。どこで出てきたんでしょう…。a standard of living「生活水準」がわかればもう十分です。

オスカー像を掲げている様子と結びつけて覚えるようにしています。
（メーカー・600点台）

年末のテレビ番組の「賞を与える番組」を「○○アワード」と言っています。ただし本当の発音は「アウォード」です。

「ネイティブスピーカー」といったように、日常会話によく出てくるので覚えやすい。
（メーカー・600点台）

「英語のネイティブスピーカー」というのは、「生まれつき英語を話す人」ということです。私たちは日本語のネイティブなわけです。

スポーツなどで人の「コンディションが良い、悪い」と使うので、人に対してのみ使うものと勘違いしていました。
（メーカー・500点台）

なるほど、では次のイメージで。「グラウンドのコンディションが悪い」とは「グラウンドの状態が悪い」で、「人以外」にも使えますね。

最近実施する企業が増えている「カジュアル面談」＝「気楽な面談」という位置づけから、連想しやすいです。
（会社員・500点台）

「カジュアルな服」とは、「打ち解けた（リラックスできる）服」で、**formal**「フォーマルな」の反対です。

history は知っていたので、cal で終わっていることからその形容詞形であることは想像がつきました。
（医師・弁護士等の専門職・800点台）

history「歴史」の形容詞形です。**historical events**「歴史上の事件」や **historical site**「名所・旧跡」などは観光地でもよく使われます。

「マネージャー」から manage の意味を推測しようとしたが、「なんとかして～する」の意味は推測できなかった。
（学生・600点台）

「芸能人のマネージャー」は「芸能人の仕事を管理する人」です。「（うまく）管理する」→「どうにかして～する・やり遂げる」となりました。

0113 variety
[vəráɪəti]

名 多様さ
various 形 多様な
例 a **variety** of menus
多様なメニュー

0114 limited
[límɪtɪd]

形 限られた・特別の
limit 動 制限する
例 a **limited** edition
限定版

0115 necessary
[nésəsèri]

形 必要な
necessity 名 必要性・必需品
例 take **necessary** action
必要な行動を取る

0116 approach
[əpróutʃ]

動 近づく
approachable 形 付き合いやすい
例 **approach** a sales target
売上目標に近づく

0117 customer
[kʌ́stəmər]

名 顧客
custom 名 習慣
例 ask **customers** to fill out a survey
顧客にアンケートへの記入を頼む

0118 supplier
[səpláɪər]

名 供給業者
supply 動 供給する
例 change a **supplier** of goods
物品の供給業者を変更する

0119 corporate
[kɔ́ːrpərət]

形 企業の・会社の
corporation 名 会社
例 **corporate** executives
会社の重役

0120 summary
[sʌ́məri]

名 要約・概要
sum 名 合計
例 a **summary** of a book
本の要約

記憶エピソード	カクシン
バラエティ番組のイメージと混同して、「娯楽的」という意味だと勘違いしていた。（メーカー・500点台）	「バラエティ番組」とは、「トーク・歌・コントなど色々と変化に富んだ番組」のことです。また、**a variety of ~**「色々な~」も重要です。
雑誌などで「LIMITED EDITION」と「限定版」という日本語を一緒に見るので、なんとなく知っていました。（サービス・700点台）	**limit** は動詞「制限する」で、**limited** はその過去分詞「制限された」ということです。
歌手ELTの『NECESSARY』というラブソングが「なくてはならないもの」という意味と知って記憶に残った。（会社員・300点台）	良い話ですね。意外と見落としがちなんですが、「必要な」というからには、英文で出てきたら当然大事な内容で、設問でも狙われやすいです。
飛行機で空港に着くときに「ファイナルアプローチ」とアナウンスされるので「近づく」の意味がイメージしやすい。（メーカー・400点台）	その飛行機のイメージ、すごくいいと思います。**We are approaching Paris.**「間もなくパリに到着します」のような機内アナウンスもあります。
「カスタマーサービス」などは日常でもよく聞くので、「顧客」という意味は覚えやすかったです。（パート・アルバイト・400点台）	**custom**「習慣」から、**customer**「客」は「お店に慣れ親しんだ人・習慣的にやって来る人」というイメージです。
「サプライヤー」はビジネスでも使う用語なので、仕事をし始めてからしっくりくるようになりました。（ソフトウェア・インターネット・通信・600点台）	文字を見れば **supply**「供給する」から連想できますが、リスニングだと **surprise**「驚かす」と勘違いする人が多いので注意してください。
cooperationとの違いをわかっていると思っていたが、TOEICの問題では間違えてしまいました。（商社・500点台）	会社名で「〇〇コーポレーション」と使われることがあります。**cooperation**「協力」は、**co**「一緒に」＋**operation**「作業」と分解すれば、混乱しないでしょう。
仕事でメールや資料を作成する際に「サマリーを作る」というようによく使うので、覚えやすかった。（メーカー・600点台）	綴りに **sum**「合計」がありますね。「合計してまとめたもの」→「要約」です。「会議のサマリー」とは「会議を要約したもの」です。

0121	**method**	名 方法
	[méθəd]	例 adopt a new **method** 新しい方法を採用する

0122	**connect**	動 つなげる・つながる
	[kənékt]	connection 名 つながり・関連 例 **connect** to a network ネットワークにつながる

0123	**regularly**	副 規則正しく・定期的に
	[régjələrli]	regular 形 規則的な・定期的な 例 visit **regularly** 定期的に訪れる

0124	**search**	動 探す・調べる
	[sə́r:tʃ]	例 **search** my pocket for a key ポケットの中で鍵を探す

0125	**impact**	名 衝撃・影響
	[ímpækt]	例 have an **impact** 影響を及ぼす

0126	**without**	前 ～なしに
	[wɪðáut]	例 **without** permission 許可なしに

0127	**surface**	名 表面・外見
	[sə́r:fəs]	例 the **surface** of a glass ガラスの表面

0128	**graduate**	動 卒業する　名 卒業生
	動 [grǽdʒuèɪt] 名 [grǽdʒuət]	graduation 名 卒業 例 **graduate** from college 大学を卒業する

記憶エピソード　　カクシン

セミナーの広告やビジネス書などで、「〜メソッドを公開」というのをよく見るので、比較的覚えやすかった。
（会社員・800点台）

「独自のメソッド・○○流メソッド」と使われますね。この本でも「スタディサプリ流TOEIC対策メソッド」を使っているわけです。

「コネクション」は「コネがある」などでイメージしやすいが、「コネクト」となると品詞や意味が浮かばなかった。
（会社員・700点台）

「つながる」イメージです。connect the dots「点をつなぐ（線にする）」はスティーブ・ジョブズの言葉として有名です。

どうしてもスポーツのイメージが抜けず、いまいちハッキリしない単語です。
（会社員・600点台）

0087で説明した「規則的な」というイメージを焼きつけてください。

日本語でも「サーチする」という使い方をするので、比較的簡単に覚えることができた。
（商社・700点台）

意味だけでなく、search 場所 for 物「物を求めて 場所 を探す」や、search for 物「物を探す」の形もしっかりチェックしてください。

「インパクトのある〜」など、「衝撃」というイメージが強く、「影響」という意味がスッと入ってきませんでした。
（会社員・600点台）

コメントのように訳語の違いにこだわらなくても大丈夫ですよ。「強烈にガツンと衝撃を与えて、その結果何かしらの影響が出る」イメージです。

よく歌詞で使われるwithout youで、「ウィザァウチュー」という音と一緒に覚えています。
（会社員・800点台）

withの反対ですね。ちなみに、withinは、inを強調したイメージで「〜以内」なので、withoutとはセットにしないでください。

マイクロソフト社のタブレット端末の名称でSurfaceがあり、ツルッとした表面のイメージと一緒に覚えています。
（ソフトウェア・インターネット・通信・700点台）

「ツルッとした表面」のイメージが秀逸ですね。ちなみにタブレット端末の「サーフェス」は、ディスプレイの「表面」に触れて操作するのが由来だそうです。

SPEEDの曲『my graduation』をよくカラオケで歌いました。
（商社・800点台）

僕の世代はそれで覚えられます。おそらく卒業シーズンに流行る歌にはよく使われているのではないかと。

0129	**similar**
☐☐☐ [símələr]	形 似ている similarity 名 類似 例 be **similar** in function 機能面で似ている

0130	**recent**
☐☐☐ [rí:snt]	形 最近の recently 副 最近 例 in **recent** years 近年に

0131	**receive**
☐☐☐ [rɪsí:v]	動 受け取る receipt 名 レシート・受け取ること 例 **receive** a confirmation e-mail 確認のメールを受け取る

0132	**cafeteria**
☐☐☐ [kæfətíəriə]	名 食堂 例 have lunch in a **cafeteria** 食堂で昼食をとる

0133	**effective**
☐☐☐ [ɪféktɪv]	形 効果的な・有効な effect 名 効果・結果・影響 例 be **effective** from March 1 3月1日から有効である

0134	**safety**
☐☐☐ [séɪfti]	名 安全 safe 形 安全な 例 **safety** regulations 安全規則

0135	**flight**
☐☐☐ [fláɪt]	名 航空便・飛行 例 a **flight** to London ロンドンへの航空便

0136	**cancel**
☐☐☐ [kænsl]	動 取り消す・中止する 例 **cancel** a flight フライトを欠航にする

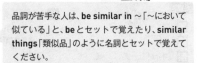

なんとなく意味は頭に入っているのですが、品詞が何だったか抜けてしまうことが多い。（会社員・800点台）	品詞が苦手な人は、**be similar in ～**「～において似ている」と、**be**とセットで覚えたり、**similar things**「類似品」のように名詞とセットで覚えてください。
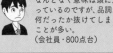「最近の出来事」のように名詞とセットにして覚えたら、頭に入りやすかったです。（商社・800点台）	スタディサプリの講義で、**recent events**「最近の出来事」を紹介したときに好評でした。英会話でも便利な表現ですよ。
バレーボールの受け止める動作も「レシーブ」と言うので、それを思い出して意味を連想しています。（会社員・300点台）	スポーツで「レシーブ」というと「相手のボールを受けること」を言いますね。レジでもらう「レシート（**receipt**）」は**receive**の名詞形です。
おしゃれなカフェのイメージがあり、なかなか「食堂」とひもづけてイメージできない。（ソフトウェア・インターネット・通信・600点台）	確かに。大学の学食に**cafeteria**とよく使われているので、近所の大学の学食に潜入してみれば絶対に覚えられるはず。
仕事柄、薬が効くときに使うのと、契約書でその日から「効力をもつ」という意味で使われていて覚えた。（医療・700点台）	なんて羨ましい仕事環境なんでしょう。言い換えれば、**TOEIC**で覚えた単語がビジネス・専門職でも役立つという証拠ですよね。
safeが入っているので安全に関することだと思っていたが、スペルから形容詞と勘違いしてしまった。（学生・600点台）	そういった場合は「簡単なほうを確実に覚える」という手があります。**safe**が形容詞というのは簡単なので、まずはそれを完璧にしましょう。
「今日のフライト…」とよく言うので、日本語感覚で覚えやすかった。（メーカー・500点台）	日本語でも「フライトが遅れる」と言いますね。**miss a flight**なら「航空便に乗り遅れる」ということです。
「キャンセルお願いします」など、店の予約を取り消すときなどによく使うので覚えやすかった。（会社員・300点台）	**TOEIC**では飛行機のキャンセルがよくあります。僕はモンゴルからの帰りの便がキャンセルになって「リアル**TOEIC**じゃん…」と泣きそうになったことがあります。

0137	**study**	名 研究・勉強　動 研究する・勉強する
	[stʌ́di]	例 a **study** on endangered species 絶滅危惧種に関する研究

0138	**positive**	形 積極的な・前向きな・良い
	[pázətɪv]	**negative** 形 消極的な・否定的な・悪い 例 a **positive** response 肯定的な反応

0139	**management**	名 管理・経営
	[mǽnɪdʒmənt]	**manage** 動 管理する・どうにかして～する・ やり遂げる 例 **management** of a restaurant レストランの経営

0140	**practice**	名 実行・練習・習慣 動 実行する・練習する
	[prǽktɪs]	**practical** 形 実践的な・実用的な 例 put an idea into **practice** 考えを実行に移す

0141	**employ**	動 雇う・採用する
	[ɪmplɔ́ɪ]	**employer** 名 雇用主　**employee** 名 従業員 例 **employ** specialists 専門家を採用する

0142	**display**	動 展示する・陳列する　名 展示・陳列
	[dɪspléɪ]	例 Merchandise is being **displayed** in the store. 商品が店内に陳列されています。

0143	**crew**	名 乗組員・乗務員・仲間
	[krúː]	例 **crew** on a ship 船上の乗組員

0144	**serious**	形 深刻な・真剣な
	[síəriəs]	**seriously** 副 深刻に・真剣に 例 confront a **serious** situation 深刻な事態に直面する

記憶エピソード	カクシン

「勉強する」の意味しか覚えていなかったので、「研究」という名詞で出てきたときにわからなかった。（パート・アルバイト・300点台）

TOEICでは圧倒的に「研究」が大事です。「ケース・スタディ」とは「ある事例を研究して、法則を見つけること」で、そのイメージで覚えてください。

日本語でも「ポジティブ・ネガティブ」と使われるので、プラス方向の意味であることは連想できました。（医師・弁護士等の専門職・800点台）

TOEICではアンケートの結果でpositiveということがよくあります。「積極的な」だけでなく、単純に「前向きな・良い」という訳も知っておいてください。

PMP(project management professional)という資格を持っているので、そこから覚えました。（ソフトウェア・インターネット・通信・600点台）

自分の身のまわりにある略語をチェックするのは良い習慣ですよね。manage「管理する・経営する」の名詞形で、「店をまわす」というイメージです。

「練習」の意味のイメージが強く、「慣習」や「実行」の意味でのイメージがつきにくかったです。（会社員・500点台）

本来「実行する」という意味で、「(繰り返し)実行する」→「練習する」となり、さらに名詞で「習慣」となったんです。

employeeと勘違いしやすく、何度も何度も間違えてしまった。（メーカー・600点台）

正社員、アルバイト問わず使える単語です。employerは「雇う人」→「雇用主」、employeeは「雇われる人」→「従業員」です。-eeは「～される人」です。

PC画面を「ディスプレイ」というので「映す」のイメージが強く、「展示」の意味がなかなか頭に入らなかった。（会社員・500点台）

パソコンの「ディスプレイ」は「情報を示すもの」というイメージを持ってください。お店の「ディスプレイ」も良いイメージが持てる言い方です。

漫画『ワンピース』で「クルー」という表現があり、自然と覚えられました。（メーカー・600点台）

飛行機の機長アナウンスで必ずcabin crew「客室乗務員」という言葉が出てきます。なぜかやたらハッキリ発音するので必ず聞き取れますよ。

ニューヨークの地下鉄で他の乗客を押して乗ろうとしたら「Are you serious?」と言われ、体験と共に記憶に残った。（サービス・400点台）

その表現は「本気ですか?」→「お前、マジか?」くらいです。日本人式に体に触れて乗ろうとすると外国では驚かれます（僕もデンマークの地下鉄で経験済み）。

47

0145 **tourist** [túərɪst]	名 観光客	tour 名 旅行・ツアー　tourism 名 観光事業 例 the number of **tourists** 観光客の数

0146 **private** [práɪvət]	形 私的な・個人の・民間の	official 形 公式の　public 形 公共の 例 **private** companies in the city 市内の民間企業

0147 **convenient** [kənvíːnjənt]	形 便利な・都合の良い	convenience 名 便利さ・好都合 例 a **convenient** location 便利な立地

0148 **allow** [əláu]	動 許可する	allowance 名 手当・許容量 例 **allow** employees to work at home 従業員に在宅勤務を許可する

0149 **copy** [kápi]	名 写し・部・冊　動 コピーする	例 get a **copy** of a pamphlet パンフレットを1冊手に入れる

0150 **automatically** [ɔ̀:təmǽtɪkli]	副 自動的に	automatic 形 自動の 例 close **automatically** 自動的に閉まる

0151 **seriously** [síəriəsli]	副 深刻に・真剣に	serious 形 深刻な・真剣な 例 **seriously** damaged ひどく損傷した

0152 **relation** [rɪléɪʃən]	名 関係	relate 動 関連させる 例 **relation** between two countries 2国間の関係

記憶エピソード	カクシン

 インバウンド訪日客の拡大が進められており、よく聞く単語なので、覚えやすかった。
（サービス・400点台）

旅行代理店の名前に「ツーリスト」と使われていますね。発音は注意が必要で、「トゥァリスト」や、場合によっては「トーリスト」となります。

 「プライベートな時間」とよく使ったりするので、「私的な」という意味は覚えやすかったです。
（ソフトウェア・インターネット・通信・500点台）

「私的な・自分個人の」という意味だけでなく、「official・public の反対」→「民間の」もしっかりチェックしておいてください。

 コンビニエンスストアは便利だから、この単語も「便利」という意味だなと思って覚えた。
（メーカー・600点台）

「コンビニ」は convenience store で、これは「名詞 convenience+名詞 store の複合語」ですが、意味を覚えるのには役立ちますよね。

 スマートフォンを英語表示にすると「許可する」が「allow」になるので、そこから覚えられました。
（インフラ・500点台）

allow 人 to 原形「人が〜するのを許す」の形でよく使われます。また、発音は「アロウ」ではなく「アラウ」です。

 「コピー」で覚えていて、a copy of a contract を「契約書1冊」でなく「契約書のコピー」と間違えた。
（学生・500点台）

TOEIC では「（本・雑誌などの）1冊」という意味も重要。本来「たくさん書き写す」で、この本も「印刷所でたくさん書き写したもの」ですね。

 宇多田ヒカルの曲『Automatic』で意味を覚えていて、その副詞なので簡単に覚えることができた。
（学生・600点台）

僕個人は、automatically は「何もせずダラダラしていても勝手にドンドン進む」イメージを持っています。英文が直観的にわかりますよ。

 いつも単語の意味を想像できずに、「真剣に」と答えてしまう。
（サービス・300点未満）

特にそのイメージでも困りませんが、強いて言えば「真剣に悩む」→「深刻に悩む」と関連付けてみてください。

 歌詞で「2人の関係」みたいな感じで聞いたことのある単語です。
（会社員・500点台）

「PR活動」の PR は public relations の略で、「公共に（public）関係させること（relations）」→「（広く世間にアピールする）広報」となりました。

0153	tour ☐ ☐ ☐ [túər]	名 旅行・ツアー・見学 tourism 名 観光事業　tourist 名 観光客 例 participate in a factory **tour** 　工場見学に参加する

0154	meeting ☐ ☐ ☐ [míːtɪŋ]	名 会議 例 attend a monthly **meeting** 　月例会に出席する

0155	agenda ☐ ☐ ☐ [ədʒéndə]	名 議題・(業務の)予定表 例 an **agenda** for the meeting 　会議の議題

0156	directly ☐ ☐ ☐ [dəréktli]	副 直接・直接的に direct 形 直接の 例 deliver **directly** from a local farm 　地元の農場から直接配達する

0157	satisfied ☐ ☐ ☐ [sǽtɪsfàɪd]	形 満足した satisfy 動 満足させる 例 be **satisfied** with an outcome 　結果に満足している

0158	through ☐ ☐ ☐ [θrúː]	前 ～を通して throughout 前 ～の間ずっと 例 open Monday **through** Saturday 　月曜日から土曜日まで開いている

0159	organization ☐ ☐ ☐ [ɔ̀ːrɡənəzéɪʃən]	名 組織・団体 organize 動 組織する・まとめる 例 non-profit **organization** 　非営利団体　※NPOと略されることも。

0160	separate ☐ ☐ ☐ 形 [sépərət] 動 [sépərèit]	形 離れた・別々の　動 引き離す 例 break into **separate** groups 　別々のグループに分かれる

日常で「ツアー」とよく出てくるので、覚えやすかったが、「見学」という概念がなかった。
（インフラ・500点台）

リスニングでは工場の場面は頻出ですが、工場視察にも「ツアー」が使われます。実際、海外出張で工場見学をする人も多いでしょう。

ビジネスシーンでは必ず出てくる言葉なので問題ないです。
（医療・700点台）

TOEICのミーティングは**Part 4**で、リーダーが「みんなに指示を出す」「問題点を挙げて、改善案を募る」パターンが多いです。

「会議のアジェンダ」など、議題・予定・スケジュールという意味は覚えています。
（サービス・800点台）

本来「すべきこと」という意味で、「会議の議題」や「業務の予定表」のことです。「今日のアジェンダ」などと、日本語で使われることもあります。

「ダイレクトメール」などで意味がわかります。
（ソフトウェア・インターネット・通信・400点台）

あるところから別のところへ「一気に直接向かう」イメージです。「ダイレクトリー」だけでなく「ディレクトリー」と発音されても反応できるようにしてください。

最後のedがよくわからず混乱したことがある。
（インフラ・500点台）

本来は動詞satisfy「満足させる」で、それが過去分詞「満足させられた」→「満足した」になりました。よく「関連のwith（〜について）」を伴います。

サッカーでボールにあえてさわらないことを「スルーパス」というので、そこから覚えました。
（商社・700点台）

サッカーや、ネット用語の「スルー」は、流してしまう雰囲気があるのでオススメしません。「きっちり最後まで行きつく」イメージの単語です。

「オーガニック（organic）」と響きが似ているため、誤って覚えてしまっていた。
（商社・600点）

organ「臓器」、organic「有機的な」、そしてこのorganization「組織」、すべて「生き生きとした活発なイメージ」は共通しています。

風呂とトイレがセパレートかどうかを気にする友人がいたので覚えやすかった。
（メーカー・500点台）

そのご友人には「陸上のセパレートコース」も「水着のセパレート（ビキニスタイル）」も気にしてほしいところです。すべて「離れた」イメージです。

0161	professor	名 教授
	[prəfésər]	例 a **professor** of a university 大学の教授

0162	salary	名 給料
	[sǽləri]	例 a raise in **salary** 昇給

0163	theater	名 劇場・映画館
	[θíːətər]	例 a box office at a **theater** 映画館のチケット売り場

0164	device	名 機器・装置
	[dɪváɪs]	例 switch off electronic **devices** 電子機器の電源を切る

0165	analysis	名 分析
	[ənǽləsɪs]	analyze 動 分析する 例 **analysis** of a survey 調査の分析

0166	background	名 背景
	[bǽkgràund]	例 a **background** of a construction plan 建設計画の背景

0167	career	名 経歴・職業
	[kəríər]	例 advance my **career** キャリアを積む

0168	invitation	名 招待・招待状
	[ìnvɪtéɪʃən]	invite 動 招待する　invitee 名 招待された人 例 an **invitation** to a ceremony 式典への招待状

predecessor「前任者」と綴りが似ていて、いつもごっちゃになってしまう。
（学生・500点台）

ごっちゃになるときは「簡単なほうだけ確実に覚える」のがベスト。「プロフェッショナルな**professor**」と何度か口ずさんでください。

「サラリーマン」から連想可能でした。「人」のイメージを払拭するのに苦労しましたが。
（自営業・700点台）

覚え方としては**OK**です（ただし「サラリーマン」は和製英語）。本来**salt**「塩」と語源が同じで、「塩＝お金」という発想です（調味料や保存料として大昔から塩はとても貴重なものでした）。

 日本人の発音だと「シアター」なのでネイティブの発音を聞くと全然違っていて驚いた。
（ソフトウェア・インターネット・通信・500点台）

そうですね、thの音はナレーターによっては「ティ」に聞こえることさえあるので、リスニングで要注意の単語ですね。ぜひ音声チェックを。

 パソコンの設定で「デバイス」と表示があるので、そこから覚えました。
（学生・300点台）

タブレットなどを「デバイス」と言いますね。本来は「機器」という意味なんです。飛行機などのアナウンスでも出てきます。

「アナリスト」がどんな人か考えると、この単語の意味が想像でき覚えやすかったです。
（会社員・500点台）

「経済アナリスト」とは「経済の動向を分析する人」です。無理矢理に言うなら、僕は**TOEIC**テストのアナリストです。

 仕事柄よく見る科学論文に出てきます。「研究の経緯」というイメージから「背景」と覚えられました。
（医療・700点台）

カッコいいエピソードで、羨ましいです。本来は「後ろ（**back**）にある土台（**ground**）」→「背景・経歴」ということです。

 日本語でも「キャリアプラン」などという言葉をよく使うため、難なく覚えることができました。
（会社員・500点台）

Korea「韓国」と同じ発音・アクセントです（「カリア」って感じ）。実は**car**と同じ語源で「車で走ってきた道」を人生にたとえて「経歴」となったんです。

 結婚式の招待状にinvitationと書いてあったので、すぐに覚えられました。
（学生・400点台）

invitation cardは「招待状」、**invitee**なら「招待された人」です。-eeは「～される人」でしたね（**0141**）。

0169	**charge** ☐ ☐ ☐ [tʃɑːrdʒ]	**名** 料金　**動** 請求する・非難する **fee 名** 料金　**fare 名** 運賃 **例** an extra **charge** 追加料金

0170	**suggestion** ☐ ☐ ☐ [səgdʒéstʃən]	**名** 提案 **suggest 動** 提案する・暗示する **例** follow Mr. Carter's **suggestion** Carterさんの提案に従う

0171	**packaging** ☐ ☐ ☐ [pækɪdʒɪŋ]	**名** 梱包 **package 名** 荷物・色々まとめたもの **例** **packaging** for presents プレゼント用の包装

0172	**favorable** ☐ ☐ ☐ [féɪvərəbl]	**形** 好ましい・好意的な **favor 名** 好意　**favorite 形** 一番お気に入りの **例** a **favorable** review 好意的な論評

0173	**mail** ☐ ☐ ☐ [méɪl]	**名** 郵便・郵便物 **動** 郵送する・メールで送る **例** **mail** a package 小包を郵送する

0174	**factor** ☐ ☐ ☐ [fæktər]	**名** 要因 **例** an important **factor** 重要な要因

0175	**account** ☐ ☐ ☐ [əkáunt]	**名** 口座・勘定・会計　**動** 説明する **accounting 名** 会計　**accountant 名** 会計士 **例** pay the money into an **account** その金額を口座に振り込む

0176	**visual** ☐ ☐ ☐ [víʒuəl]	**形** 視覚の **vision 名** 視覚・視界 **例** a **visual** effect 視覚的な効果

記憶エピソード	カクシン

バーなどの「チャージ料」で覚えられました。
（メーカー・500点台）

本来「プレッシャーをかける」で、「(金を払えと)プレッシャーをかける」→「請求する」「(請求された)料金」、「文句を言ってプレッシャーをかける」→「非難する」です。

「サジェスチョン」って響きの印象が強く、頭に残っている。
（サービス・900点台）

こんな感じで覚えてもらえるとこちらはありがたいですが…。動詞suggestは本来「遠回しに言う」で、そこから「提案する・暗示する」となりました。

「パッケージ」のイメージがなんとなく頭にあったので、覚えやすかった。
（学生・500点台）

意味は問題ないでしょうが、「パッキッジン」という音を意識しておいてください。リスニングで困ってしまう人が意外と多いです。

favorite（お気に入り）から意味が連想しやすいので、すぐに頭に入りました。
（メーカー・400点台）

「好意(favor)を持つことが可能な(able)」→「好意的な」です。a favorable reactionなら「好意的な反応」です。

業務、特に海外スタッフとの間で使用されますので頭にインプットされやすいです。
（メーカー・400点台）

mailと聞くと、e-mail「電子メール」だと思い込む人が多いですが、本来は「郵便物・郵送する」ですので、しっかり文脈判断を忘れずに。

ドラマとかでも使われる「重要なファクター」で「要因」という意味を覚えました。
（会社員・600点台）

factと関連があって、「事実(fact)を裏付ける要素・要因」という意味です。

PCアカウントから「ID」のようなモノと覚えてしまい「口座・勘定・会計」となかなか結びつかなかった。
（メーカー・400点台）

本来「数える（綴りにcountが入ってますね）」で、「(計算を)説明する」、「(計算した)銀行口座」です。SNSの「アカウント」は「ネット上の銀行口座」ということなんです。

視覚・映像・ビジュアル化といったイメージとともに覚えた単語です。
（メーカー・600点台）

「AV機器」とはAudio Visualの略で、「テレビ・DVDプレーヤーなど聴覚・視覚を用いる電子機器の総称」です。

| 0177 | **general**
□
□
□
[dʒénərəl] | 形 **全体的な・一般的な**
generally 副 一般的に・大体
例 for **general** use
　一般的な利用向け |

| 0178 | **land**
□
□
□
[lǽnd] | 名 **土地**　動 **着陸する**
例 **land** at an airport on schedule
　予定通り空港に到着する |

| 0179 | **opening**
□
□
□
[óupnɪŋ] | 名 **開店・仕事の空き**
open 形 開いている・営業中
例 job **opening**
　職の空き |

| 0180 | **construction**
□
□
□
[kənstrʌ́kʃən] | 名 **建設・建造物**
construct 動 建設する
例 the **construction** of a parking lot
　駐車場の建設 |

| 0181 | **face**
□
□
□
[féɪs] | 動 **直面する**　名 **顔**
例 **face** a difficulty
　困難に直面する |

| 0182 | **exhibition**
□
□
□
[èksəbíʃən] | 名 **展示会・展覧会**
exhibit 動 展示する
例 an **exhibition** of German sculptures
　ドイツの彫刻の展覧会 |

| 0183 | **own**
□
□
□
[óun] | 形 **自分自身の**　動 **所有する**
owner 名 所有者・オーナー　**ownership** 名 所有権
例 my **own** laptop
　自分自身のノートパソコン |

| 0184 | **introduce**
□
□
□
[ɪntrədjúːs] | 動 **導入する・紹介する**
introduction 名 導入・紹介
例 **introduce** a new policy
　新たな方針を導入する |

記憶エピソード	カクシン
「将軍」という認識だったため、「大体」という意味は忘れがち。将軍と結びつけられず、今でも迷う。（メーカー・400点台）	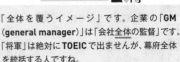 「全体を覆うイメージ」です。企業の「GM（general manager）」は「会社全体の監督」です。「将軍」は絶対にTOEICで出ませんが、幕府全体を統括する人ですね。
ディズニーランドなどのランドで、なんか楽しいイメージなので、「土地」という意味とつながりにくかった。（自営業・600点台）	landは「土地」→「土地に着く（着陸する）」という意味もあり、機内アナウンスでlanding「着陸」が使われます。
「オープニングセール」で覚えました。（学生・500点台）	「開店」の意味だけでなく、「仕事上の、とある地位が空いていること」を覚えておいてください。Part 7の「求人広告」で出てきます。
under construction で「建設中」という熟語でよく使われていたので覚えました。（学生・600点台）	under construction は昔のホームページでよく使われていましたね。under は「下」→「〜の支配下にある最中」→「〜中」となりました。
最初は「顔」という意味しか知らなくて、「直面する」という動詞の意味がわかりませんでした。（メーカー・600点台）	「超基本単語には実は動詞用法もある。そしてそれが狙われる」というのはTOEICあるあるです。「顔がそちらに向く」→「直面する」ということです。
展示会のイメージです。大阪府吹田市にある万博記念公園、太陽の塔を思い浮かべています。（メーカー・500点台）	僕の世代はそれでOKかも。若い人は、フィギュアスケートの「エキシビション（得点に関係なく見せる、展示的な演技）」で覚えてください。
サッカーでのオンゴールは本当は「オウンゴール」だという説明を聞いて納得した。（学生・700点台）	最近のサッカー中継ではきちんと「オウン」と発音していますね。動詞 own に er をつけたのが owner「所有者・オーナー」です（正確な発音は「オウナァ」）。
introduce が「紹介する」という意味だということは知っていたが、どうしても「人」のイメージが払拭しきれない。（会社員・800点台）	「人」だけでなく、「物を紹介する」→「導入する」という意味のほうがTOEICで出てくる気がします。introduce A to B「AをBに紹介する」の形も重要。

0185	**introduction** ☐☐☐ [ìntrədʌkʃən]	名 導入・紹介 introduce 動 導入する・紹介する 例 an **introduction** of a new rule 新しいルールの導入

0186	**export** ☐☐☐ 動 [ɪkspɔ́ːrt] 名 [ékspɔːrt]	動 輸出する　名 輸出 import 動 輸入する　名 輸入 例 **export** textiles abroad 海外に繊維を輸出する

0187	**tradition** ☐☐☐ [trədíʃən]	名 伝統 traditional 形 伝統的な・従来の 例 cultural **traditions** 文化的伝統

0188	**host** ☐☐☐ [hóust]	動 主催する　名 主催者・司会者 例 **host** a party パーティーを主催する

0189	**painting** ☐☐☐ [péɪntɪŋ]	名 ペンキ・絵画 paint 名 ペンキ　動 ペンキで描く 例 **paintings** displayed in a museum 美術館に展示してある絵画

0190	**submit** ☐☐☐ [səbmít]	動 提出する submission 名 提出(物) 例 **submit** a document 書類を提出する

0191	**board** ☐☐☐ [bɔ́ːrd]	名 板・役員・役員会 動 (乗り物に)乗る 例 the **board** of directors 重役会

0192	**community** ☐☐☐ [kəmjúːnəti]	名 地域社会・共同体 例 a local **community** 地域社会

58

記憶エピソード	カクシン

曲の「イントロ」と似ているから覚えやすかった。（学生・400点台）
→ 曲の初め（導入部分）の「イントロ」とは、この **introduction** からきています。

import は「輸入雑貨店」などでよく見てイメージがあったが、export は見慣れなくて覚えにくかった。（会社員・800点台）
→ 「港の（**port**）外へ（**ex**）運ぶ」→「輸出する」です。また、パソコンで「データをエクスポートする」とは「データを<u>外に出して</u>保存する」ことです。

横浜のブランドが好きなので、ハマトラからすぐに覚えることができました。（メーカー・500点台）
→ 「横浜の伝統的なブランド」はキタムラのカバンとかでしょうか。**follow tradition** は「伝統に従う」、**break tradition** は「伝統を破る」です。

「水商売のホスト」から比較的簡単に「もてなす」という意味が推測できた。（学生・500点台）
→ 本来は「主催者・もてなす人」で、「水商売のホスト」以外に、テレビでも「司会者」を「ホスト役」と言うことが増えてきました。

paint から「絵画」という意味だと思っていたので、「ペンキ」など他の意味を知らなかった。（パート・アルバイト・600点台）
→ **paint** には「ペンキ」という意味があり、動詞「ペンキで描く」から、**painting** は「描かれたもの」→「絵画」となりました。

IT用語にあり、入力フォームに記入した内容を送信する際に使われるので、そこから覚えました。（ソフトウェア・インターネット・通信・300点台）
→ 「必要書類を下に（**sub**）送る（**mit**）」→「提出する」となりました（**mit**「送る」は、**transmit**「送る」で使われています）。

黒板・ホワイトボードや、スノーボードの「ボード」を思い浮かべてました。（ソフトウェア・インターネット・通信・300点未満）
→ 本来「板」→「黒板」→「（黒板がある部屋に集まる）役員」となりました。また、「板に乗る」→「乗り物に乗る」も機内アナウンスで使われます。

地域社会というより、ネットで集まってワイワイやってるイメージが強くていつも一瞬迷ってしまう。（ソフトウェア・インターネット・通信・600点台）
→ ネットコミュニティのイメージは一旦忘れて、本来の「地域社会（同じ土地で、約束・習慣を共有する地域・人々）」からしっかり覚えてください。

0193 profession

[prəféʃən]

名 (専門的)職業
professional **形** 専門的な・職業上の
例 enter the teaching **profession**
教職に就く

0194 contact

[kɑ́ntækt]

動 連絡する　**名** 連絡
例 **contact** a supervisor
管理者に連絡を取る

0195 prove

[prúːv]

動 証明する・〜だとわかる
proof **名** 証明・証拠
例 **prove** to be safe
安全だとわかる

0196 carefully

[kéərfli]

副 注意深く・丁寧に
careful **形** 注意深い
例 **carefully** proceed with a plan
注意深く計画を進める

0197 enough

[ɪnʌ́f]

副 十分に
例 The room is not big **enough**.
その部屋は広さが十分ではありません。

0198 assistance

[əsístəns]

名 手伝い・援助
assistant **名** 助手
例 need **assistance**
援助を必要とする

0199 client

[klɑ́ɪənt]

名 顧客・取引先
例 visit a **client**
顧客を訪問する

0200 benefit

[bénəfɪt]

名 利益・特典・手当て・給付金
beneficial **形** 有益な
例 a job with a lot of **benefits**
手当ての多い仕事

60

オンラインゲームで自分の職業とは別の職業を選ぶときに使われるので覚えやすいです。
（ソフトウェア・インターネット・通信・600点台）

形容詞 professional「プロフェッショナルの・専門的な」から、「(専門的)職業」と覚えてください。

短文の中で contract と見間違えたことがあった。長文の中では文脈から見間違うことはないです。
（医師・弁護士等の専門職・500点台）

contract「契約」と見間違えるのは、何か仕事に追われてたのかも。人それぞれ「よくしがちなミス」があるので、それは意識しておきましょう。

「証明する」で覚えていたが、「～だとわかる」のほうは全然知らなかった。
（ソフトウェア・インターネット・通信・400点台）

本来「調べる」→「(調べて)証明する」です。また、prove to ～ の形で「～であるとわかる」です。どちらの意味も「白黒ハッキリする」イメージがあります。

なぜか safety という言葉と混同してしまい、覚えるのに苦労しました。
（公務員・600点台）

そう思ってると自分で暗示をかけてしまいがちです。まずは「care(注意が)ful(いっぱい)+副詞の ly」としっかり意識してみてください。

That's enough.「もういいよ」といった意味で頭に入っている。
（会社員・800点台）

"形容詞[副詞] enough"の語順に注意してください。この語順が Part 5 でカギになることもあります。

「漫画家のアシスタント」といった言葉を聞いたことがあったので、「補佐」みたいな雰囲気で覚えていた。
（学生・600点台）

まあ、ある意味「補佐的な行為」ではありますが、「そっと手を添えて手伝ってあげる」イメージの単語です。

ドラマなどで「クライアント(依頼人・顧客)」とよく耳にするので覚えています。
（会社員・700点台）

弁護士やコンサルタントに「仕事を依頼する人」→「顧客・取引先」です。Part 3 では「クライアントから変更の連絡が…」のように出てきます。

会社の「福利厚生サービス」が Benefit one という名前なので、わかりやすかった。
（ソフトウェア・インターネット・通信・600点台）

職探しにおいて「福利厚生」は重要ですよね。Part 7 の求人広告で出ます。「社会人の利益」→「特典・手当て・給付金」というイメージです。

0201 supervisor
[súːpərvàɪzər]

名 上司・管理者
supervise 動 監督する
例 consult with a **supervisor**
上司に相談する

0202 amazing
[əméɪzɪŋ]

形 驚くほどの・すばらしい
amaze 動 驚かせる　amazed 形 驚いた
例 an **amazing** sales record
すばらしい売上記録

0203 certainly
[sə́ːrtnli]

副 確かに・確実に
certain 形 確かな・ある一定の
例 The proposal was **certainly** approved.
その提案は確実に承認されました。

0204 recommend
[rèkəménd]

動 推薦する・奨励する
recommendation 名 推薦・お勧めのもの
例 **recommend** some books
何冊か本を薦める

0205 period
[píəriəd]

名 期間・時期
periodical 形 定期刊行の 名 定期刊行物
periodically 副 定期的に
例 a certain **period**
ある一定の期間

0206 trade
[tréɪd]

名 取引・貿易
例 engage in **trade** with France
フランスと取引する

0207 sign
[sáɪn]

動 署名する　名 記号・標識
signature 名 署名
例 **sign** a contract
契約書に署名する

0208 reschedule
[riskédʒuːl]

動 予定を変更する
schedule 名 予定 動 予定する
例 **reschedule** a plan
計画の予定を変更する

記憶エピソード	カクシン

監督や所長など意味がたくさんあるので、パッと見ただけではどのような意味なのか推測しづらい。（医療・700点台）	英語の世界での肩書はかなり面倒ですよね。この単語は「上から（super）見る（vise=vision）人」→「上にいる偉い人」くらいのイメージで十分意味をとれます。
映画『アメイジング・スパイダーマン』のイメージが強く、「驚くべき」という意味が頭に入りやすかったです。（学生・400点台）	動詞 amaze は「驚かせる」です（決して「驚く」ではありません）。amazing は「驚かせるような・それくらいすばらしい」ということです。
海外ドラマで給仕がゲストに"Certainly, sir."と応対するシーンは頻出なので覚えてしまいました。（ソフトウェア・インターネット・通信・800点台）	形容詞 certain「確かな」に ly がついて副詞になりました。また、会話で May I ～？「～してもいいですか？」に対して、Certainly.「もちろんです」と使われたりします。
タワーレコードに昔行っていたときに「レコメンドコーナー」があり、その印象でなんとなくわかりました。（会社員・400点台）	僕もタワーレコードのCMで「今月のレコメンド」のようなセリフを覚えています。「何度も（re）ほめる（commend）」→「推薦する」です。
文の最後に書く「ピリオド」につられて覚えにくいです。（学生・500点台）	本来は「一定期間」という意味です。「（英文の最後に打つ）ピリオド」は「一定の間、書いた文を区切るもの」という意味だったわけです。
野球選手の「トレード」や「フェアトレード」など日常の単語にもよく出てくるので覚えやすかったです。（メーカー・500点台）	発展として、TOEICによく出る trade show「展示会・見本市」もチェックを。「ある業界の最先端の商品・開発段階の技術を発表・取引するイベント」です。
ネットで使う sign in でなんとなく「署名」のイメージを持っています。（公務員・600点台）	sign in = log in です。本来は「署名（sign）して入る（in）」という意味です。また、sign up for ～「～に申し込む」も重要です。
日本語でも「リスケ」って使うので覚えやすいと思います。スケジュール自体も日本語で使いますしね。（公務員・700点台）	「再び（re）スケジュールを組む（schedule）」です。TOEICでは「スケジュール変更」は鉄板ネタです（セミナーや病院の予約変更が多い）。

0209	install	動 取りつける・インストールする
	[ɪnstɔ́:l]	installation 名 取りつけ・インストール 例 **install** a new machine 新しい機械を設置する

0210	neighborhood	名 近所・近隣・地区
	[néɪbərhùd]	neighbor 名 近所の人・隣人 例 a rich **neighborhood** 高級住宅街

0211	review	名 批評・検討　動 批評する・検討する
	[rɪvjú:]	例 **reviews** from critics 批評家たちからのレビュー

0212	usually	副 いつもは・通常は・たいてい
	[jú:ʒuəli]	usual 形 いつもの・通常の 例 The restaurant is **usually** crowded during lunchtime. そのレストランは昼食時はたいてい混んでいます。

0213	trouble	名 不具合・困難・面倒
	[trʌ́bl]	例 There is **trouble** with the copy machine. コピー機に不具合があります。

0214	survey	名 概観・調査　動 概観する・調査する
	名 [sə́rveɪ] 動 [sərvéɪ]	例 conduct a **survey** 調査をする

0215	garage	名 車庫・ガレージ
	[gərá:dʒ/gərídʒ]	例 park a car in a **garage** 車庫に車を止める

0216	cause	動 引き起こす　名 原因
	[kɔ́:z]	例 **cause** an accident 事故を引き起こす

記憶エピソード

カクシン

「アプリをインストールする」のように使っているためイメージができ、覚えやすかったです。
（学生・300点台）

本来「取りつける」で、「パソコンにソフトを取りつける」→「インストールする」となっただけなので、本来の「取りつける」もしっかりチェック！

「ネイバーフッド」という発音から、隣の人が「ネバネバしていて親しい」と記憶した。
（金融・400点台）

ではそのゴロ合わせを発展させて「近所でネバネバフードが売っている」くらいはいかがでしょうか。ちなみにhoodは「状態」が本当の意味です。

アマゾンで買い物をするときに「レビュー」を参考にすることから「批評」が思い浮かんだ。
（会社員・600点台）

「何度も（re）見る（view）」→「批評（する）」です。Part 7で出るreviewは褒めまくった後に1つだけ毒を吐くパターンが多いです。

「普通」という意味で覚えていたので、「たいてい」など微妙に違うニュアンスがわからなかった。
（パート・アルバイト・300点台）

なるほど、「普通」→「可もなく不可もなく」みたいに誤解してしまったわけですね。「普通は（いつもは）」と覚えなおしてください。英会話でも重宝する単語です。

「トラブル」というカタカナ英語を日常生活でも使うので問題ないです。
（会社員・500点台）

日本語の「トラブル」のイメージでOKです。have trouble –ing「～するのに苦労する」やbe in trouble「困っている」という熟語もチェック。

「調査する」のイメージが強く、「概観する」の意味で文意をとらえられなかったことがあります。
（メーカー・500点台）

それはあまり気にしなくても大丈夫ですが、一応本来は「上から（sur）見る（vey=view）」→「概観・調査」となったイメージです。

「ガレージ」の発音で覚えてしまうと、聞き取れません。
（会社員・700点台）

英語の発音は「ガラージ・ガリッジ」です。guard「ガードする」と関連があり、「車を（雨風・盗難から）ガードするもの」ということです。

「引き起こす」の意味はよく使うが、「原因」のほうの意味が出てこないことがあります。
（商社・800点台）

それではですね、「引き起こす原因」とイメージして、さらにcause and effect「原因と結果」で覚えてみてください。

0217 competition

[kàmpətíʃən]

名 競争・コンペ・競技会
compete 動 競争する　competitive 形 競合できる
competitor 名 競争相手・競合企業
例 enter a competition
コンペに参加する

0218 chief

[tʃíːf]

名 長・上司
例 chief executive officer
最高経営責任者　※ CEOと略されます。

0219 agreement

[əgríːmənt]

名 合意・取り決め
agree 動 同意する
agreeable 形 感じの良い・同意の
例 reach an agreement
合意に達する

0220 mayor

[méiər]

名 市長
例 run for mayor
市長に立候補する

0221 experience

[ɪkspíəriəns]

名 経験・体験　動 経験する
experienced 形 経験豊富な
例 a variety of experience
さまざまな経験

0222 register

[rédʒəstər]

動 記録する・登録する
名 記録・登録・登録機
registration 名 記録・登録
例 register a telephone number
電話番号を登録する

0223 initial

[ɪníʃəl]

形 最初の
initiate 動 始める
例 change an initial setting
最初の設定を変える

0224 visitor

[vízətər]

名 訪問客・観光客
visit 動 訪れる
例 The historical town expects many visitors.
その歴史的な町は多くの訪問客を見込んでいます。

記憶エピソード	カクシン

「ゴルフコンペ」として使われていることから「競争」と関係づけて覚えた。（メーカー・800点台）

まさにその覚え方です。**compe** の部分をそのまま発音すると「コンペ」になります。「競技会」のことですね。

chef と混同しやすい。リスニングでは音が違うがリーディングでは読み間違えてしまうことがある。（メーカー・700点台）

なるほど、そう言われるとそっくりですね。ただ、リーディングで勘違いしても問題ないような気もします（ちょっと面白い文脈になるだけで）。

外資系の企業に勤めている人は「アグリーする」とよく使うから覚えやすい。（メーカー・400点台）

動詞は **agree**「同意する」です。確かに外資勤めの人は「アグリーだね」のように使いますね。

時間がなくて読み焦って、major「主要な」と間違えるときがある。（ソフトウェア・インターネット・通信・400点台）

実はその勘違い、語源としては正しいんです。「人目につくメジャー（**major**）な立場」→「市長」なんです。**TOEIC** では「市長」は大活躍します。

expected などと混同することが多くある。リスニングで出てきたりすると、一瞬覚えてしまう。（メーカー・500点台）

そういったミスは「品詞の概念」が弱いんです。名詞が出てくるべき場面で **-ed** が出てきたときに違和感を持てれば勘違いはなくなりますよ。

日本語で「レジスター」と聞くとレジを思い浮かべてしまい、最初はなかなか定着しなかった。（パート・アルバイト・500点台）

スーパーの「レジ」は本来「売り上げを記録・登録する機械」なんです。セミナーの登録で必ず出てくる単語です。

ハードウェアの設計業務をしており、初期動作等を「イニシャル動作」というので覚えやすかった。（メーカー・400点台）

「イニシャル」と聞くと「名前の頭文字」が浮かびがちですが、本来「最初の」という意味です（そこから「名前の最初の文字」になっただけです）。

「ビジット・ジャパン」という取り組みを政府が行っていたので、覚えやすい。（公務員・600点台）

「家・観光地を訪れる（**visit**）人」→「訪問客・観光客」となります。病院で **No visitors** は「面会謝絶」です（重症患者は **TOEIC** には出ないですが）。

0225 **function** [fʌ́ŋkʃən]	名 機能　動 機能する functional 形 機能上の 例 add new **functions** to a product 　製品に新機能を追加する
0226 **laboratory** [lǽbrətɔ̀:ri]	名 研究所・実験室 例 conduct experiments in a **laboratory** 　研究所で実験をする
0227 **factory** [fǽktəri]	名 工場 例 a production **factory** 　生産工場
0228 **professional** [prəféʃənl]	形 専門的な・職業上の profession 名 (専門的)職業 例 ask for **professional** advice 　専門的な助言を求める
0229 **potential** [pəténʃəl]	形 潜在的な・見込みのある 例 **potential** customer needs 　潜在的な顧客ニーズ
0230 **various** [véəriəs]	形 多様な variety 名 多様さ 例 **various** demands 　多様な要求
0231 **proposal** [prəpóuzl]	名 提案・申し出 propose 動 提案する 例 approve a **proposal** 　提案を承認する
0232 **establish** [ɪstǽblɪʃ]	動 設立する・確立する establishment 名 設立・確立 established 形 認められた 例 The university was **established** in 1975. 　その大学は、1975年に設立されました。

記憶エピソード	カクシン

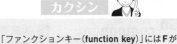

パソコンの「ファンクションキー」から、「機能」という意味が類推しやすかった。
（メーカー・600点台）

「ファンクションキー（function key）」には**F**が使われていますね。「いろんな機能が使えるボタン」のことです。

「ラボ」と略して色々なところで聞く。理系の人がよく言っていることもあり、「実験室」という意味を覚えた。
（金融・700点台）

長い単語なので**lab**と省略されることがあります。学校にある「LL教室」は**language laboratory**「語学演習室」のことなんです。

factor（要因）と勘違いして間違えてしまうことがよくあります。
（金融・700点台）

その勘違い、実は語源が同じで、「商品の部品・要素（**factor**）を組み合わせる場所」→「工場」となりました。

NHKの番組名を連想します。「キワメビト！」ってイメージです。
（団体職員・500点台）

その番組の取材が来たテンションで**TOEIC**に取り組んでみてください。目標スコアを出した瞬間に、ギターのあのイントロが鳴るイメージで。

「潜在的な」という訳し方が覚えにくいので苦労している。
（メーカー・500点台）

「潜在的な」という訳語でピンとこなければ「～になっちゃうかもしれない」で**OK**。「潜在顧客」は「お客になっちゃうかもしれない人」です。

オムニバスCDによく入っているvarious artistsで覚えました。
（メーカー・700点台）

名詞**variety**「多様さ」の形容詞形が**various**で「多種多様な、雑多な、いろんな方面からの」といったイメージです。

「提案」で「プロポーズ」をイメージしやすかったために、覚えられました。
（学生・500点台）

「プロポーズする」とは「（相手に）結婚を提案する、申し込む」ということでしたね（**0041**）。**proposal**が名詞ということもチェックを。

なんか-lishみたいな動詞はどうも覚えにくい印象があります。
（会社員・600点台）

有名ブランドの紙袋に、**established in 1856**のようにそのブランドが設立された年がよく書かれています。銀座を歩けば必ず目に入ります。

0233 **component** [kəmpóunənt]	名 構成要素・部品 例 the **components** of music 楽曲の構成要素
0234 **opportunity** [ùpərt(j)úːnəti]	名 チャンス・好機 chance 名 可能性・偶然・機会 例 an **opportunity** for advancement 昇進のチャンス
0235 **environment** [enváiərənmənt]	名 環境 environmental 形 環境上の 例 protect the **environment** 環境を守る
0236 **furniture** [fɔ́ːrnɪtʃər]	名 家具一式 例 a piece of **furniture** to your taste 好みに合った家具1つ
0237 **transportation** [trænspərtéɪʃən]	名 輸送・交通・移動 transport 動 輸送する 例 **transportation** expenses 交通費
0238 **calculate** [kǽlkjəlèɪt]	動 計算する calculation 名 計算 calculator 名 計算機 例 **calculate** an income 収入を計算する
0239 **chance** [tʃǽns]	名 可能性・偶然・機会 opportunity 名 チャンス・好機 例 There is a **chance** of rain today. 今日は雨が降る可能性があります。
0240 **branch** [brǽntʃ]	名 支店・支社・枝 例 open a **branch** office 支店を開く

記憶エピソード	カクシン

クラシックの composer（指揮者）のイメージから、オーケストラを「構成」する人たち、と覚えた。
（メーカー・700点台）

高尚な覚え方ですね。僕の世代なら **component** は「ミニコンポ」で覚えられるかも。「スピーカー・アンプなどの<u>構成要素</u>が集まったもの」です。

chance との違いがどういうものなのか、いまいちはっきりしない。
（公務員・700点台）

opportunity は「チャンス！」のイメージ。一方、**chance** を見たらまずは「可能性・偶然」を考えてそれでも変なら「チャンス」で。

コンピューター関係の仕事では、environment はよく使う。環境変数などに env とつけたりする。
（ソフトウェア・インターネット・通信・400点台）

それは勉強になります。本来は「周囲を取り巻いているもの」という意味で、環境破壊が進んだ19世紀以降に「環境」の意味が生まれました。

単数扱いであることをつい忘れて TOEIC でミスをした経験があります。
（メーカー・400点台）

1つひとつの家具を指すのではなく、全部まとめた「家具一式」という意味なんです。そのため、**a** や複数の **s** をつけません（不可算名詞扱い）。

TOEIC の試験会場に向かっているこの瞬間が「移動、トランスポーテーションなのだ」と記憶しました。
（金融・400点台）

そういう「実感」って大事です。今、電車内の人は、心の中で「自分、今めっちゃ transportation！」と言ってみてください。

電卓を「カルキュレーター」というのを知っていたため、それの動詞ということで覚えています。
（商社・700点台）

本来は「石（**calculus**）を使って数える」という意味でした。ビジネスにおいて「計算」は避けられないため、頻繁に出てくる単語です。

change とスペルが似ていて、混同しやすい。慌てていると、読み間違える。
（自営業・400点台）

change と **chance** を混同するなんて、ちょっと深いですね。**chance** を見たらまずは「可能性・偶然」から考えるんでしたね（0234）。

「枝」という意味だけで覚えてしまうと、会社の「支店」の意味とすぐに結びつかなくなる。
（会社員・600点台）

本来は「枝」ですが、本店から「枝分かれした店」→「支店」となりました。**TOEIC** では断トツで「支店」が重要です。

0241 baggage

[bǽgɪdʒ]

名 手荷物一式
luggage 名 手荷物一式
例 wait at a **baggage** claim area
手荷物受取所で待つ

0242 satisfy

[sǽtɪsfàɪ]

動 満足させる
satisfied 形 満足した
例 fully **satisfy** customers
十分に顧客を満足させる

0243 drawing

[drɔ́ːɪŋ]

名 絵・図面
draw 動 引く・描く
例 **drawings** on a wall
壁の絵

0244 distance

[dístəns]

名 距離・隔たり
distant 形 遠い
例 the **distance** between Tokyo and Osaka
東京と大阪の距離

0245 publish

[pʌ́blɪʃ]

動 出版する・公表する
public 形 公の publishing 形 出版業の 名 出版業
例 **publish** a book
本を出版する

0246 profit

[práfət]

名 利益
profitable 形 利益になる・役立つ
例 gain **profits**
利益を得る

0247 product

[prάdəkt]

名 製品・商品・生産物
produce 動 生産する 名 農作物
production 名 生産・製造
例 dairy **products**
乳製品

0248 change

[tʃéɪndʒ]

動 変える・変わる 名 お釣り・小銭
例 hand a man his **change**
男性にお釣りを手渡す

リスニングで慌てたときに garbage と混同して間違えた。リズムが似ているからだと思う。
（学生・700点台）

綴りに **bag**「バッグ」が含まれているので、「バッグを含んだ手荷物一式」と覚えてください。**baggage** も **luggage** も「手荷物一式（荷物全般）」で不可算名詞扱いです。

「満足させる」という意味で記憶しています。その他の意味で出題された場合は対応できません。
（小売・400点台）

いえ、それで十分です。ただし「満足する」という覚え方は完全に間違いなので注意してください。「する」ではなく「させる」ですね。

draw から「絵」と想像してしまい、「図面」までたどり着くのは難しい。
（会社員・700点台）

動詞 **draw** は本来「引く」という意味で、「線を引く」→「線で描く」となりました。**drawing** は **draw** が名詞化したもので、「線で描くこと」→「絵・図面」です。

ハンドボールで「distance シュート」と使うので意味は知っていた。
（広告・出版・マスコミ・500点台）

40代以上は、**THE ALFEE** の『星空のディスタンス』でしょうか。本来は「離れて（**dis**）立つ（**stance = stand**）」→「遠さ」→「距離・隔たり」です。

焦っているとき、「公の」という意味の public と混同してしまうことがある。
（医師・弁護士等の専門職・700点台）

混乱するのは語源的には当然で、本来は **public** と関連があり、「公に（**public**）出す」→「出版する・公表する」となったわけです。

簿記で損益計算書のことを「P/L」とよく言うため、頭に入ってきやすかったです。
（メーカー・500点台）

「前へ（**pro**）進む（**fit**）」→「進歩・成功」→「利益」となりました。金銭的な「利益」の意味で使われることが多い単語です。

製品のことを「プロダクト」と言うことがあるので、それで覚えました。
（小売・600点台）

「**produce**（生産）されたもの」で、「作られたもの」を漠然と指します。

海外でタクシーを利用する際の Keep the change.「お釣りはいりません」は、なぜその意味になるのでしょうか？
（教育・700点台）

「お札がコインにチェンジ」→「お釣り・小銭」です。**Keep the change.** は「お釣りをキープして」が直訳（海外旅行で1度使えば絶対覚えます）。

0249 **alike**	形 似ている・同様の
[əláɪk]	like 動 好き 形 似ている 例 be **alike** in size and color 大きさや色が似ている

0250 **reasonable**	形 合理的な・手頃な
[ríːznəbl]	reason 名 道理・理由 reasonably 副 合理的に・適度に 例 a **reasonable** price 手頃な価格

0251 **senior**	形 上位の・年上の
[síːnjər]	junior 形 下位の・年下の 例 a **senior** researcher 上席研究員

0252 **annual**	形 年に1度の・毎年の
[ǽnjuəl]	annually 副 年に1度・毎年 例 an **annual** report 年次報告書

0253 **purchase**	動 購入する　名 購入
[pə́ːrtʃəs]	例 **purchase** a house 家を購入する

0254 **additional**	形 追加の
[ədíʃənl]	add 動 追加する　addition 名 追加 例 order **additional** items 追加の品を注文する

0255 **subject**	名 主題・件名・議題
[sʌ́bdʒekt]	例 the **subject** of a meeting 会議の議題

0256 **membership**	名 会員であること
[mémbərʃìp]	member 名 会員 例 apply for **membership** 入会申し込みをする

like/alike/likelyのように、意味は違うが共通の文字（今回はlike）が含まれている単語は意外と覚えられる。
（ソフトウェア・インターネット・通信・400点台）

likeは本来「近い」という意味で、「気持ちが近い」→「好き」、また、形容詞で「近い」→「似ている」で、それとalikeを関連させてください。

「リーズナブル」と見ると「手頃・安い」のイメージが強く、TOEICで「合理的な」という意味が出てこなかった。
（メーカー・500点台）

「道理（reason）にかなうことができる（able）」→「理にかなった・合理的な」→「（値段が理にかなって）手頃な」という流れで覚えてください。

「シニア」と日本語でも使われていますが、「上位・上級」という意味があるのは知りませんでした。
（メーカー・600点台）

日本語の「シニア」は「お年寄り」しか指しませんが、そのイメージは捨ててください。seniorは、単に「上」というイメージで！

スタディサプリの授業での「Part 7でannualがやたら狙われる！」というアドバイスが役立ってます！
（メーカー・500点台）

世間では注目されませんが、TOEIC超重要単語です。英文にannualがあれば「（そのイベントは）毎年開催」という選択肢がよく正解になります。

ネットショッピングで「購入する」の部分にたまに書いてある。
（小売・600点台）

purchaseのchaseは「追跡する（「カーチェイス」のchase）」で、「欲しいものを追跡する」→「購入（する）」になりました。

サッカーで、ロスタイムを「アディショナルタイム」と耳にすることが多くなったので、いつの間にか覚えました。
（メーカー・300点台）

最近のオシャレなカフェなどのメニューでは、「トッピング」や「追加食材」のところにadditionalと書いてあります。

電子メールでSubjectと書いてあり「件名」と覚えているので、それに関連させて「主題」という意味を覚えました。
（金融・600点台）

その覚え方、バッチリです。本来は「下へ（sub）投げた（ject）」→「支配下にある・対象となるもの」→「主題・件名・議題」となりました。

アメリカでコストコにいつも行っていて、「メンバーシップ」に入会しないとお店に入れなかったので覚えました。
（パート・アルバイト・800点台）

本来「メンバー（member）の身分（ship）」→「メンバーであること」ですが、この際「shipに乗るためmemberになること」でもOKかと。

0257 succeed
[səksíːd]

動 成功する・相続する
success 名 成功　succession 名 相続
例 **succeed** in cost reduction
経費削減に成功する

0258 regarding
[rɪgáːrdɪŋ]

前 ～に関して
regard 動 みなす・考える
例 **regarding** your request
あなたのご希望に関して

0259 bill
[bíl]

名 請求書・紙幣
invoice 名 請求書
例 pay a **bill**
支払いをする

0260 regulation
[règjəléɪʃən]

名 規則・規制
regulate 動 規制する　regular 形 規則的な
例 new **regulations**
新しい規則

0261 seek
[síːk]

動 探し求める
例 **seek** experienced employees
経験豊富な従業員を探し求める

0262 experienced
[ɪkspíəriənst]

形 経験豊富な
experience 名 経験・体験　動 経験する
例 an **experienced** cook
経験豊富なコック

0263 region
[ríːdʒən]

名 地域・範囲
regional 形 地域の
例 an industrial **region**
工業地帯

0264 explain
[ɪkspléɪn]

動 説明する
explanation 名 説明
例 **explain** a new procedure
新しい手順を説明する

記憶エピソード　　　カクシン

「成功する」はsuccessから連想できるが、「相続する」は全然知らなかった。
（メーカー・500点台）

「相続成功！」と覚えましょう。**succeed in** ～「～で成功する」、**succeed to** ～「～を相続する」で、**in**は「分野」、**to**は「相続の方向」を示します。

regard「みなす」のイメージが強かったので、実際に問題として出てきたときに混乱してしまいました。
（団体職員・600点台）

regardの分詞構文で、「みなす・考える」→「～を考えると」が本来の意味です。**Part 7**ではメールのタイトルに"**Re**"とありますが、これは「返信」ではなく、**Regarding**のことなんです。

アルバイト先で、外国人の先輩に言われた「bill」を「beer」と間違えて注文ミスしてから忘れなくなった。
（学生・600点台）

それ、英語講師として喉から手が出るほどほしいネタですね。本来「紙切れ」で、そこから「請求書・紙幣」となりました。

テレビ番組のレギュラーメンバーというイメージしかなかったため、「規制」という意味がなかなか覚えられなかった。
（学生・700点台）

regularは「ギュッと絞った規則的に決まって試合に出る選手」というイメージで。「ギュッと絞る・規則的」からこの単語を覚えてください。

TOEICでよく見かけるわりに、なかなか覚えられない単語です。
（メーカー・600点台）

本来「求める」という意味で、**hide-and-seek**で「かくれんぼ」という意味です（**TOEIC**でこの単語を見たことはありませんが）。

ロールプレイングゲームの経験値で"ex"と表されていることから、経験に関する意味として覚えられた。
（メーカー・500点台）

男性、僕の世代はそれで一撃なんですよね。動詞**experience**の過去分詞で「色々と経験させられる」→「経験豊富な」ということです。

DVDに書いてある「リージョンコード」が地域独特のものだったことから、意味を覚えました。
（メーカー・700点台）

英語学習にオススメなのが「英語圏で売られている日本のアニメ**DVD**（日本のアニメの英語版）」です。購入時は「リージョンコード」に注意しましょう。

expが頭につく単語が覚えにくい。たとえば、explore、expense、この3つが特に間違えやすい。
（ソフトウェア・インターネット・通信・400点台）

「頭の中から、外に出して（**ex**）シンプルにする（**plain**）」→「（わかりやすく）説明する」です。**plain**は「プレーンヨーグルト」に使われています。

0265	**president**	名 社長・大統領
☐ ☐ ☐	[prézədnt]	例 the **president** of a company 会社の社長

0266	**transfer**	動 移動する・転勤する(させる)・乗り換える　名 移動・転勤・乗り換え
☐ ☐ ☐	動 [trænsfəːr] 名 [trænsfər]	例 be **transferred** to the London branch ロンドン支店へ転勤する

0267	**income**	名 収入
☐ ☐ ☐	[ínkʌm]	revenue 名 歳入・収益・収入　outgo 名 支出 例 total **income** 総収入

0268	**afraid**	形 心配して・恐れて
☐ ☐ ☐	[əfréɪd]	例 be **afraid** of a layoff 解雇を恐れる

0269	**notice**	名 お知らせ・通知 動 気がつく・注意する
☐ ☐ ☐	[nóutəs]	notify 動 通知する 例 a **notice** on a board 掲示板のお知らせ

0270	**mechanical**	形 機械の
☐ ☐ ☐	[məkǽnɪkl]	machine 名 機械　mechanic 名 修理工 例 **mechanical** parts 機械部品

0271	**agency**	名 代理店・代理人
☐ ☐ ☐	[éɪdʒənsi]	agent 名 代理人・代理店 例 a travel **agency** 旅行代理店

0272	**scholarship**	名 奨学金
☐ ☐ ☐	[skálərʃɪp]	scholar 名 学者・奨学生 例 a **scholarship** for college 大学の奨学金

「大統領」の意味は有名だが「社長」という意味があるのは知らなかった。（学生・500点台）

TOEICでは圧倒的に「社長」が大事です。本来「前に(pre)座る(sid=sit)人」→「社長・大統領」です。

transmit などtrans が接頭語の単語は移動的な意味が多く、ごっちゃになりやすいので試験で間違えた記憶がある。（学生・500点台）

trans系統の動詞は、「移動する」という意味が取れれば、その違いには神経質にならなくても大丈夫ですよ（文の意味は取れるはずです）。

「ベイシック・インカム」とかニュースで見かける単語。（自営業・600点台）

「財布の中に入って(in)来る(come)もの」→「収入」です。また日本の雑誌では「子供のいない共働き夫婦」をDINKS(Double Income No Kids)と表しています。

I'm afraid というフレーズでよく使われているので、覚えやすかった。（会社員・600点台）

I'm afraid は、言いにくいことの前置きで「残念ながら」という意味。例の be afraid of ~ は「~を恐れる・心配する」という熟語です。

note と間違えやすく、何度やっても覚えられません。まだ完璧には覚えられていない単語の1つです。（メーカー・400点台）

TOEICでは名詞「通知」が超重要。"NOTICE"は看板・掲示物に書かれているので探してみてください。身近になければぜひネットの画像検索で。

自動車レースなどで「メカニック」という言葉はよく使うと思うので、そこから覚えました。（サービス・500点台）

「メカの」という感じで覚えてれば意味は取れますね。ちなみに、mechanic は「修理工」です（これも大事）。

街にある「転職」の看板や広告などでよく見るのでそれと関連付けて覚えました。（金融・500点台）

確かに最近やたら「エージェンシー」を見かけますね。real estate agency なら「不動産会社」、advertising agency なら「広告代理店」です。

大学のときに「スカラシップ制度」という名称で奨学金を借りていたので、そこから覚えている。（メーカー・500点台）

「学生(scholar=school)の地位(ship)を保証するもの」→「奨学金」です。最近は「奨学金制度」をそのまま「スカラシップ制度」と言います。

| 0273 | equally
☐☐☐
[íːkwəli] | 副 等しく・平等に
equal 形 等しい・平等な
例 assign the work **equally**
仕事を平等に割り当てる |

| 0274 | suggest
☐☐☐
[səgdʒést] | 動 提案する・暗示する
suggestion 名 提案
例 **suggest** an alternative
代替案を提案する |

| 0275 | accept
☐☐☐
[æksépt] | 動 受け入れる・受け取る
acceptable 形 受け入れられる・満足な
acceptance 名 承諾・採用(通知)
例 **accept** an entry
入会を受け入れる |

| 0276 | financial
☐☐☐
[fɪnǽnʃəl] | 形 財政上の・財務の
finance 名 財政・財務
例 face a **financial** crisis
財政危機に直面する |

| 0277 | improve
☐☐☐
[ɪmprúːv] | 動 改良する・改善する
improvement 名 改良・改善
例 **improve** efficiency
効率を改善する |

| 0278 | height
☐☐☐
[háɪt] | 名 高さ
high 形 高い
例 the **height** of a building
建物の高さ |

| 0279 | direct
☐☐☐
[dərékt] | 形 直接の 動 指導する・指示する
direction 名 指導・指示
例 a **direct** flight to London
ロンドンへの直行便 |

| 0280 | contrast
☐☐☐
[kántræst] | 名 対照・対比
例 a **contrast** between before and after
前後の対比 |

日本語の発音と違うのでなじみのない単語のようですが、「＝（イコール）」と知ってからは覚えられました。（学生・500点台）

まさに「イコール」から考えればOKです。**equal** の発音は「イークウェル」、**equally**は「イークウェリ」という感じです。

あとに続く名詞節の動詞が「原形」になるという、文法的な特徴があるから意味も覚えやすい。（学生・500点台）

本来「遠回しに言う」→「提案する・暗示する」となりました。「提案する」の場合、**that**節中の動詞は「原形」になります。

論文が掲載決定するとacceptと連絡がくるので、受け入れられるニュアンスと嬉しい気持ちと一緒に覚えている。（団体職員・700点台）

それは羨ましいほど素敵な経験ですね。**accept** の**cept**は、**receipt**「レシート・受け取ること」の**ceipt**と同じで「受け取る」です。

「フィナンシャル・プランナー」という言葉を知っていたので、「財政の」という意味はすぐ覚えられた。（商社・700点台）

「ファイナンシャル（フィナンシャル）・プランナー」とは「将来の資金計画に関するアドバイスをする人」です。

imとproveを分けて覚えることによって、丸暗記でなくても覚えられるようになった。（学生・500点台）

「利益（**prove=profit**）を中に（**im**）込める」→「利益をもたらす」→「改良する」です。「徐々に良くなっていく」イメージの単語です。

ハイ（high）と聞こえるため、「高い」と間違えることが多かったです。（ソフトウェア・インターネット・通信・600点台）

その間違い、特に問題ないですよ。アパートの名前の「〇〇ハイツ」とは**heights**のことです（高いところに建てられたイメージ）。

「直接」というイメージが強いため、「指揮する・指導する」といった意味を忘れがちになる。（メーカー・300点台）

本来「まっすぐ」で、そこから「直接の」、さらに動詞で「（まっすぐ）向ける」→「指導する」となりました。

日本語の会話でも「コントラストがはっきりしている」と使うので覚えられました。（商社・400点台）

本来「反対して（**contra=contrary**）立つ（**st=stand**）」です。写真・絵で「青空と白い雲のコントラスト」と言いますね。

0281	**remove** [rɪmúːv]	動 取り除く・移転する
		removal 名 除去・転居
		removable 形 除去(移動)できる
		例 **remove** a carpet
		カーペットを取り除く

0282	**highly** [háɪli]	副 非常に・かなり
		high 形 高い
		例 **highly** competitive market
		競争のかなり激しい市場

0283	**clothing** [klóuðɪŋ]	名 衣類(全般)
		cloth 名 布切れ clothes 名 衣服
		例 a new **clothing** brand
		新しい衣料ブランド

0284	**spend** [spénd]	動 (時間・お金を)使う
		例 **spend** time preparing for a party
		パーティーの準備に時間を費やす

0285	**latest** [léɪtɪst]	形 最新の
		late 形 遅い lately 副 最近
		例 the **latest** version
		最新バージョン

0286	**therefore** [ðéərfɔ̀ːr]	副 それゆえ・したがって
		例 **Therefore**, the library needs additional staff.
		それゆえ、その図書館は追加のスタッフが必要です。

0287	**purpose** [pə́ːrpəs]	名 目的
		例 the **purpose** of an announcement
		告知の目的

0288	**status** [stéɪtəs]	名 地位・立場・状態
		例 the current **status**
		現状

記憶エピソード

カクシン

目標600点の英単語 | Chapter 1

Chapter 2

Chapter 3

Extra Words

昔やったポケモンカードゲームに「エネルギーリムーブ」というカードがあり「除去」のイメージがあった。
（メーカー・500点台）

そういう説明はありがたいです。**USB**のことを「リムーバブルディスク（**removable disk**）」と言いますが、「取り除くことができるディスク」ということです。

highly は high と綴りも似ており、副詞なので、意味を覚えるのに少し苦労しました。
（学生・600点台）

highlyは、決して「実際の背の高さ」ではなく、比喩的・抽象的な意味で「高い」→「非常に」というイメージです。

clothes、cloth と区別がつけづらいです。良い覚え方があれば（こじつけでもいいので）助かります。
（パート・アルバイト・500点台）

clothは「テーブルクロス」から「布切れ」、その**cloth**を複数つなぎ合わせたものが**clothes**「衣服」、**clothing**だけは「衣類全般」で覚えてください！

spent とどっちが原形なのか、たまに迷ってしまうことがあります。
（金融・400点台）

「時間・お金を使う」という意味です。**spend** 時間 **-ing**「時間を～するのに使う」、**spend** お金 **on** ～「お金を～に使う」の形が頻出です。

late だと「遅い」という意味なのに、latest になると「最新の」になるのが不思議でした。
（学生・400点台）

lateは「遅い」ですが、最上級**latest**は「時期的に一番遅い」→「最も新しい」となるわけです。

「それゆえ、だから」等抽象的な副詞は覚えづらいです。何回か復習しているもののいまだに理解が曖昧です。
（メーカー・300点台）

本来「そこ（there）へ向かうために（for）」→「それゆえ」で。なんかネイティブは therefore って言うとき、少し良い声になるような気が。

よく海外の空港の審査の場面で「What's the purpose of your visit?」を耳にします。
（学生・700点台）

僕もそのセリフ、何度も言われたことがあります。この本の執筆直前、デンマークの空港でも言われました。**Sightseeing.**「観光」と答えました。

日本語で「ステイタス」というと、「地位」のイメージがあるので、他の意味ではイメージがつきにくかったです。
（会社員・600点台）

本来「立っている状態」という意味で、**stand**「立つ」、**stage**「立場」、**state**「状態」と関連があります。

0289	interview		名 面接・インタビュー

0289 **interview**
[íntərvjùː]

名 面接・インタビュー
動 面接する・インタビューする
例 a job **interview**
就職の面接

0290 **recently**
[ríːsntli]

副 最近
recent 形 最近の
例 They **recently** launched a new product.
彼らは最近新しい製品を売り出しました。

0291 **raise**
[réɪz]

動 上げる・集める・育てる
rise 動 上がる
例 **raise** ticket prices
チケットの価格を上げる

0292 **grocery**
[gróusəri]

名 食料雑貨
例 buy vegetables at a **grocery** store
食料雑貨店で野菜を買う

0293 **move**
[múːv]

動 引っ越す・動かす・感動させる
moving 形 感動させるような
例 **move** to a new location
新しい場所に引っ越す

0294 **wheel**
[wíːl]

名 車輪・ハンドル
例 steer a **wheel** on a car
車でハンドルを操作する

0295 **square**
[skwéər]

名 広場・正方形
例 walk in a public **square**
公共の広場を歩く

0296 **while**
[wáɪl]

接 ～の間・～の一方で
例 Ms. Davis kept on thinking **while** she was walking.
Davisさんは歩きながら考えていました。

記憶エピソード	カクシン

対談のインタビューの意味合いが強く、「面接」という意味を覚えられませんでした。
（ソフトウェア・インターネット・通信・500点台）

TOEICでは圧倒的に「面接（する）」が大事です（Part 7の「求人広告」で必ず出る単語）。「面接官からのインタビュー」→「面接」のイメージで。

recentの意味がわかっていたので、副詞の接尾辞-lyがつくだけなので意味を覚えやすかった。
（学生・500点台）

「最近」という意味で英会話でも重宝する単語です。TOEICでは、recentlyは現在完了形・過去形と一緒に出てくることが多いです。

raiseとriseで自動詞、他動詞の識別に悩むときがあった。
（学生・500点台）

ゲームで「掛け金を上げる」ことを「レイズ」と言います。また、「お金を積み上げる」→「集める」、「子供の年齢を上げる」→「育てる」です。

grocery store＝食料雑貨店と、かたまりで覚えていたため、groceryが出てきても意味がわかった。
（学生・700点台）

grocery storeはsupermarketと同じ（もしくは少し小さい）店のことです。日本のお店でもgroceryという表記が増えています。

引っ越しや移転で使われやすいかと思いますが、単純な移動という意味ではほぼ使われない。
（サービス・400点台）

「（居場所を）動かす」→「引っ越す」で、TOEICでは引っ越し屋は大活躍します。また、「（人の心を）動かす」→「感動させる」です。

車の「ホイール」のみではなく、「ハンドル」の意味もあることが意外に思った。
（学生・700点台）

「車輪（状のもの）」ということです。車好きな人は「ホイール（車輪）」とそのまま使いますね（この発音はかなり雑なのですが）。

square root（平方根）という言葉で覚えたので、ただのsquareのときも平方根が頭に浮かんで困ることがある。
（メーカー・800点台）

マニアックな覚え方ですね。本来「正方形」という意味で、そこから「四方を建物に囲まれた四角形の広場」となります。ヨーロッパでよく見かけます。

「〜している間」という意味と「一方で」という意味が混ざりがちなので、気をつけていました。
（学生・700点台）

Part 5で「接続詞」だという品詞の知識が狙われます。「〜の間」→「〜している間、その一方で」となったわけです。

0297	achieve	動 達成する
	[ətʃíːv]	achievement 名 達成・業績 例 achieve target sales 目標売上高を達成する

0298	recommendation	名 推薦・推薦状・お勧めのもの
	[rèkəməndéɪʃən]	recommend 動 推薦する・奨励する 例 a recommendation from a professor 教授からの推薦状

0299	field	名 地面・分野・領域
	[fíːld]	例 an expert in the field of archeology 考古学分野の専門家

0300	preparation	名 準備
	[prèpəréɪʃən]	prepare 動 準備する 例 preparation for a ceremony 式典の準備

0301	renovate	動 改装する・修復する
	[rénəvèɪt]	renovation 名 改装・修復 例 renovate a factory 工場を改装する

0302	original	形 最初の・もとの・独創的な
	[ərídʒənl]	originally 副 最初は・もとは・独創的に originality 名 現物(であること)・独創性 例 an original idea 最初の考え

0303	affect	動 影響を与える
	[əfékt]	effect 名 効果・結果・影響 例 affect the current circumstances 現在の状況に影響を及ぼす

0304	vehicle	名 車・乗り物
	[víːəkl]	例 load a vehicle 車に荷物を積む

記憶エピソード

カクシン

学校であった「アチーブメントテスト」、当時は考えもしなかったが、意味を知ったときには深く納得した。
（メーカー・600点台）

学校・塾での「アチーブメントテスト」とは「到達度テスト」のことです。その **achievement** の動詞が **achieve** です。

よくCDショップで見かける言葉なので、お勧め、という意味で覚えやすい。
（小売・600点台）

僕は大人から推薦状をもらうような人間ではなかったのですが、**TOEIC** では大学教授に推薦状をもらうということがよくあります。

昔、FIELD OF VIEW という歌手がいて、それで覚えました。
（メーカー・600点台）

「ビーイング系」と言われていたころの話ですね。日本語でも「様々なフィールドで活躍する」と使われます。「地面」より「分野」のイメージで。

毎朝の準備で「プリパレイション、プリパレイション」って言いながら覚えました。
（ソフトウェア・インターネット・通信・500点台）

動詞 **prepare** は「前に（pre）並べる（pare）」→「（前もって）準備する」です。また、**preparation for ~**「~への準備」です。

「リノベーション」と結びつけて覚えていたので「元気を回復する」という意味までは知りませんでした。
（メーカー・600点台）

その意味まで覚えなくて **OK** ですが、一応「改装して新しくなる」イメージです。日本語「リフォームする」は、実は英語では **renovate** です。

「オリジナル」って「何かに手を加えたもの」というイメージがあって、僕の友達も同じこと言ってました。
（学生・300点台）

こんな誤解があるとは…「独創的」から色々妄想した結果の誤解でしょう。**origin**「起源・始まり」の形容詞で、「最初の・もともとの」という意味です！

affect と effect が似ていてよくわからない。
（会社員・300点台）

affect の **af** は本来は前置詞 **at**「1点めがけて」です。「~めがけて（at）行う（fect）」→「影響を与える」です。**effect** の説明は**19**ページ。

なかなか覚えられなかった。読み方も微妙に難しい。車のCMなどでちょこちょこ出てくるのでやっと覚えた。
（公務員・700点台）

「RV 車」は **recreational vehicle** の略です（recreational「娯楽の」）。単語内の h を読まないのはサッカー選手 Beckham「ベッカム」と同じ感じです。

0305	content	名 中身・内容　形 満足して
	名[kántent] 形[kəntént]	例 the **contents** of a contract 契約の内容

0306	enjoyable	形 楽しい
	[endʒɔ́ɪəbl]	**enjoy** 動 楽しむ・享受する 例 an **enjoyable** party 楽しいパーティー

0307	priority	名 優先・優先事項
	[praɪɔ́:rəti]	**prior** 形 前の・重要な 例 a **priority** seat 優先席

0308	quality	名 質
	[kwáləti]	**qualify** 動 資格を与える 例 **quality** of staff スタッフの質

0309	guided	形 ガイド付きの
	[gáɪdɪd]	**guide** 動 案内する・指導する **guideline** 名 指針・ガイドライン 例 a **guided** bus tour ガイド付きバスツアー

0310	attractive	形 魅力的な・引きつけるような
	[ətrǽktɪv]	**attract** 動 引きつける **attraction** 名 魅力・引きつけるもの 例 **attractive** sightseeing spots 魅力的な観光地

0311	budget	名 予算
	[bʌ́dʒət]	例 a tight **budget** 緊縮予算

0312	insurance	名 保険
	[ɪnʃúərəns]	**insure** 動 保険をかける 例 travel **insurance** 旅行保険

記憶エピソード	カクシン
テレビ番組やイベントの「コンテンツ」というところから「内容」ということが連想できます。（メーカー・700点台）	本の目次ページにも **Contents** と書いてあることがあります。「中身」→「内容」、「心の中身がつまった」→「満足して」となりました。
enjoy という動詞の意味と、-able をつけると形容詞になることを知っていたから覚えやすかった。（サービス・500点台）	「楽しい」と訳されますが、厳密には「楽しまれることができる」なので、**I am enjoyable.** なんて文は「私が楽しまれる」となり変です。
バスや電車の優先席に書かれているのを見て理解した。日本語の注意書きも一緒にあるので理解しやすい。（サービス・500点台）	車内アナウンスで使われていますので、ぜひ聞いてみてください。**prior**「前の・重要な」が名詞になったのが **priority** です。
「ハイクオリティ」といったような形で日本語でも使用されているので、覚えやすかったです。（メーカー・600点台）	**high quality** や **good quality** でもよく使われます。「生活の質」という意味で、**quality of life** を **QOL** と書くこともあります。
普段から日本語の中でも使うので、覚えやすいです。頭にも残る単語だと思います。（メーカー・400点台）	動詞「ガイドする」の過去分詞で「ガイドされる」→「ガイド付きの」です。海外旅行で現地ツアーに参加すると **TOEIC** そっくりの流れなんですよ。
「アトラクティブな人」という言葉で「魅力的な人」を表現するのをよく聞いたので、覚えやすかったです。（会社員・600点台）	動詞 **attract** は「〜のほうへ（前置詞 at）引っ張る（**tract**）」→「引きつける」で、**attractive** は「人を引きつけるような」となるわけです。
仕事で「予算」のことをそのまま「バジェット」と言うので、それで覚えた。（メーカー・500点台）	**go over the budget** は「予算を超える」です。今度海外旅行で使ってみてください。
ensure と混同してしまうことがよくありました。（サービス・300点台）	自動車保険や生命保険の **CM** をじっくり見ていてください。**insurance** という単語がどこかにあるはず。また、**ensure** は0570で。

0313	**guarantee**	名 保証　動 保証する
	[gǽrəntíː]	guaranty 名 保証 例 a three-year **guarantee** 　3年保証

0314	**expand**	動 拡大する・拡張する
	[ɪkspǽnd]	expansion 名 拡大・拡張 例 **expand** the territory 　領域を広げる

0315	**brief**	形 短時間の・手短な・簡潔な
	[bríːf]	briefly 副 手短に・簡潔に 例 a **brief** explanation 　簡潔な説明

0316	**project**	名 計画・事業
	[prάdʒekt]	例 cost of a **project** 　プロジェクトの費用

0317	**stair**	名 段・(～s で)階段
	[stéər]	staircase 名 階段 例 go up the **stairs** 　階段を上る

0318	**since**	前 ～以来ずっと　接 ～なので
	[síns]	例 **since** last year 　昨年以来ずっと

0319	**otherwise**	副 そうでなければ・別の方法で・その他の点では
	[ʌ́ðərwàɪz]	例 **Otherwise**, the plan is unfeasible. 　そうでなければ、その計画は実行できません。

0320	**noise**	名 騒音
	[nɔ́ɪz]	noisy 形 騒がしい 例 a **noise** caused by construction 　工事で生じる騒音

記憶エピソード	カクシン
テレビなどで、「ギャラが安い」という言葉から最初は「報酬」という意味なのかと勘違いしていました。（会社員・800点台）	あれは紛らわしいですよね。芸能人が言う「ギャラ」は guarantee「テレビ出演が保証する金額」ということなんです。
「explain（説明する）」や「expect（予期する）」と混同した。（メーカー・500点台）	筋トレ道具「エキスパンダー（バネが**3本**ある器具）」は、「バネが拡大、大胸筋も拡大する器具」です。それでもダメなら「パンダが拡大」で。
予備校時代、関先生から「ブリーフパンツは短いパンツ」と言われたのが忘れられません。（学生・500点台）	それ、マジメな説明なので。新幹線で **This train will make a brief stop at 〜**.「この列車は〜に短時間停車いたします」と使われています。
日本語でもたまに使う単語なので覚えやすい。プロジェクトXとか。（自営業・300点未満）	日本語「プロジェクト」は何かの「計画・事業」ですね。英語の project も同じ感覚で理解できます。
発音が、星の「スター」と近いので聞き間違えることがありました。（学生・300点台）	なるほど、ただ star とは出てくる場面が違うので、stairs を意識していれば大丈夫でしょう。しかも通常複数形です（階段は段が複数あるので）。
「以来」という意味のみ記憶していたので、「〜なので」という意味が覚えにくかった。（金融・400点台）	本来「ある基準点から」という意味で、それが時間の基準点なら「〜以来ずっと」、行動・出来事の基準点なら「〜なので」となりました。
「そうでなければ」と覚えているが、実際に英文の中で出てきた場合にニュアンスを取るのは意外と難しい。（ソフトウェア・インターネット・通信・700点台）	「そうでなければ」は有名ですが、他の意味も重要。本来「他の（other）方法・点で（wise=way）」→「別の方法で・その他の点では」です。
イヤホンの機能で「ノイズキャンセリング」という言葉が使われていたので自然と意味を理解できた。（メーカー・300点台）	普段リスニングの練習をするとき、ノイズキャンセリングのイヤホンは本当に便利。僕は **BOSE** 製のを使い続け、現在4つめです。

0321 **exactly** ☐ ☐ ☐ [ɪgzǽktli]	**副** まったく・正確に・その通り exact **形** 正確な 例 **exactly** opposite 正反対

0322 **available** ☐ ☐ ☐ [əvéɪləbl]	**形** 手に入る・利用できる・都合がつく availability **名** 利用できること 例 Are you **available** this afternoon? 今日の午後、都合がつきますか？

0323 **join** ☐ ☐ ☐ [dʒɔ́ɪn]	**動** 参加する・加わる 例 **join** a seminar 研修に参加する

0324 **agricultural** ☐ ☐ ☐ [æ̀grɪkʌ́ltʃərəl]	**形** 農業の agriculture **名** 農業 例 **agricultural** business 農業ビジネス

0325 **record** ☐ ☐ ☐ [rékərd]	**名** 記録 例 break a sales **record** 売上記録を破る

0326 **automobile** ☐ ☐ ☐ [ɔ́:təməbì:l]	**名** 自動車 例 **automobile** industry 自動車業界

0327 **commercial** ☐ ☐ ☐ [kəmə́r:ʃəl]	**形** 商業の commerce **名** 商業 例 **commercial** district 商業地区

0328 **direction** ☐ ☐ ☐ [dərékʃən, dɑɪrékʃən]	**名** 指導・指示・説明 direct **動** 指示する・指導する 例 follow the **directions** carefully 注意して指示に従う

92

記憶エピソード	カクシン

 「その通り」という文脈でよく使われるのを聞くので、自然と意味が頭に入っていた。（会社員・700点台）

形容詞 **exact**「正確な」から、「まったく・正確に」→「あなたの言うことはまったく正確にその通り」となりました。

 スタディサプリの授業で「TOEICで一番大事な単語は available」の話がインパクト大でした。（自営業・600点台）

本来「スタンバイ OK」で、「物がスタンバイ OK」→「手に入る・利用できる」、「人がスタンバイ OK」→「手が空いている」です。

 会社の電話会議などで参加者を紹介する際に使用されており、記憶に残っていた。（メーカー・300点台）

「参加する」や「入る（加わる）」という訳語にとらわれず、**Join us for lunch.**「一緒にお昼を食べない？」のように気軽に使える単語です。

 agriculture の「農業」という意味は頭に入っていたので、そこから推測できた。（会社員・700点台）

名詞 **agriculture** は、「畑（**agri**）を耕す（**culture**）」→「農業」です。**culture**「文化」は本来「心を耕す」なんです。

 音楽の「レコード」というイメージしかなく、「記録」という意味がまったく理解できませんでした。（会社員・500点台）

オリンピックなどで、**World Record**「世界記録」と目にします。ちなみに昔の音楽レコードは「曲を記録したもの」です。

 mobile は携帯電話のイメージがあり、移動手段としての自動車という意味が頭に定着しなかった。（学生・800点台）

若者らしい勘違いですね。**auto** を意識して、「自動で（**auto**）動く（**mobile**）」→「自動車」のイメージで。

 どうしてもテレビのCMのイメージしかわからず、「商業の」という意味を覚えるのが大変でした。（メーカー・600点台）

CM は commercial message「商業上でのメッセージ」の略です。高いお金で**CM**を流すのは、あくまで商売のためですよね。

 発音が「ディレクション」なのか「ダイレクション」なのか迷った。また、説明という意味は知らなかった。（メーカー・500点台）

発音は2通りあります。**TOEIC** の各 **Part** 開始時に、「ディレクション！」と必ず流れるので、それが「指示・説明」という意味ですよ。

0329 **concern** ☐ ☐ ☐ [kənsə́ːn]	**名 関係・関心・心配** concerned 形 関係している・心配そうな 例 **concern** for a delay in departure 出発遅延の懸念	

0330 **director** ☐ ☐ ☐ [dərék tər]	**名 取締役・局長・監督** direct 動 指示する・指導する 例 be appointed to a board of **directors** 取締役に任命される

0331 **beverage** ☐ ☐ ☐ [bévərɪdʒ]	**名 飲料** 例 a meal with a free **beverage** 無料の飲み物付きの食事

0332 **conversation** ☐ ☐ ☐ [kùnvərséɪʃən]	**名 会話** converse 動 話す 例 have a short **conversation** 短い会話をする

0333 **possible** ☐ ☐ ☐ [pάsəbl]	**形 可能な・可能性がある** possibility 名 可能性　possibly 副 もしかすると impossible 形 不可能な 例 provide a **possible** solution 可能な解決策を提供する

0334 **payment** ☐ ☐ ☐ [péɪmənt]	**名 支払い** pay 動 払う 例 complete a **payment** 支払いを終える

0335 **leave** ☐ ☐ ☐ [líːv]	**動 出発する・残す・ほったらかす** 例 **leave** at 10:30 10時30分に出発する

0336 **attract** ☐ ☐ ☐ [ətrǽkt]	**動 引きつける** attractive 形 魅力的な・引きつけるような attraction 名 魅力・引きつけるもの 例 **attract** an audience 観客を引きつける

会計用語 の going concern 「継続企業」から覚え、懸念をイメージしやすくしました。
（サービス・400点台）

本来「関係・関心」で、「関心」が度を増すと「心配」になるわけです。「好きだからこそ気になっちゃう」って感じでしょうか。

広告の世界ではプロデューサーよりも低い職位のため、「取締役」という意味がどうしても入らなかった。
（広告・出版・マスコミ・700点台）

マスコミ関係者ならではの誤解ですね。会社では「作る人」より「指示を出す人が偉い」と発想してください。動詞 direct は「指示する」です。

飲み物といえば drink だと思ってたが、会社名の「キリンビバレッジ」から連想しやすかった。
（団体職員・600点台）

キリンビバレッジは「午後の紅茶」以外にもこんな貢献をしているわけですね。オシャレな店のドリンクメニューにもよく使われていますよ。

conservation（保護・保存）と混同しやすいので、何度も覚え直した。
（メーカー・600点台）

これ、ホントによくある混同で、どちらも TOEIC によく出ます。Part 3 では主に conversation、Part 7 では conservation が多いです。

『ミッション：インポッシブル』の映画から、その反対語として「可能」だと覚えやすい。
（サービス・600点台）

助動詞 can が「形容詞になったようなイメージ」です。can と同じように、「可能な」と「可能性がある」という2つの意味を持ちます。

pay は、クレジットカードなどでよく見かける単語なので、意味は覚えやすい気がします。
（公務員・800点台）

Apple Pay などでも、動詞 pay「払う」はおなじみなので、あとは「名詞は payment」とだけ意識していれば十分でしょう。

よく歌詞で leave me alone「放っておいて」を見かけます。
（学生・700点台）

leave は本来「ほったらかす」で、「場所をほったらかす」→「出発する・残す・ほったらかす」となりました。

遊園地などの「アトラクション」という名詞から、それを動詞にして「引きつける」と覚えました。
（サービス・500点台）

attract は「〜のほうへ（at）引っ張る（tract）」→「引きつける」でしたね（0310の attractive 参照）。

0337	development	名 開発・発展
	[dɪvéləpmənt]	develop 動 開発する・発展させる 例 industrial **development** 産業開発

0338	permit	動 許す・許可する
	[pərmít]	permission 名 許可・承認 例 **permit** employees to take leave 従業員に休暇を取ることを許可する

0339	progress	名 進捗・進展
	[prágres]	例 make steady **progress** 着実に進展する

0340	match	動 匹敵する・似合う・一致する
	[mætʃ]	例 **match** the name on the ID card 身分証の名前と一致する

0341	efficient	形 効率の良い
	[ɪfíʃənt]	efficiency 名 効率・能率 例 a fuel-**efficient** car 燃費効率の良い車

0342	demand	名 要求・需要　動 要求する
	[dɪmǽnd]	例 a growing **demand** 高まる需要

0343	economic	形 経済の
	[èkənámɪk]	economical 形 お得な・安い economics 名 経済学 例 an **economic** situation 経済状況

0344	research	名 調査・研究　動 調査する・研究する
	名 [ríːsərtʃ] 動 [rɪsə́ːrtʃ]	例 do some **research** 調査をする

勤務している部署の名称にこの単語が含まれているので、意味を覚えやすかったです。
（メーカー・600点台）

R&D（research and development）「研究開発部」でしょうか。この部署、**TOEIC頻出**です。

IT用語に「パーミッション（ファイルのアクセス権限）」があり、その動詞ということで覚えました。
（ソフトウェア・インターネット・通信・300点台）

本来「行かせる」です（**mit**は「行く・送る」で、**transmit**「送る」に使われています）。「行かせる」→「（行く）許可を与える」となりました。

ついついスペルからproblem（問題）と頭の中で混同してしまうことが多い。
（金融・700点台）

それは困りましたね。**make progress**「進歩する」のように**make**とセットが多いです。あとは強引に「グリグリ（**gre**）進む」で覚えてください。

「ビタミンスぅー。マッチ」のCMがすごい印象に残っていて覚えられました。
（メーカー・400点台）

それもいいですが、まあ普通に「マッチする」→「似合う」でOKです。ゲーム・格闘技で対戦相手を合わせるのに「マッチング」が使われます。

effectにもeffortにも似ているので、なかなか覚えにくい。
（ソフトウェア・インターネット・通信・400点台）

ならば無理矢理「**efficient**な**effort**をしたら、すごい**effect**が出た」で覚えてください。例の**fuel-efficient**は英字新聞でもよく見ます。

「オンデマンド放送」というような言葉が普及したので、イメージしやすくなりました。
（金融・600点台）

「オンデマンド」とは「要求（**demand**）され次第（**on**）サービスを提供すること」です。**on**は「動作の接触（～するとすぐに）」を表します。

economical（経済的な）と混乱してしまい、いつも間違えます。
（学生・400点台）

economicは堅い感じで「経済の」ですが、**economical**は「経済的な」で覚えると混乱するので、「お得な・安い」で覚えてください。

「リサーチが足りない」など比較的普段から使うので、覚えるのにそんなに苦労しなかった。
（会社員・800点台）

「徹底的に何度も（**re**）捜す（**search**）」→「調査（研究）する」で、実は根気強く調査するイメージがある単語なんです。

0345	**range**	
	[réɪndʒ]	名 範囲

例 a wide **range** of products
幅広い種類の製品

0346	**shelf**	
	[ʃélf]	名 棚

例 placed on a **shelf**
棚に置かれている

0347	**resource**	
	[ríːsɔ̀ːrs]	名 手段・財源・資源

例 a shortage of **resources**
資源の不足

0348	**approve**	
	[əprúːv]	動 承認する

approval 名 承認
例 **approve** a request
要求を承認する

0349	**full-time**	
	[fúltáɪm]	形 常勤の

part-time 形 非常勤の
例 a **full-time** job
常勤の職

0350	**located**	
	[lóukeɪtɪd]	形 ある・位置して

locate 動 配置する
例 The office is **located** in the city.
オフィスは都市部に位置しています。

0351	**reputation**	
	[rèpjətéɪʃən]	名 評判・評価

例 gain a **reputation**
評判を得る

0352	**occur**	
	[əkə́ːr]	動 起こる・思いつく

例 An accident **occurred** nearby.
近くで事故が起きた。

記憶エピソード	カクシン 
「年収レンジ」という言葉を仕事柄よく使うので、意味が理解しやすい。（小売・600点台）	サッカーの「シュートレンジ」は「シュートが打てる範囲」です（正確な発音は「レインジ」）。a wide range of ～「幅広い～」が頻出です。
スペルの都合上、chefと勘違いを起こすことが多く、シェフと読んでしまう。（学生・700点台）	TOEICではやたら「棚」が出るので絶対に覚えましょう。近所の家具屋に行って「シェルフはどこですか？」と言ってみれば絶対に覚えるはず。
「リソースがもっと必要」のように、日本語でもよく使われているので覚えやすかったです。（医師・弁護士等の専門職・800点台）	「再び（re）供給源・ソース（source）となってくれるもの」→「手段・財源・資源」などの意味になりました。
プログラミングで頻出単語なので、なじみがあり覚えやすいです。（ソフトウェア・インターネット・通信・500点台）	approveにはprove「証明する」の綴りが入っています。「（証明されたものを）認める」と覚えてください。
パートタイムと合わせて覚えた。パートタイムはバイト、フルタイムは正社員をイメージした。（パート・アルバイト・500点台）	そのイメージでOKです。日本語では「パート」は主婦のアルバイトを指しますが、英語ではそんなことはありません。
「ロケ」は日本語としてもよく使われるので、意味を覚えるということもなく理解できました。（医師・弁護士等の専門職・400点台）	動詞locateは「配置する」で、be located「配置される」→「ある・位置して」となります。TOEICではどのパートでも非常によく出ます。
TOEICのPart 7でよく見かけるイメージ。（商社・800点台）	TOEICでは評判の良い人・店・会社がたくさんあるだけに非常に重要な単語です。Part 3・4・5・7でよく出ます。
「起こる」と読めそうなスペルだったため、「見たまんま！」というちょっと強引な覚え方をしました。（ソフトウェア・インターネット・通信・600点台）	強引ですが、その覚え方もアリですね。「急にアクシデントが起こる」、「（頭に電球がつくように）パッと考えが浮かぶ」イメージです。

0353		
equip	動 備え付ける	
☐☐☐	**equipment** 名 装置・機器	
[ɪkwíp]	例 **equip** a room with a fire alarm 部屋に火災報知器を備え付ける	

0354		
although	接 ～だけれども	
☐☐☐	**though** 接 ～だけれども 副 でも	
[ɔːlðóu]	例 **Although** this project was promising, it failed. このプロジェクトは有望でしたが、うまくいきませんでした。	

0355		
book	動 予約する	
☐☐☐	**booking** 名 予約　**reserve** 動 予約する	
[búk]	例 **book** a hotel ホテルを予約する	

0356		
announce	動 発表する・公表する	
☐☐☐	**announcement** 名 発表・公表	
[ənáuns]	例 **announce** a retirement 退職を発表する	

0357		
recognize	動 認識する・認める	
☐☐☐	**recognition** 名 認識・承認	
[rékəgnàɪz]	例 **recognize** people or objects 人や物を認識する	

0358		
check	名 確認・小切手　動 確認する	
☐☐☐	例 pay by **check** 小切手で払う	
[tʃék]		

0359		
headquarters	名 本部・本社	
☐☐☐	**quarter** 名 4分の1	
[hédkwɔ̀ːrtərz]	例 the **headquarters** of TPN Inc. TPN社の本社	

0360		
park	動 駐車する・駐車させる	
☐☐☐	**parking** 名 駐車・駐車場	
[páːrk]	例 **park** along a street 道路沿いに駐車する	

記憶エピソード

カクシン

名詞（equipment）のほうが印象が強かったので動詞の equip も覚えやすかった。
（学生・800点台）

equip A with B「AにBを備え付ける」の形で使われます。名詞形 equipment も重要で、「会社・工場に備えつけられたもの」→「装置・機器」です。

although と though の違いがよくわからず、文章の中ですぐに意味が理解できない。
（ソフトウェア・インターネット・通信・400点台）

although・though 共に接続詞で意味も同じです（al=all はただの強調）。ちなみに、though には「副詞」の用法もあります。

リスニングで book が出てきたときに、「予約する」の意味だったのに「本」だと思ってしまった。
（学生・400点台）

本来は「帳簿（book）に予約を書き込む」→「予約する」となりました。短い単語なので、リスニングの聞き取りが意外と難しいこともあります。

テレビのアナウンサーがニュースを発表しているところをイメージして「発表する」を覚えた。
（会社員・500点台）

アナウンサーは「ニュースを発表する」人です。また、ビジネスでは「人事のアナウンスがある」のように「発表」の意味で使われています。

「認めないぜ? recognizeぜ?」と言いまくってたら覚えられました。
（公務員・500点台）

「再び（re）わかる（cognize）」→「認識する・認める」です。「誰だかわかる・何だかわかる」というイメージで使われます。

「チェックする」など日常的に使う意味では覚えていましたが、「小切手」という意味は覚えるのに苦労しました。
（学生・600点台）

小切手の使用は現実でも TOEIC の世界でも減ってきたのですが、まあ一応。他に check in[out]「チェックイン[アウト]する」もチェックを。

「ヘッドクオーターズ」という名前のキャンプ場が、そのメーカーの本社がある場所だったので覚えやすかった。
（ソフトウェア・インターネット・通信・600点台）

「頭・中心（head）の場所（quarters）」です。head で「本社」を連想できますが、quarter「4分の1」→「4つの方角（東西南北）の1地区」です。

公園のイメージが強くて「駐車する」というイメージが出てこない。
（金融・400点台）

駐車場の"P"は parking「駐車場」のことです。動詞 park は、実は車だけでなく、自転車を止めておくときにも使える単語です。

0361 **return** [rɪtə́rːn]	動 返品する・返却する
	例 **return** an item
	商品を返品する

0362 **import** [ɪmpɔ́ːrt]	動 輸入する
	export 動 輸出する
	例 **import** oil
	石油を輸入する

0363 **compare** [kəmpéər]	動 比べる
	comparison 名 比較
	例 **compare** prices
	料金を比較する

0364 **drawer** [drɔ́ːr]	名 引き出し
	draw 動 引く
	例 **drawer** in a desk
	机の引き出し

0365 **temporary** [témpərèri]	形 一時的な・仮の
	permanent 形 永久的な
	例 **temporary** measures
	一時的な対策

0366 **electronic** [ɪlèktránɪk]	形 電子の・インターネットを使った
	例 **electronic** books
	電子書籍

0367 **solve** [sálv]	動 解決する
	solution 名 解決策
	例 **solve** a difficult problem
	難しい問題を解決する

0368 **opposite** [ápəzɪt]	形 反対の・逆の
	opposition 名 反対
	例 the **opposite** side
	反対側

記憶エピソード	カクシン
「リターン」から「戻る」という意味は問題ないけど、商品に対して使うイメージがあまりなかった。（金融・400点台）	みなさんは返品した経験はありますか？ それがリターンだと意識してください。TOEICでは欠陥商品だらけなので、返品は日常茶飯事です。
海外からの「インポートブランド」という言葉からも「輸入」は覚えやすかったです。（ソフトウェア・インターネット・通信・600点台）	「港（port）の中に（im=in）運び込む」→「輸入する」です。横浜・神戸など港町には「ポート」という言葉が溢れています。
comというのが、なんとなく複数な感じがして、それで「比較する」という意味を無理矢理結びつけた。（学生・600点台）	「com（一緒に）pare（ペアで置く）」→「一緒に置いて比べる」です。compare A with B「AをBと比較する」の形も重要です。
音を聞いてスペルがイメージしにくい印象がある単語で、覚えにくかった。（学生・600点台）	awの綴りは「オー」と発音します。動詞drawは本来「引く」で（0243）、drawerは「引くもの」→「引き出し」です。Part 1で出る単語です。
人材派遣サービス「テンプスタッフ」がこの単語に由来しているという説明に「へえ」と思った。（インフラ・600点台）	tempo「テンポ」→「時間」→「一時的な・仮の」となりました。Part 7でこの単語が出てきたら、その内容はかなりの確率で設問に絡みます。
electroの部分で「電子的なこと」と想像できました。（メーカー・500点台）	「Eメール」はelectronic mailのことです。ここからも、「電子の」だけでなく「インターネットを使った」という意味も押さえておいてください。
solventと似ているので、「解決する」と「溶剤」とを混同することがよくある。（ソフトウェア・インターネット・通信・800点台）	本来は「溶かすこと」なので、実はその混同は自然なことです。「難題を溶かす」→「解決する」となったわけです。
「反対側のバス停」を説明するときに出てこないで悔しい思いをした単語。（ソフトウェア・インターネット・通信・500点台）	まさにそういう経験をするのが一番の覚え方ですよね。確かに東京駅や新宿駅で迷っている外国人旅行者に使えそうな単語ですね。

103

0369 labor [léɪbər]	名 労働 例 hard **labor** 重労働

0370 vote [vóut]	動 投票する voting 形 投票の・選挙の 名 投票・選挙 例 **vote** for a plan 計画に賛成票を投じる

0371 wildlife [wáɪldlàɪf]	名 野生生物 wild 形 野生の 例 protect **wildlife** 野生生物を保護する

0372 author [ɔ́:θər]	名 著者 authority 名 権限・当局 例 the **author** of a novel 小説の著者

0373 related [rɪléɪtɪd]	形 関連した relate 動 関連させる relative 形 関係のある 例 a gathering **related** to business 仕事に関連した集まり

0374 fund [fʌ́nd]	名 基金 例 set up a **fund** 基金を設ける

0375 shuttle [ʃʌ́tl]	名 定期往復便 例 a **shuttle** bus to an airport 空港への定期往復バス

0376 supply [səplái]	動 供給する 名 供給・(〜 ies で)備品 supplier 名 供給業者 supplement 名 栄養補助食品・サプリメント 例 **supply** the participants with food 参加者たちに食べ物を提供する

記憶エピソード	カクシン

 「はしご」のラバーと区別がつきませんでした。（メーカー・400点台）

「はしご」は **ladder** で「ラダー」です。**labor** は「レイバァ」という発音なので、その混乱は「発音をしっかり覚えてないことによる混乱」です。

 「ボート」に乗って「投票」しに行くという、ちょっと強引ですが、海外の風景を思い浮かべて覚えた。（ソフトウェア・インターネット・通信・600点台）

英語の先生は「bとvの発音が違う」とか言いがちですが、**boat** と **vote** をかける覚え方は良い覚え方ですね。ちなみに、**vow**「誓う」と同じ語源で、「投票すると誓う」という感じです。

 『ワイルドライフ』という野生動物の生態を紹介する番組があり、何度か見たので覚えられた。（医療・600点台）

「野生（**wild**）に住む生物（**life**）」です（life は「生命・生物」）。Part 7で「野生動物保護のイベント」や「野生動物専門の写真家」の話で出てきます。

 authority（権威）という単語と混乱しがちです。（学生・400点台）

まあどちらも「なんか偉い人」的に押さえてください。ちなみに **author** は Part 7頻出の「書店イベント」で必ず出てくる超重要単語です。**authority** は232ページで。

 relate から発展させて意味を覚えるのが難しかった。（メーカー・400点台）

動詞 **relate** は「関連させる」という意味で、その過去分詞 **related** は「関連させられた」→「関連した」となります。

 find、found、foundation、fund で混乱することがある。（医師・弁護士等の専門職・500点台）

金融商品を扱う会社名に「○○ファンド」と使われることがあります。また、**fundraiser**「資金集めの行事」も TOEIC では大事です。

 外交に関するニュースでよく「シャトル外交」と聞くので、「往復」という意味は覚えやすい。（メーカー・800点台）

それ、初めて聞きました。「シャトルバス」とは「空港・ホテル・観光地などを結んで客を輸送する往復バス」です。

 CMで「アミノサプライ」とよく耳にしたので、「供給」の意味がイメージできる。（メーカー・400点台）

「サプリメント（**supplement**）」は「栄養を供給する（**supply**）もの」です。

0377	**material** □ □ □ [mətíəriəl]	名 材料・生地・資料 例 packaging **materials** 包装材料

0378	**advanced** □ □ □ [ədvǽnst]	形 先進的な・上級の advance 動 前進させる 例 an **advanced** class 上級クラス

0379	**provide** □ □ □ [prəváid]	動 供給する supply 動 供給する 例 **provide** a comfortable working environment 快適な労働環境を提供する

0380	**upcoming** □ □ □ [ʌ́pkʌ̀mɪŋ]	形 やって来る・起ころうとしている 例 an **upcoming** concert 近く開催のコンサート

0381	**increase** □ □ □ [ɪnkríːs]	動 増える・増やす decrease 動 減る・減らす increasingly 副 ますます 例 **increase** workload 仕事量を増やす

0382	**release** □ □ □ [rɪlíːs]	動 発売する・発表する 例 **release** a new model 新しいモデルを発売する

0383	**ship** □ □ □ [ʃíp]	動 発送する・出荷する　名 船 shipment 名 発送・出荷 例 **ship** an item 商品を発送する

0384	**decision** □ □ □ [dɪsíʒən]	名 決断・決定 decide 動 決断する 例 make a **decision** 決断をする

記憶エピソード	カクシン

『ファイナルファンタジー』で何かを作る材料で「マテリアル」という道具があったので、覚えていた。
（メーカー・700点台）

大学入試では「物質」と訳されることが多いのですが、**TOEIC**では「物を作り上げている物質」→「材料・生地」でよく出ます。

ゲームボーイアドバンスを思い出して、「進化する＝前進する」というイメージで定着していた。
（小売・500点台）

75番の**advance**の過去分詞形（形容詞）で、「前進させられた」→「先進的な・上級の」となりました。

「インターネットプロバイダー」から provide は「供給する」と覚えた。
（公務員・700点台）

それがベストな覚え方でしょうね。**provide A with B**「**A**に**B**を供給する」の形も重要です（**supply**も同じ形を取れます。**0376**参照）。

これから上映される映画が upcoming という言葉と一緒に紹介されていたので覚えやすかった。
（学生・500点台）

coming up「やって来る・行われる」から生まれた単語です。**up**が「徐々にやって来る」イメージを醸し出しています。

in がついているので、「ない」の意味があるのかと思い、「減る」の意味と勘違いしてしまう。
（ソフトウェア・インターネット・通信・400点台）

この**in**は「中に」の意味で、「中からどんどん成長して伸びていく」イメージなんです。「インクリ〜ス」と伸ばして声に出して覚えてみてください。

広報系の部署にいたことがあるので「プレスリリース」と関連して「放つ」イメージで覚えやすいです。
（会社員・700点台）

「**CD**をリリースする」とは「それまで作り上げてきた曲を解放して、発売する」ということです。本来「ゆるめる」という意味で、**relax**と同じ語源です。

なじみのある名詞でも、動詞で使われたときに要注意なんだなあと思いました。
（小売・600点台）

本来「船」で、動詞は「船で送る」でしたが、現代では「陸路・空路」なんでもOKです。ネットで買い物すれば必ず出てくる単語です。

最近覚えた division と2文字違いなので意味を間違えそうになる。
（学生・500点台）

decide「決める」の名詞形です。**make a decision**「決定を作り出す」→「決定する・決心する」のように**make**と一緒に使われることが多いです。

0385 gather

☐
☐
☐

[gǽðər]

動 集まる・集める
together 副 一緒に
例 gather information
　情報を集める

0386 clothes

☐
☐
☐

[klóuz]

名 衣服
cloth 名 布切れ　clothing 名 衣類（全般）
例 dress in warm clothes
　暖かい服を着る

0387 replace

☐
☐
☐

[rɪpléɪs]

動 取り換える・〜の後任となる・なくす
replacement 名 取り換え・代わりのもの（人）
例 replace old computers with new ones
　古いコンピューターを新しいものと取り換える

0388 deposit

☐
☐
☐

[dɪpázət]

名 預金・手付金・頭金
動 置く・預ける
例 pay a deposit
　手付金を支払う

0389 warehouse

☐
☐
☐

[wéərhàus]

名 倉庫
例 a warehouse on the waterfront
　海辺に面した倉庫

0390 certain

☐
☐
☐

[sɚ́:tn]

形 確信して・ある一定の・特定の
certainly 副 確かに・確実に
例 a certain amount of time
　一定の時間

0391 offer

☐
☐
☐

[á:fər]

動 提供する・申し出る
名 申し出・提案
例 offer various choices
　さまざまな選択肢を提供する

0392 departure

☐
☐
☐

[dɪpá:rtʃər]

名 出発
depart 動 出発する　arrival 名 到着
例 a departure time
　出発時刻

「集まる」といった自動詞の意味は覚えやすかったのですが、他動詞の意味も大切なんですね。
（インフラ・700点台）

together「一緒に」と語源が同じで（**gather**と似てますね）、本来「一緒になる」→「集まる・集める」です。「ギュッとした」イメージの単語です。

clothesが単数か複数かがわかっていないと、文法問題でミスする可能性があると思います。
（自営業・700点台）

cloth「布」と紛らわしいですが、**clothes**は複数形なので、「（複数の布を合わせて作った）衣服」ということです。

「部長をリプレイスする」など、仕事上使う機会が増え、覚えやすかったです。
（サービス・600点台）

replace=loseのイメージで。**replace A with B**の形が頻出ですが、「Aがなくなり Bが手元に残る」イメージです。**Part 7**でポイントとなる単語です。

アルミ缶回収金やPASMOの預入金などで、「デポジット」というワードを覚えた。
（ソフトウェア・インターネット・通信・700点台）

鉄道の「**Suica**」などで預り金を「デポジット」と言います。本来「下に(**de**)置く(**posit=pose**)」→「置く」「銀行に（お金を）置く」→「預ける」となりました。

houseで建物なのはわかるがwareが何だかわからない。なのでピンとこない。
（学生・400点台）

wareは「商品」という古い単語で、「商品(**ware**)を収納する家(**house**)」→「倉庫」です。これから倉庫を見るたびに**warehouse**と小声でつぶやいてください。

アークティック・モンキーズというバンドの『A Certain Romance』という曲名から覚えた。
（学生・400点台）

本来「確実に知っている」という意味で、そこから「確信して」、「確実に知っている特定のもの」→「ある一定の・特定の」となりました。

「オファーする」と言うので、「提供する」は頭に入りやすく、すぐ覚えられました。
（学生・700点台）

「仕事のオファーをする」とは「仕事を提供する」ことです。また、**offer to** 原形は「～しようと申し出る」となります。

globeの歌『DEPARTURES』を思い出して「出発」とか「飛び出していく」イメージを持っています。
（金融・600点台）

空港に行けば必ず目に入る単語です。**TOEIC**では**departure time**「出発時刻」の変更がよくありますし、実際の旅行でも大事ですね。

0393 **duty** ☐ ☐ ☐ [d(j)úːti]	**名** 義務・職務・関税 例 on **duty** 勤務中	

0394 **avoid** ☐ ☐ ☐ [əvɔ́id]	**動** 避ける **avoidance** **名** 回避 例 **avoid** heavy traffic 渋滞を避ける

0395 **text** ☐ ☐ ☐ [tékst]	**動** (メールを)送る　**名** 本文・原文 例 Please **text** me later. 後で私にメールを送ってください。

0396 **neither** ☐ ☐ ☐ [níːðər]	**形** どちらも〜ない 例 **Neither** side has compromised. どちらの側も妥協しませんでした。

0397 **instead** ☐ ☐ ☐ [ɪnstéd]	**副** その代わりに 例 I was busy, so she attended **instead**. 私は忙しかったので、彼女が代わりに出席しました。

0398 **reflect** ☐ ☐ ☐ [rɪflékt]	**動** 反射する・反映する・よく考える **reflection** **名** 反射 例 **reflect** a result 結果を反映する

0399 **rest** ☐ ☐ ☐ [rést]	**名** 休憩・残り　**動** 休む 例 the **rest** of the budget 予算の残り

0400 **divide** ☐ ☐ ☐ [dəváɪd]	**動** 分割する **division** **名** 分割・区分 例 **divide** participants into some groups 参加者をいくつかのグループに分ける

「関税」の意味を強く意識していたことが邪魔をして、「義務」の意味を覚えるのに苦労した。（学生・700点台）

本来「義務」で、「仕事の義務」→「職務」、「義務として支払うもの」→「関税」です。**on duty**「勤務中」の**on**は「〜中（行為の接触）」です。

 「避ける」というワンワードのみでイメージがまだ貧相です。なにか例文を覚えたいです。（メーカー・600点台）

何か嫌なものを見つけたときに「スルッと横道にそれて避ける」ようなイメージを僕は持っています。

 「メール」という意味があると知らなかったので、初めて覚えたときはびっくりしました。（ソフトウェア・インターネット・通信・600点台）

textは本来「本文・原文」で、電話で「音声を送る」のではなく、「本文を送る」→「メールのメッセージを打つ」となりました。

 その響きから、「ねえじゃん」と普段は使わない「〜じゃん」なる言葉を浮かべて記憶。（金融・400点台）

neiは「〜でない」で**not**の意味、**ther**は「どちらか一方」で**either**と関連があり、そこから**neither**は「どちらも〜ない」です。**neither A nor B**「AもBも〜でない」の形も重要。

 中学生のとき、instead of 〜「〜の代わりに」という熟語で何度も覚えさせられた。（ソフトウェア・インターネット・通信・600点台）

TOEICで、**instead**を含む文は超重要です。「（当初の予定の）代わりに」などとして使われ、その変更ポイントが設問で狙われるからです。

 『ファイナルファンタジー』で「リフレク」という相手の魔法をはじく魔法があった。（ソフトウェア・インターネット・通信・600点台）

ドラクエの「マホカンタ」じゃダメなんですね…。本来「もとの方向へ（**re**）曲げる（**flect**）」→「反射する・反映する」、「頭の中で反射」→「よく考える」です。

 トイレの rest room のイメージがあるので、「残り」という意味にあまり納得感がなかった。（会社員・600点台）

「休憩」の**rest**と、「残り」の**rest**は語源が違うまったく別の単語なんですが、ここは「**rest**は残りの休憩時間」とでも覚えてみてください。

 device などと意味がごっちゃになってしまいます。（商社・600点台）

米プロバスケ（**NBA**）のチームは「地域ごとに分割されて」いますが、それぞれの分割された地区を**division**と呼んでいます。その動詞が**divide**です。

0401	**lead**	動 率いる・つながる
	[líːd]	**leading** 形 首位の・一流の 例 **lead** to success 成功につながる

0402	**almost**	副 ほとんど・ほぼ
	[ɔ́ːlmoust]	**nearly** 副 ほとんど・ほぼ 例 I am **almost** finished. 私はほとんど終わっています。

0403	**candidate**	名 候補者
	[kǽndədèit]	**applicant** 名 応募者 例 a promising **candidate** 有望な候補者

0404	**reduce**	動 減らす
	[rɪd(j)úːs]	**reduction** 名 減少 例 **reduce** a risk リスクを減らす

0405	**collect**	動 集める・集まる
	[kəlékt]	**collection** 名 収集 例 **collect** information 情報を集める

0406	**attend**	動 出席する・世話する・注意する
	[əténd]	**attendance** 名 出席・世話　**attendee** 名 出席者 **attendant** 名 接客係・案内係 例 **attend** a conference 会議に出席する

0407	**unfortunately**	副 残念ながら・あいにく
	[ʌnfɔ́ːrtʃənətli]	**unfortunate** 形 不運な　**fortunately** 副 幸運にも 例 **Unfortunately**, there are no rooms available. あいにく、部屋が空いていません。

0408	**promotional**	形 販売促進の・昇進の
	[prəmóuʃənl]	**promote** 動 販売促進する・昇進させる **promotion** 名 販売促進・昇進 例 a **promotional** campaign 販売促進キャンペーン

記憶エピソード	カクシン
lead と lead to でいつもどんなふうに使えばいいのかわからなくなりミスをしやすい。 （学生・600点台）	**leader**「リーダー（仲間を導く人）」から「率いる」とわかります。**lead to** は訳語より、**S lead to O**「S（原因）が O（結果）につながる」と押さえてください。
単語自体は簡単だけど、ニュアンスがいまいちわからない。 （インフラ・700点台）	「少し足りない」というニュアンスをつかんでください。例の **almost finished** は「ほぼ完成」といっても、実は「まだ完成はしていない」わけです。
なぜ「キャンディの日（date）」なのに立候補者やねん！と突っ込んでいます。 （小売・600点台）	選挙の時期に英字新聞で毎日見かける単語です。選挙に限らず、仕事や受験の志願者にも使えるので、TOEICでは「求人広告」で出てきます。
3R 活動を学生の頃習ったので、そこから Reduce、Reuse、Recycle で覚えた。 （会社員・500点台）	最近の若者は 3 R（**R**educe、**R**euse、**R**ecycle）で覚えられるようですね。**reduce** は「re（後ろへ）duce（導く）」→「減らす」ということです。
correct と collect の意味の違いがわからなくなるときがある。 （学生・500点台）	**correct**「正す」との区別は、**collect** ≒ **select**「良いものを集める」→「選ぶ」と考えれば簡単です。**lect** の部分が同じですね。
「出席する」は覚えやすいですが、「注意する」のほうはなかなか出てきません。 （サービス・800点台）	本来「心を向ける」です（キャビンアテンダントは「お客に心を向ける人」）。そこから「世話する・注意する」、「（世話するためにその場に）出席する」です。
AKB48の『恋するフォーチュンクッキー』がhappyなイメージなので、その逆だと覚えました。 （サービス・500点台）	**fortunate**「幸運な」に **un**「否定」と副詞の **ly** がついたものです。**Unfortunately** で始まる文は大事な内容が多く、設問でも狙われやすいです。
広告関連の言葉で「プロモーション」をよく聞くので、「昇進」というイメージはなかった。 （会社員・500点台）	「前に（**pro**）動かす（**mote**=move）」で、「前に進める」イメージです。商品を前に進めれば「促進」、地位を前に進めれば「昇進」となるわけです。

0409	**crop**	**名** 作物
☐☐☐	[kráp]	例 harvest a **crop** 作物を収穫する

0410	**saving**	**名** 救助・節約・預金
☐☐☐	[séɪvɪŋ]	**save** **動** 救う・節約する・預金する 例 energy **saving** エネルギーの節約

0411	**innovative**	**形** 革新的な
☐☐☐	[ínəvèɪtɪv]	**innovate** **動** 革新する・新しく取り入れる **innovation** **名** 革新・導入 例 an **innovative** idea 革新的なアイディア

0412	**place**	**動** 置く・注文する　**名** 場所
☐☐☐	[pléɪs]	例 **place** an order 注文する

0413	**comfort**	**名** 快適さ・慰め
☐☐☐	[kʌ́mfərt]	**comfortable** **形** 快適な 例 **comfort** and convenience of a hotel ホテルの快適さと便利さ

0414	**determine**	**動** 決心する・決心させる
☐☐☐	[dɪtə́rːmɪn]	**determination** **名** 決心 例 **determine** to become a chef シェフになることを決心する

0415	**thought**	**名** 考え・見解 **動** think の過去形・過去分詞形
☐☐☐	[θɔ́ːt]	**think** **動** 思う・考える　**thoughtful** **形** 思慮深い **thoughtfully** **副** よく考えて 例 share one's **thought** 考えを共有する

0416	**especially**	**副** 特に
☐☐☐	[ɪspéʃəli]	**special** **形** 特別な 例 be **especially** interested in modern paintings 特に近代絵画に興味がある

記憶エピソード	カクシン

「コラボン」という肥料を作る装置から連想して、cropは「作物」のイメージがある。
（ソフトウェア・インターネット・通信・400点台）

マニアック…。本来「先端を切ったもの」という意味で、「クロップドパンツ」は裾を切ったものです。「農作物の先端を切って収穫する」イメージで覚えてください。

字面から、「節約する」という意味に捉えてしまい、「預金」という意味に結びつかない。
（広告・出版・マスコミ・700点台）

save は「ひょいと取り上げて安全な（safe）場所に置く」というのが僕のイメージです。そこから「救う・節約する・預金する」となります。

「イノベーション」からポジティブなイメージが持てます。
（メーカー・600点台）

動詞 innovate「革新する」は本来「中に（in）新しさ（nova）を入れる」です。nova「新」は、novel「目新しい」や、英会話教室 NOVA に使われてます。

「場所」という意味合いが強くあるため、「置く」という意味には対応しづらかった。
（ソフトウェア・インターネット・通信・500点台）

そういった「名詞は簡単、動詞が意外なもの」は TOEIC によく出ます。本来「ある場所に置く」で、「注文ボタンにマウスを置く」→「注文する」です。

Comfort Hotel からイメージをつかむことができました。
（サービス・400点台）

ビジネスなどで「コンフォートゾーン（comfort zone）を抜けてこそ成長する」と使われます（「自分が快適に感じる環境」のこと）。

字面と意味を関連させて覚えるのが難しい単語なので、なかなか記憶に定着しなかった。
（サービス・600点台）

「ズバッと決める」イメージです。また「決心する・決心させる」という２つの意味に注意。determine 人 to 原形「人 に～する決心をさせる」の形もあります。

基本的な単語だが、though、through などの単語とスペルが似ているため注意が必要。
（学生・800点台）

まるで先生みたいなコメントですね。ただし、品詞が決定的に違うので、「品詞・文法」をしっかりやれば、勘違いは必ずなくなります。

大学のときの教授がEspecially! と得意気に言うのが口癖で、耳に残っています。
（自営業・700点台）

especially には special「特別な」が入っているので、ここから「特に」と覚えてください。

| 0417 | **ceiling**
□
□
□
[síːlɪŋ] | **名 天井**
例 a low **ceiling**
低い天井 |

| 0418 | **properly**
□
□
□
[prɑ́pərli] | **副 適切に**
proper 形 適切な
例 a **properly** installed shelf
適切に設置された棚 |

| 0419 | **article**
□
□
□
[ɑ́ːrtɪkl] | **名 品物・記事**
例 write an **article**
記事を書く |

| 0420 | **figure**
□
□
□
[fígjər] | **名 姿・人物・数字**
動 (figure outで)理解する
例 **figures** in a graph
グラフ上の数値 |

| 0421 | **unable**
□
□
□
[ʌnéɪbl] | **形 ~できない**
able 形 ~できる
例 be **unable** to make visits to customers
顧客を訪問することができない |

| 0422 | **during**
□
□
□
[dɔ́ːrɪŋ] | **前 ~の間**
while 接 ~する間
例 **during** working hours
就業時間中 |

| 0423 | **order**
□
□
□
[ɔ́ːrdər] | **動 整理する・命令する・注文する**
名 整頓・秩序・順序・命令・注文
例 **order** some office supplies
オフィス用品を注文する |

| 0424 | **stress**
□
□
□
[strés] | **動 強調する 名 圧力**
例 **stress** the importance of online advertising
オンライン広告の重要性を強調する |

記憶エピソード	カクシン

選択肢として「天井」と「床」が一緒に出てくるたびにどちらかわからなくなってしまいます。（学生・500点台）

家の天井にペンキで"**C**"、床に"**F**"と描いてしまう… イメージで。ちなみにインテリアショップでは照明を「シーリングライト」と表記しています。

probably, promptly など副詞の意味を混同することが多く、長文で意味を取り違える。（学生・500点台）

形容詞 **proper**「適切な」の副詞です。お店で働く人が「（バーゲンではない）通常価格・適正価格」を「プロパー」と言うことがあります。

「品物」と「記事」が全然つながらないので覚えにくい。そのわりにはよく見かける単語。（会社員・700点台）

「ひとかけら」のイメージです。「たくさんの物の中のひとかけら」→「品物」(**Part 1**で出る)、「新聞の中のひとかけら」→「(1つの)記事」(**Part 7**で出る)です。

キャラクターのフィギュアなどを思い浮かべてしまい、意味を間違えやすかった。（小売業・500点台）

本来「ハッキリした人影」です(フィギュア人形も「人影」から)。そこから「姿・人物」、「(ハッキリした)数字」、**figure out**「(ハッキリと)理解する」です。

able に un が付いたので、すぐに able の反対の意味だと理解できた。（ソフトウェア・インターネット・通信・400点台）

be unable to 原形「～できない」の形で使われます。否定の un は、**unhappy**「不幸な」・**unlucky**「不運な」・**unbelievable**「信じがたい」で見かけますね。

意味はわかるが使い方でよく間違える。during の後に SV を持ってきてよいかと考えてしまう。（会社員・600点台）

duringは前置詞(後ろに名詞がくる)で、**while**は接続詞(後ろに主語＋動詞がくる)です。**Part 5**・**6**でめちゃくちゃ出ます！

「オーダーする」などで「注文」の意味は大丈夫ですが、他の意味は忘れるので注意しています。（会社員・400点台）

「きちんとした上から下への順番」というイメージ。「きちんと」→「整頓・秩序」、「上から下への順番」→「順序・命令・注文」です。

「ストレス」と名詞で聞くことが多いので「強調する」という動詞がなかなか覚えられませんでした。（サービス・700点台）

本来「圧力」という意味で、そこから「ストレス(精神的圧力)」となりました。**TOEIC**で大事なのは「圧力をかける・強く押す」→「強調する」です。

0425 **overall** [óuvərɔ̀ːl]	形 全体的な 例 an **overall** impression 全体的な印象
0426 **lease** [líːs]	動 賃貸しする・賃借りする 例 **lease** a car 車を貸す
0427 **fee** [fíː]	名 料金 charge 名 料金　fare 名 運賃 例 entrance **fee** 入場料
0428 **several** [sévərəl]	形 いくつかの 例 We have **several** options. 私たちにはいくつかの選択肢があります。
0429 **indicate** [índɪkèɪt]	動 言う・示す indication 名 指示 例 The arrow **indicates** the direction. 矢印は道順を示しています。
0430 **postpone** [poustpóun]	動 延期する 例 **postpone** a schedule スケジュールを延期する
0431 **inform** [ɪnfɔ́ːrm]	動 知らせる information 名 情報 例 **inform** employees of new rules 従業員に新しい規則を知らせる
0432 **apologize** [əpɑ́lədʒàɪz]	動 謝る apology 名 謝罪 例 **apologize** for a delay 遅延を謝罪する

記憶エピソード / カクシン

all「全部を」、over「越えて」、から「全体の」様子を見渡せると覚えました。
（専業主婦・500点台）

「全部を(all)覆って(over)」→「全体的な」となりました。ちなみに「オーバーオール」は「体全体を覆うような服」ということです。

日本語でも「コピー機をリースする」と使うのでわかりやすかった。
（ソフトウェア・インターネット・通信・600点台）

実はleaseには「貸す・借りる」という真逆の意味があることだけ知っておいてください（文脈で簡単に判断できます）。

「料金」という意味でよくTOEICに出てくるが、fareと混ざってしまう。
（学生・700点台）

本来「専門職・公共団体への支払い」で、「報酬・授業料・公共料金・手数料」などを表します。fareは「運賃」で、日本のタクシーやバスでも見かけますよ。

seldomとたまに混同します。英語には発音や綴りが似ていて難しいものがたくさんあって困ります。
（金融・600点台）

なんか、すいません。この本で悩みを解消してもらえるといいのですが…。ちなみにseveralはあくまで目安ですが「5個前後」のイメージです。

「指し示す」という意味とスペルが結びつかないし、普段から日本語の中で使うこともないので、覚えにくかったです。
（金融・600点台）

ならばスペルのお話を。indicationのdicは「言う」です（dictionaryは「言葉の書物」）。「何かを言う・示す」となりました。

実際に受けたTOEICで「商品の発売延期」の話が出て、終わったあとに辞書で覚えた単語です。
（商社・600点台）

post「後の」は、週刊誌で「ポスト○○」と使われます。postponeは「後に(post)まわる」→「延期する」です。TOEICではゲーム機の発売がよく延期されます。

よく日本語で「インフォメーション」と使いますが、なかなか動詞の形で見ることはありませんでした。
（パート・アルバイト・500点台）

informationの動詞形なので「情報を与える・知らせる」です。例はinform 人 of ～「人 に～を知らせる」の形です（この形はPart 5で重要）。

sorryなどとの違いがはっきりわからない。
（パート・アルバイト・500点台）

ニュアンスの違いは気にしなくてOKですが、「品詞が違う！」というのは超重要です。apologizeは動詞、sorryは形容詞です。しつこいですが超重要！

0433	**reach**		動 達する・届く
	☐ ☐ ☐		例 **reach** an annual target
	[ríːtʃ]		年間目標を達成する

0434	**advertising**		名 広告　形 広告の
	☐ ☐ ☐		advertise 動 広告(宣伝)する
			advertisement 名 広告
	[ǽdvərtàiziŋ]		例 an **advertising** agency
			広告代理店

0435	**occasion**		名 時・場合・機会
	☐ ☐ ☐		occasional 形 時々の　occasionally 副 時々
			例 a perfect **occasion**
	[əkéiʒən]		絶好の機会

0436	**immediately**		副 すぐに・直ちに
	☐ ☐ ☐		immediate 形 すぐの・即座の
			例 leave **immediately**
	[imíːdiətli]		直ちに出発する

0437	**valuable**		形 貴重な　名 貴重品
	☐ ☐ ☐		value 名 価値
			例 keep **valuables** in a safe
	[vǽljuəbl]		貴重品を金庫に保管しておく

0438	**broadcast**		動 放送する　名 放送
	☐ ☐ ☐		例 **broadcast** a radio advertisement
	[brɔ́ːdkæst]		ラジオ広告を放送する

0439	**frequent**		形 頻繁な
	☐ ☐ ☐		frequently 副 頻繁に　frequency 名 頻繁
			例 a **frequent** visit
	[fríːkwənt]		頻繁な訪問

0440	**floor**		名 床・階・フロア
	☐ ☐ ☐		例 the first **floor**
	[flɔ́ːr]		1階

テニス等で「リーチが長い」という表現があり、手の届く範囲というのがよくわかる。（学生・400点台）	「達する」が発展した「電話で相手に届く」にも注意。You've reached ~.「こちらは~です」で、Part 4の「留守電の応答メッセージ」で使われます。
インターネットでも ad. という表記のある広告をよく見かけます。（団体職員・500点台）	advertising agencyはそのまま「広告(advertising)代理店(agency)」という意味です。「企業の代理で商品を広告する会社」ですね。
オケージョンは、「オ」から始まるので、日本語も同じ「お」から始まる「起こること」で覚えた。（商社・600点台）	こんな涙ぐましい努力をしてくれるなんて素晴らしいです。「TPOを考える」のTPOは、Time「時間」・Place「場所」・Occasion「場合」です。
ビジネスメールでよく使われ、慌てて返信をすることが多いので、そのイメージで覚えています。（医療・700点台）	immediate は「否定の im + 間に物がある(mediate)」→「間に物を置かない」→「すぐの・即座の」です。immediate に ly がついて副詞となりました。
マクドナルドの「バリューセット」から「価値がある」という意味を推測できた。（金融・600点台）	名詞 value は「価値」です。valuable は形容詞「貴重な」も大事ですが、名詞「貴重品」もよく出てきます。ホテルの英語表記でも見かける単語です。
なんとなく単語から受けるイメージが「衛星」という感じがして覚えにくく、よく間違える。（金融・600点台）	「世に広く(broad)電波を投げる(cast)」→「放送する」です。TV局のTBSは Tokyo Broadcasting System の略です。
仕事でFAQという言葉を使う。「よくある質問」のことなので、忘れない。（金融・700点台）	frequent の副詞形が frequently「頻繁に」で、FAQ は Frequently Asked Questions「頻繁に聞かれる質問」のことです。
動詞があるのを知らなかった。「床」「階」といった意味では普通に使うので問題ない。（商社・800点台）	動詞は覚えなくて大丈夫ですよ（強いて言えば、-ing形が flooring「フローリング」で使われていますが）。建物の1F などの F は floor のことです。

0441		
architect		**名 建築家**
□		**architecture** 名 建築
□		例 an airport designed by an **architect**
□ [á:rkətèkt]		建築家によって設計された空港

0442		
exhibit		**動 展示する**
□		**exhibition** 名 展示会・展覧会
□		例 **exhibit** a painting
□ [ɪgzíbɪt]		絵画を展示する

0443		
employee		**名 従業員・社員**
□		**employ** 動 雇う　**employer** 名 雇用主
□		例 an **employee** of a firm
□ [emplɔ́ɪi:]		会社の従業員

0444		
encourage		**動 奨励する**
□		**encouragement** 名 奨励
□		**discourage** 動 やる気をなくさせる・思いとどまらせる
□ [enkə́r:rɪdʒ]		例 **encourage** employees to make improvements
		従業員に改善するよう奨励する

0445		
suit		**動 似合う・(その場に)合う**
□		**suitable** 形 似合うような・ふさわしい
□		例 be **suited** for the role
□ [súːt]		その役にふさわしい

0446		
storage		**名 貯蔵・倉庫**
□		**store** 動 蓄える 名 蓄え
□		例 keep merchandise in **storage**
□ [stɔ́:rɪdʒ]		商品を倉庫に保管する

0447		
expect		**動 予期する・期待する・見込む**
□		**expectancy** 名 予想・期待
□		例 Many visitors are **expected**.
□ [ɪkspékt]		多くの来客が予想されます。

0448		
promising		**形 前途有望な**
□		**promise** 動 約束する
□		例 interview a **promising** candidate
□ [práməsɪŋ]		有望な候補者の面接をする

記憶エピソード

カクシン

発音が難しく、文字で見たときとリスニングで聞いたときでイメージが異なり驚きました。
（ソフトウェア・インターネット・通信・700点台）

chは「カ行」で読むこともありますね（**stomach**など）。**tect**の意味は「テク・技術」で、「技術を使って作る人」→「建築家」です。

TOEICで覚えたら、海外旅行中、博物館で見かけて印象に残っている単語。
（金融・700点台）

特にヨーロッパでは美術館に行く人も多いでしょう。必ず見かけます。この単語は発音をいい加減にすると覚えにくくなります。「イグズィビット」です。

employerと、どちらが労働者でどちらが雇用者なのかがわからなくなる。
（メーカー・600点台）

47ページの**employ**でも同じコメントがありましたが、**employer**「雇う人」で、**ee**は「される人」なので、**employee**は「**employ**される人」→「従業員・社員」です。

言葉のイメージと、使われるシチュエーションの前向きさにインパクトを感じた単語です。
（メーカー・600点台）

「人の心の中に（**en**）勇気（**courage**）を詰め込む」→「人に〜するように奨励する」です。**encourage** 人 **to** 原形『人に〜するよう奨励する』です。

「スーツが似合う」で覚えました。
（金融・500点台）

本来「揃った」という意味で、「上下揃った服（スーツ）」、「（人と服が揃うほど）似合う」→「（その場に）合う」となりました。

プログラミングで頻出単語なので、なじみがあり覚えやすいです。
（ソフトウェア・インターネット・通信・500点台）

「**store**（お店）に商品を蓄える」と覚えてください。スマホの「ストレージ」はデータが保存される場所です（意味は**OK**ですが、発音は「ストアリッジ」）。

expectとexceptが何回やってもどっちかわからなくなり、よく間違える。
（メーカー・400点台）

「外を（**ex**）見る（**spect**）」→「先を見る・予期する」です。**except**は前置詞なので、普段から品詞をしっかり意識することで勘違いはなくなります。

promise（約束する）と混同してしまい、「前途有望な」というのをなかなか覚えられなかった。
（自営業・800点台）

「将来を約束された」と訳されますが、それだと**promised**だと勘違いしちゃうので、「明るい未来を**promise**する」→「前途有望な」で覚えてください。

| 0449 **plant**
☐ ☐ ☐
[plǽnt] | 名 植物・工場　動 植える
例 construction of a new **plant**
新しい工場の建設 |

| 0450 **once**
☐ ☐ ☐
[wʌ́ns] | 接 いったん〜すると　副 かつて・一度
例 Contact me **once** you know your schedule.
スケジュールがわかったら、私に連絡してください。 |

| 0451 **against**
☐ ☐ ☐
[əgénst] | 前 〜に反対して・〜に向かって
for 前 〜に賛成して
例 I am **against** the proposal.
私はその案に反対です。 |

| 0452 **downtown**
☐ ☐ ☐
[dáuntáun] | 副 町の中心部に・商業地区に
形 町の中心部の・商業地区の
名 町の中心街・商業地区
例 a **downtown** area　商業地区 |

| 0453 **confirm**
☐ ☐ ☐
[kənfə́r:m] | 動 確認する
confirmation 名 確認（書）
例 **confirm** a flight
フライトを確認する |

| 0454 **retail**
☐ ☐ ☐
[rí:teɪl] | 形 小売りの　名 小売り
retailer 名 小売り業者
wholesale 形 卸売の　名 卸売
例 a **retail** dealer
小売り業者 |

| 0455 **fuel**
☐ ☐ ☐
[fjú:əl] | 名 燃料
例 **fuel** efficiency
燃料効率 |

| 0456 **finalize**
☐ ☐ ☐
[fáɪnlàɪz] | 動 仕上げる・終わらせる
final 形 最後の
例 **finalize** a discussion
話し合いを終わらせる |

「植物」なのか「工場」なのか、名詞なのか動詞なのかリスニングではなかなか判断できずいつも迷います。（メーカー・400点台）

potted plant「鉢植えになった植物」が**Part 1**でよく出ます。動詞は「（植物を）植える」で、「植える」→「育てて作る（場所）」→「工場」となりました。

「かつて・一度」でいいと思っていたのですが、スタディサプリの動画で接続詞も覚えました。（学生・400点台）

副詞の意味は有名ですが、接続詞の用法（**Once** sv, SV.「いったん sv すると、SV だ」）は**Part 5**でよく正解になっています。

again と似ているのに意味がまったく違うので読みやすい割に覚えるのに時間がかかりました。（学生・300点台）

againstは「反対・向かい風に立ち向かう」イメージです。ゴルフで向かい風を「アゲンスト（の風）」と言います。お父さんなら知っているはず。

芸能人のダウンタウンから「下町」と想像してしまいがちだが、逆の「中心」なので覚えにくい。（メーカー・700点台）

「住宅地」は「坂の上（**up**）にある」イメージで（uptown「山の手・住宅地区に」という単語）、その住宅地の反対の「商業地区」がこの**downtown**です。

発音を「コンフィーム」と迷うことが多く、そのたびに「確認する」うちに「確認する」という意味を覚えた。（メーカー・500点台）

firm「固い」から、「（理解を）固める」→「確認する」です（**con**は単なる強調）。ビジネス・旅行では「確認する」作業が大事なだけに**TOEIC**でもよく出ます。

経営の勉強をしていたので「リテール＝小売り」といったイメージは付きやすかった。（サービス・600点台）

「何度も（**re**）細かく切る（**tail**）」→「切り売りする」→「小売り」です。「小売り」とは「一般消費者に直接売ること」です。一方「お店に売る」のは**wholesale**です。

一時期、英字新聞に少しだけ挑戦したときによく出てきたので覚えました。（金融・400点台）

TOEICでは**Part 7**の環境問題の英文で、fossil fuel「化石燃料（石油や天然ガス）」、save fuel「燃料を節約する」なども出てきます。

DVD-R等を焼くときの最終手続きからのイメージで覚えることができた。（金融・700点台）

ネット関係でそのまま出てきますが、**final**「最後の」から予想できますね。-**ize**を使った動詞化は、**realize**「実現する（リアルにする）」などがあります。

125

0457 accurate ☐☐☐ [ǽkjərət]	形 正確な accuracy 名 正確さ 例 an **accurate** estimate 正確な見積もり
0458 atmosphere ☐☐☐ [ǽtməsfìər]	名 雰囲気・ムード 例 a peaceful **atmosphere** 平和な雰囲気
0459 overseas ☐☐☐ 副 [òuvərsíːz] 形 [óuvərsìːz]	副 海外へ　形 海外の abroad 副 海外へ 例 Ms. Evans is doing business **overseas**. Evansさんは海外で仕事をしています。
0460 form ☐☐☐ [fɔ́ːrm]	名 用紙・フォーム 例 fill out an order **form** 注文用紙に記入する
0461 appreciate ☐☐☐ [əpríːʃièit]	動 理解する・評価する・鑑賞する・感謝する appreciation 名 正しい理解・高い評価・鑑賞・感謝 例 We **appreciate** your understanding. ご理解いただきありがとうございます。
0462 ease ☐☐☐ [íːz]	名 容易さ・気楽さ easy 形 容易な・気楽な 例 solve a problem with **ease** 簡単に問題を解決する
0463 production ☐☐☐ [prədʌ́kʃən]	名 生産・製造・生産高 product 名 製品・商品 produce 動 生産する 名 農作物 例 cut down **production** costs 生産コストを削減する
0464 contain ☐☐☐ [kəntéin]	動 含む・収容する container 名 容器・コンテナ 例 **contain** room for 100 people 100人収容する

記憶エピソード	カクシン

「正確な」という意味とスペルが結びつかないし、普段から日本語で使うこともないので、覚えにくかったです。
（金融・600点台）

スペルについては確かに難しいのですが、**accurate**のcuraは、実はcare「注意」のことで、「注意して（間違えない）」→「正確な」となりました。

昔、『セント・エルモス・ファイアー』という大学時代の青春映画があり、そのタイトルに似ていたので覚えた。
（教育・700点台）

本来「まわりの空気」→「大気」ですが、**TOEIC**でよく出るのは「（小さい）その場の空気」→「雰囲気・ムード」です。レストランなどの紹介で出てきます。

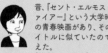
海をoverするということで、海外という言葉は連想しやすく、覚えやすかったです。
（医師・弁護士等の専門職・800点台）

「海（sea）を越えて（over）」→「海外へ」となりました（語尾のsは副詞を作る働きがあり、**indoors**「屋内で」などでも使われます）。

「問い合わせフォーム」というのをネットでよく見るので、そこから覚えた。
（サービス・700点台）

application formは「申し込みフォーム（申し込み用紙）」です。前置詞fromと、つい見間違えやすい単語です（もちろん品詞は全然違いますね）。

I would appreciate it if〜で覚えていたので「鑑賞する」の意味がわからなかった。
（メーカー・500点台）

本来「価値・値段（preciate=price）がよ〜くわかる」です。よくわかるので「理解・評価・鑑賞・感謝できる」わけです。

形容詞のeasyばかりを思い出し、easeが名詞であるということを整理するのは意外に難しかったです。
（ソフトウェア・インターネット・通信・700点台）

with ease「簡単に」、**feel at ease**「気楽な状態を感じる」→「くつろぐ」のように、前置詞とセットで覚えることで「名詞」だと意識できますよ。

「芸能プロダクション」という言葉が一番身近なので、「製造」という意味がなかなか入ってこない。
（小売・600点台）

「芸能プロダクション」とは「芸能人・番組を生産する会社」と考えて「生産」の意味を覚えてみてください。

「コンテナ」を動詞化するとcontainなので何かを「含む」という意味は頭に入りやすかったです。
（学生・600点台）

その通りです。貨物の「**container**（コンテナ）」は「多くのものを入れて（含んで）運ぶもの」です。

127

0465	**public**	形 公共の・公の・公営の
	[páb)lık]	publicize 動 公表する private 形 私的な・個人の・民間の 例 **public** transportation 公共の交通機関

0466	**traditional**	形 伝統的な・従来の
	[trədíʃənl]	tradition 名 伝統 traditionally 副 伝統的に・従来は 例 be more effective than **traditional** advertising 従来の広告活動よりも効果的である

0467	**ladder**	名 はしご
	[lǽdər]	例 climb a **ladder** はしごを上る

0468	**chapter**	名 章
	[tʃǽptər]	例 the first **chapter** of a book 本の第1章

0469	**intended**	形 意図された
	[ɪnténdɪd]	intend 動 意図する 例 an **intended** outcome 意図された結果

0470	**resident**	名 居住者・住民
	[rézɪdənt]	residence 名 住居 例 neighborhood **residents** 近隣住民

0471	**relate**	動 関連付ける・関係がある
	[rɪléɪt]	relationship 名 関係・関連 related 形 関連した relation 名 関係 例 a bonus **relating** to sales 売り上げに連動した賞与

0472	**session**	名 集まり
	[séʃən]	例 a training **session** 研修会

記憶エピソード		カクシン

 なぜかいつも publish とごっちゃになってしまい、はっきりと覚えられません。（会社員・500点台）

その悩みは publish を参照してください（0245）。「private の反対」というのが public のイメージで、「開かれた」感じです。

 「トラディショナル」そのものでも日本語でもよく聞くので、あまり苦労せずに覚えていた。（金融・700点台）

「伝統的な」という意味が有名ですが、必ずしもプラスの意味とは限らず、単に「従来の（今までの）」となることもあります。

 ランニングのトレーニングで「ラダートレーニング」があるので、それで覚えていた。（サービス・700点台）

Part 1 の写真問題で使われる単語です。余裕があれば、stepladder「脚立」までチェックを。

 TOEIC の教科書などよくチャプター別に単元がきられているので、覚えやすい単語かと思います。（金融・600点台）

意味は簡単なので、ちょっと小難しい語源を。cap「帽子」は本来「頭」という意味があって、実は chapter も cap と関連ある「各項目の頭」なんです。

 involved といつも間違えます。30回ぐらい繰り返してますが、どうしてもパッと答えられません。（ソフトウェア・インターネット・通信・600点台）

いい感じですがあと50回繰り返しを。そんなもんです。動詞 intend「意図する」の過去分詞で「意図された」となります。

 不動産の「○○レジデンシャル」の意味でこの単語も理解できました。（会社員・300点台）

日本のマンションでも「レジデンス」という単語が使われ始めています。residence は「住居」で、それに関連した resident は「居住者」です。

 「リレーションシップ」というカタカナ英語になっているので、関連する単語は簡単。（商社・800点台）

relationship「関係」は歌詞で使われることがよくあります。その動詞が relate です。

 ミュージシャンなどが行う「セッション」の意味に引っ張られて「会議」などの意味がすぐに出ないことがあります。（サービス・700点台）

ミュージシャンが言う「セッション」は「一緒に集まって即興的に演奏すること」で、あくまで本来は「人と会うこと・集まること」というイメージです。

0473	**mention** [ménʃən]	**動 言及する・話に出す** 例 What is **mentioned** about the event? そのイベントについて何が述べられていますか？
0474	**decade** [dékeɪd]	**名 10年** 例 in the past **decade** 過去10年間において
0475	**luggage** [lʌ́gɪdʒ]	**名 手荷物一式** baggage 名 手荷物一式 例 keep **luggage** at reception 受付に手荷物を預ける
0476	**remain** [rɪméɪn]	**動 ～のままでいる** remainder 名 残り 例 **remain** silent 静かにしている
0477	**seldom** [séldəm]	**副 めったに～ない** rarely 副 めったに～ない 例 Mr. Ford is **seldom** late for work. Fordさんはめったに仕事に遅れません。
0478	**invite** [ɪnváɪt]	**動 招待する** invitation 名 招待・招待状 例 **invite** celebrities to a ceremony 式典に有名人を招待する
0479	**appropriate** [əpróupriɪt]	**形 適切な** 例 give an **appropriate** answer 適切な答えを出す
0480	**beyond** [biònd]	**前 ～を越えて** 例 **beyond** the yellow line 黄色い線を越えて

130

記憶エピソード / カクシン

チャットツールなどでよく「メンション」というので、そのイメージで覚えています。
（ソフトウェア・インターネット・通信・500点台）

色々な訳がされますが、本来「話の中で触れる」という意味です。例文のように、TOEICでは設問で使われる超必修単語ですね。

「10年という期間は、デケェ」というニュアンスで覚えると、頭に定着した。
（学生・500点台）

decは「10」で、deciliter「デシリットル（10分の1リットル）」で使われます。ミュージシャンの「10周年記念アルバム」でdecadeが使われることも。

language「言語」と間違えやすい。スペルが似ているため。
（自営業・400点台）

車のCMで、荷物スペースを「広いラゲッジルーム」と言っていました。luggageは本来「荷物一式」で、いちいち数えません（不可算名詞扱い）。

remindとたまに間違えてしまうことがある。
（自営業・700点台）

本来「とどまる」という意味で、「～のままでとどまる・ままでいる」となります。remindはmind「心」に注目すればいいでしょう。

なかなか覚えられなかったので、自分なりに「めったにしないこと」で例文を作って覚えました。
（メーカー・600点台）

「めったに～ない」と否定的に訳すのがポイントで、rarelyと同じ意味です。oftenの反対と考えるのもアリでしょう。

TOEICでよく見る、You are cordially invited to ～.が何だかよくわからない。
（学生・700点台）

You are cordially invited to ～.の直訳は「あなたは～に心を込めて（cordially）招待される」→「～に謹んでご招待いたします」です。

論文の謝辞に使われる頻出単語なので覚えやすかった。まったく問題なく覚えることができました。
（医師・弁護士等の専門職・600点台）

それ、appreciate「感謝する」じゃないですかね？ appropriateは「その場面・状況・タイミングなどが適切な」で、「ちょうどいい」イメージです。

ピヨーンと越える"beyond"と覚えています。カエルがびろーんと伸びきった絵のイメージです。
（会社員・600点台）

beyondは「壁をビヨーンと越えて」というイメージにピッタリの単語です。僕も授業で2、3回だけ言ったことがあります。

| 0481 **confident**
[kánfɪdnt] | 形 確信している・自信のある
confidence 名 信用
例 Mr. Green is **confident** of success.
Greenさんは成功を確信しています。 |

| 0482 **moving**
[múːvɪŋ] | 形 感動させるような
move 動 感動させる
例 a **moving** concert
感動的なコンサート |

| 0483 **reply**
[rɪpláɪ] | 名 返事・回答・返信
動 返事をする・答える・返信する
例 a prompt **reply**
迅速な回答 |

| 0484 **within**
[wɪðín] | 前 ～以内で・～のうちに
例 **within** 24 hours
24時間以内に |

| 0485 **property**
[prápərti] | 名 所有物・財産・不動産・性質
例 lost **property**
遺失物 |

| 0486 **ideal**
[aɪdíːəl] | 形 理想的な　名 理想
idealist 名 理想主義者　**idealism** 名 理想主義
例 an **ideal** place for a party
パーティーに理想的な場所 |

| 0487 **particular**
[pərtíkjələr] | 形 特定の
particularly 副 特に
例 a **particular** type of data
特定の種類のデータ |

| 0488 **earn**
[ə́ːrn] | 動 稼ぐ・得る
例 **earn** a lot of money
大金を稼ぐ |

記憶エピソード	カクシン
長澤まさみの詐欺師のドラマ『コンフィデンスマンJP』でconfidenceという単語を知りました。（医師・弁護士等の専門職・700点台）	名詞 confidence は「信用」で、confidence man は「(人を信用させる)詐欺師」です（TOEICに詐欺師は絶対出ませんが、覚えるきっかけになれば）。
動くと覚えていたので「感動的な」は知りませんでした。（メーカー・400点台）	動詞 move は「(心を)動かす」→「感動させる」なので、moving は「感動させるような」となります。英会話でも役立つ単語ですよ。
Twitterの「リプライ」という返信する機能から、そのまま覚えられました。（会社員・400点台）	「リプライ」もしくは「リプを返す」と言いますね。動詞は reply to ~「~に返信する」の形が重要です。
最初の頃はスペルからwithoutの反対の意味だと勘違いしていました。（ソフトウェア・インターネット・通信・500点台）	そうなんです。これ、学校で教わりませんが、みんな誤解します。実はこのwithは単なる強調の働きで、「すげえin」→「~以内に」なんです。
パソコンで「プロパティ」と使うのは知ってるけど、まったく意味の見当がつかない。（学生・500点台）	本来「自分のモノ」で、「所有物・財産・不動産」、さらに「自分の体内にあるモノ」→「性質」です。パソコンは「性質」くらいの意味かと。
アイデアは自分の理想の考えなので、理想とつながり、頭に入りました。（インフラ・500点台）	本来 idea「イデア」はギリシャ語で「理想の形」という意味がありました（倫理の授業で習います）。そこから ideal「理想的な」が生まれました。
なんとなく peculiar（独特の、特有の）と混ざります。（メーカー・600点台）	part「部分」が入っていることから、「特定の部分！」というイメージを持ってください。in particular「特に」という熟語が有名です。
日本に出稼ぎにきた外国人労働者が使っていて衝撃的だった。（会社員・800点台）	earn＝get と考えると、earn a reputation「評判を得る」などもスッとわかります。

0489	**traffic**	名 交通・(人や車の)往来
	[tréfik]	例 heavy **traffic** ものすごく多い交通量

0490	**relative**	形 関係のある・相対的な　名 親戚
	[rélətɪv]	relate 動 関連させる　relatively 副 比較的 例 **relative** merits 相対的な長所

0491	**currently**	副 現在は
	[kə́r:rəntli]	current 形 現在の 例 The ticket is **currently** available. そのチケットは現在は手に入ります。

0492	**description**	名 描写・説明・記述
	[dɪskrípʃən]	describe 動 描写する・説明する 例 a **description** in a brochure パンフレットにある説明

0493	**table**	名 表・テーブル
	[téɪbl]	例 a **table** showing the market trends 市場動向を示した表

0494	**close**	形 近い
	[klóus]	closely 副 密接に・念入りに 例 **close** to the station 駅に近い

0495	**arrange**	動 きちんと並べる・手配する・準備する
	[əréɪndʒ]	arrangement 名 配列・手配・準備 例 **arrange** a table テーブルを準備する

0496	**temperature**	名 温度・気温・体温
	[témpərətʃùər]	例 a sudden rise in **temperature** 急な気温上昇

記憶エピソード	カクシン

「交通」という意味で覚えていたが、「貿易」という意味で使われたことがあり、対応できなかった。
（公務員・600点台）

「貿易」は覚えなくて**OK**ですが、一応 **traffic** の「交通が行き来する流れ」のイメージがあれば、文脈でわかるかもしれませんね。

relative から「関係」を思い浮かべてしまい、「相対的」はなかなか出てこない。訓練して覚えた。
（ソフトウェア・インターネット・通信・700点台）

本来「関係づける（**relate**）性質（**ive**）」です。「関連した人」→「親戚」、「他と関連させて」→「相対的な」となりました。

スタディサプリの授業であれだけうるさく（失礼！）言われれば強烈に覚えます。
（会社員・800点台）

Part 7 で currently が出てきたら「あくまで今現在は」であって、「今後変わる可能性」を示唆します。そしてそれが設問で狙われます！

何度見ても、パッと訳語が即答できない。
（公務員・700点台）

この単語、ほとんどの単語帳で「描写」としか訳されないのですが、単純に「説明」でも**OK**ですよ。**job description** は「仕事内容の説明」です。

家具のテーブルのイメージがあり、「表」などの意味が覚えづらかった。
（公務員・600点台）

予定表を「タイムテーブル」と言いますね。由来は「テーブルで話し合った予定表」、「テーブル台に書いた一覧表」などの説があります。

「閉まる」のイメージが強すぎて、「近い」という意味が出てこない。
（ソフトウェア・インターネット・通信・600点台）

発音「クロウス」に注意。「駅に近い」ことはお店・ホテルで大きな売りになるので、**TOEIC** の広告文でドヤ顔のように使われます。

「アレンジ」は自分なりの工夫を加えるようなイメージで、「整える」という意味だとは思っていなかった。
（インフラ・700点台）

ヘアワックスの**CM**の「毛先をアレンジ」という発想は忘れてください！　本来「きちんと並べる」→「手配する」などとなりました。

「気温・温度」と記憶してますが、体温とはイメージできず、文を誤ることがある。
（ソフトウェア・インターネット・通信・600点台）

本来「**temperate**（温和）な状態」という意味で、外の温度なら「気温」、体の温度なら「体温」となるわけです。

0497	enclose	動 同封する
	[enklóuz]	enclosure 名 同封(物) 例 **enclose** a picture with a letter 手紙に写真を同封する

0498	handle	動 扱う・対処する
	[hǽndl]	hand 名 手 例 **handle** an operational problem 運営上の問題に対処する

0499	complaint	名 不満・苦情
	[kəmpléint]	complain 動 不満を言う 例 **complaints** about the service サービスに対する不満

0500	correct	動 訂正する 形 正しい
	[kərékt]	例 **correct** wrong information in a document 書類中の誤った情報を訂正する

0501	application	名 応募・申し込み
	[æplɪkéɪʃən]	apply 動 応募する・申し込む applicant 名 応募者 例 a job **application** 求人応募

0502	arrangement	名 配列・準備・手配
	[əréɪndʒmənt]	arrange 動 きちんと並べる・準備する・手配する 例 make **arrangements** 手配をする

0503	launch	動 開始する・発売する
	[lɔ́:ntʃ]	例 **launch** a new brand 新しいブランドを立ち上げる

0504	reserve	動 取っておく・予約する
	[rɪzə́r:v]	reservation 名 予約 book 動 予約する 例 **reserve** a ticket チケットを予約する

記憶エピソード	カクシン

TOEIC の 勉強中 に、Enclosed is ～。「～が同封されている」という文をたまに見かける。（小売・600点台）

S is enclosed. の形からenclosedを先頭に出したのが "Enclosed is ～." の形で、これにより同封物に気づかせるわけです。「中に入れて(en)封を閉める(close)」で覚えてください。

海外ドラマで部下が上司に「私がやります」というときに"I'll handle this." と言っていた。（ソフトウェア・インターネット・通信・700点台）

「車のハンドル」ではありません。「手(hand)で扱う」です。荷物にhandle with care「取扱注意」というステッカーが貼られることも。

complement「補足」と混同して、意味をよく間違えてしまいます。（サービス・800点台）

「クレーム(苦情)」のことです。TOEICでは何かしらの苦情を告げる話がよく出てくるので、まずはこれだけを重点的に覚えてください。

collect と間違えたことがありますので注意しています。（メーカー・400点台）

correctのrectの部分はdirectと同じ「まっすぐ正しい方向へ指導する」→「訂正する」となりました。

ソフトウェアのアプリケーションのイメージが強く、なかなか「応募」という意味にたどり着けない。（公務員・500点台）

ちょっと強引ですが「アプリに応募する」と5回言えば覚えてしまう気もします。application form「申し込み用紙」もチェックしておいてください。

上司から「旅行のアレンジした?」と言われて覚えてしまった単語です。（サービス・600点台）

動詞arrange「きちんと並べる」から、「切符やホテルのパンフレットを並べる」→「準備・手配」です。「色々準備する」ので複数形で使われます。

上司に「launchはいつ?」と聞かれlunchと区別できずず答えられず、速攻覚えました。（メーカー・400点台）

本来「ロケットを打ち上げる」がビジネスに転用され、「(業界にロケットを打ち込むように新事業を)開始する・発売する」となりました。

車が好きで「リザーブタンク」を知っていたので、「取っておく」という意味が頭に入りやすかった。（ソフトウェア・インターネット・通信・600点台）

サッカーでは「補欠」を「リザーブの選手」と言います。「ここぞの場面に取っておく」という意味です。また、「テーブルを取っておく」→「予約する」となりました。

137

0505	**executive** ☐ ☐ ☐ [ɪgzékjətɪv]	**名 重役** **execute** 動 実行する 例 an **executive** meeting 重役**会議**

0506	**attach** ☐ ☐ ☐ [ətǽtʃ]	**動 添付する** **attachment** 名 添付書類 例 **attach** a file to an e-mail Eメールにファイルを添付する

0507	**equipment** ☐ ☐ ☐ [ɪkwípmənt]	**名 装置・機器** **equip** 動 備え付ける 例 breakdown of **equipment** 設備の故障

0508	**individual** ☐ ☐ ☐ [ìndəvídʒuəl]	**形 個々の** 例 **individual** cases 個々の**事例**

0509	**concerning** ☐ ☐ ☐ [kənsə́r:nɪŋ]	**前 ～について** **concern** 動 関連させる **regarding** 前 ～について **about** 前 ～について 例 a notice **concerning** a refurbishment 改装に関するお知らせ

0510	**discover** ☐ ☐ ☐ [dɪskʌ́vər]	**動 発見する** **discovery** 名 発見 例 **discover** a problem with software ソフトウェアの問題を発見する

0511	**entirely** ☐ ☐ ☐ [entáɪərli]	**副 完全に・まったく** **entire** 形 全体の 例 **entirely** different way まったく異なる方法

0512	**brick** ☐ ☐ ☐ [brík]	**名 れんが** 例 **Bricks** are piled up. れんがが積み重ねられている。

記憶エピソード	カクシン

インターン先の会社に「エグゼクティブマネージャー」という役職の人がいたので、覚えやすかったです。
（学生・500点台）

「エグゼクティブ」とは「会社の重役」のことです。雑誌やビジネス書でも多用されている言葉ですね。

TOEICの長文でよく添付資料があるので覚えました。
（小売・600点台）

touchとは何の関係もありませんが、「触れる」→「くっつける・添付する」と考えて**OK**です。**attach・touch**とセットで覚えてください。

Part 1で実験器具にequipmentが使われていて、小さい装置でも使えるんだと驚きました。
（メーカー・600点台）

素晴らしい、その通りです。装置の大小は関係なく、**laboratory equipment**「実験器具」のような、手に持てる物にも使えます。

パソコンでソフトウェアを使う際に、インディビジュアルのライセンスというのがあるので覚えられました。
（学生・500点台）

inは「否定」、**divide**は「分割する」で、「これ以上分割できないもの」→「個人の」となりました。

concernの派生語として覚えるのではなく、regardingと一緒に覚えると忘れません。
（ソフトウェア・インターネット・通信・700点台）

動詞**concern**「関連させる」が分詞構文になって、「～に関連させる」となりました。**concerning・regarding・about**はすべて「～について」です。

discoverはテレビの「ディスカバリーチャンネル」を思い出して意味を理解した。
（ソフトウェア・インターネット・通信・700点台）

「宝を隠すカバー（**cover**）をはずす（否定の**dis**）」→「発見する」となりました。

entireの副詞形ということはわかるが、「全体的に」でなく「完全に」なのでイメージがつかみづらい。
（会社員・600点台）

「全体的に」→「完全に（全部）・まったく」と派生。副詞化すると「単なる強調になる」のは英語ではよくあることなんです。

れんがって今どきあんまり触れないから、一瞬なんのことだかわからなくなります。
（会社員・700点台）

若者らしいコメントですね。僕にとって外国人に東京駅（れんが造り）の説明をしたときに使った単語です。

139

0513	**unless**	接 ~でない限り
	[ənlés]	例 It will expire **unless** you renew it. 更新しない限り、満了となります。

0514	**ability**	名 能力
	[əbíləti]	able 形 ~できる 例 the **ability** to speak English 英語を話す能力

0515	**probably**	副 おそらく
	[prάbəbli]	probable 形 十中八九ありそうな 例 This is **probably** the easiest way. これがおそらく最も簡単な方法です。

0516	**strength**	名 強さ・強み（長所）
	[stréŋkθ]	strong 形 強い 例 Strong teamwork is our **strength**. 強いチームワークが私たちの強みです。

0517	**except**	前 ~を除いて・~以外は
	[ıksépt]	exception 名 例外 exceptional 形 例外的な・非常に優れた 例 all **except** one 1つを除いてすべて

0518	**conduct**	動 行動する・ふるまう・指揮する・案内する 名 行動・ふるまい・指揮・案内
	動 [kəndΛkt] 名 [kάndΛkt]	conductor 名 指揮者・案内者 例 **conduct** a campaign キャンペーンを行う

0519	**produce**	動 生産する・製造する　名 農作物
	動 [prəd(j)úːs] 名 [próud(j)uːs]	production 名 生産・製造　product 名 製品・商品 producer 名 生産者・製作者 例 **produce** a new line of cars 新製品の車を生産する

0520	**pleased**	形 喜んで・満足して
	[plíːzd]	please 動 喜ばせる・満足させる 例 be **pleased** to be invited 招待されて喜ぶ

記憶エピソード	カクシン

 接続詞なのか副詞なのかをあまり覚えられず、選択問題で混乱してしまうことが多い。（学生・400点台）

接続詞です！　品詞が超重要なので絶対に今覚えてください。接続詞なので、Unless sv, SV.「svでない限り、SVだ」の形で使います（例はunless svが後ろにきた形）。

 昔遊んだゲームに「アビリティーシステム」というものがあり、当時は何のことかさっぱりわからなかったです。（ソフトウェア・インターネット・通信・400点台）

形容詞able「できる」の名詞形です。ゲームではキャラクターの能力を表すのに「アビリティ」という言葉がよく使われていますね。

 リサロープの楽曲のタイトル。意味は「たぶん」ですが、maybeとの違いなどを教えていただきたいです。（自営業・700点台）

形容詞probable「十中八九ありそうな」の副詞形です。maybe「もしかしたら（50%半々のイメージ）」より可能性が一段階高いときに使います。

 lengthとスペルと発音が似ており、意味で迷うことがある。（学生・600点台）

long「長い」→length「長さ」、strong「強い」→strength「強さ」ですね。どちらも名詞形はoの綴りがeになるパターンです。

 expectと間違えやすい。「～を除いて」という意味の印象があまりなくて、なかなか出てこない。（メーカー・500点台）

expect「期待する」は動詞なので品詞の意識を！except の「セプト」の部分は、「（例外を）スパッと取り出す」鋭い響きと考えてください。

 「ツアーコンダクター」のコンダクターをイメージして覚えた。（メーカー・500点台）

conductは「行動・ふるまい」で、「ツアーコンダクター（conductor）」とは「（旅行者と）一緒に（con）行動する（duct）人（or）」です。

 「プロデュースする」という言葉から、管理するようなイメージを持ってしまっていました。（メーカー・500点台）

「管理する」はmanageで、マネージャーですね。「プロデューサー（producer）」は、アイドルや歌手を「生み出す人」のことです。

 pleaseに引きずられて、意味がパッと出てこないことがある。（ソフトウェア・インターネット・通信・600点台）

動詞please「喜ばせる・満足させる」をしっかり意識してください。be pleasedで「喜ばされる・満足させられる」→「喜んで・満足して」です。

0521 worth

[wə́ːθ]

前 価値がある
例 The conference is **worth** attending.
その会議は出席する価値があります。

0522 emphasize

[émfəsàɪz]

動 強調する
emphasis 名 強調
例 **emphasize** a change
変化を強調する

0523 renew

[rɪn(j)úː]

動 更新する・再び始める
renewal 名 更新・再開
例 **renew** a driver's license
運転免許証を更新する

0524 advise

[ədváɪz]

動 助言する
advice 名 助言
例 **advise** a client
顧客に助言する

0525 warranty

[wɔ́ːrənti]

名 保証（書）
warrant 名 正当な理由・証明書
例 under **warranty**
保証期間中である

0526 require

[rɪkwáɪər]

動 必要とする・要求する
requirement 名 必要品・要求物
例 **require** a payment
支払いを要求する

0527 promotion

[prəmóʊʃən]

名 販売促進・昇進
promote 動 販売促進する・昇進させる
promotional 形 販売促進の・昇進の
例 sales **promotion**
販売促進

0528 existing

[ɪgzístɪŋ]

形 既存の・従来の
exist 動 存在する
例 change an **existing** rule
既存のルールを変える

記憶エピソード　　カクシン

リスニングで worse と聞き間違えることがあるので、聞き分けに苦労する。
（商社・700点台）

なるほど、worse と worth の聞き分けは難しすぎるので、品詞と文脈で考えれば OK です。worth -ing「～する価値がある」という形も重要です。

「円、（ドレミ）ファのサイズを強調する」というこじつけで覚えてます。
（メーカー・400点台）

力強く（強調して）「エンファサイズ！」と声に出してみてください。emphasize the importance of ～「～の重要性を強調する」の形も重要。

「リニューアル」という言葉はよく使うので、そのイメージと関連付けて覚えています。
（メーカー・400点台）

「再び（re）新しくする（new）」→「更新する」です。定期購読、ジムの会員など、TOEIC では更新のお知らせは超頻出テーマです。

advice と advise の品詞を混同しやすい。また、アクセントが日本語と違うので間違えそうになる。
（会社員・600点台）

名詞 advice「助言」とは綴りも発音も違うので注意してください。advise は「アドバイズ」という発音です。

ヨドバシカメラで「ワランティーサービス」ってよく店頭で言っているので、自然と覚えた。
（ソフトウェア・インターネット・通信・600点台）

なるほど、今度店先をチェックしてみます。ただし発音は「ウォランティ」なので注意を。TOEIC では故障がよくあるだけに重要な単語です。

quire で終わる単語がかなり多いので曖昧だったのと、単語の意味がありきたりなので覚えづらかった。
（学生・400点台）

「何度も（re）求める（quire）」という意味です。受動態 be required to ～「～しなければならない」の形もよく使われます。

今は覚えやすいが、販売促進と昇進の関係性がいまいちよくわかっていない。
（小売・500点台）

本来の説明は promotional のところで（0408）。ここでは「promotion は、販売促進したら昇進した」と覚えてください。

進行形なので「今存在している」ということから「今ここにいる」みたいな意味かと思いました。
（メーカー・600点台）

動詞 exist は「外に（ex）立つ（sist）」→「存在する」で、その -ing です。「今現在存在している」→「既存の・従来の」となりました。

143

0529	**option**		**名 選択・選択肢**
☐☐☐	[ápʃən]		optional 形 選択自由の・任意の 例 an **option** to upgrade アップグレードする選択肢

0530	**mostly**		**副 たいてい・ほとんどの場合**
☐☐☐	[móustli]		most 形 大部分の 例 Contents of the presentation were **mostly** good. プレゼンの内容はたいていは良かったです。

0531	**responsible**		**形 責任がある**
☐☐☐	[rɪspánsəbl]		responsibility 名 責任 例 be **responsible** for interviewing job candidates 求職者を面接する責任がある

0532	**merchandise**		**名 商品**
☐☐☐	[mór:tʃəndàɪz]		merchant 名 商人 例 send some **merchandise** 商品を送る

0533	**donation**		**名 寄付・寄贈**
☐☐☐	[dounéɪʃən]		donate 動 寄付する・提供する donor 名 寄贈者・臓器提供者 例 make a **donation** 寄付をする

0534	**hardly**		**副 ほとんど〜ない**
☐☐☐	[há:rdli]		例 There is **hardly** any chance. 可能性はほとんどありません。

0535	**arrival**		**名 到着**
☐☐☐	[əráɪvl]		arrive 動 到着する　departure 名 出発 例 confirm an **arrival** date 到着の日にちを確認する

0536	**definitely**		**副 確実に・間違いなく**
☐☐☐	[défənətli]		define 動 定義する・はっきりさせる definite 形 確実な 例 That's **definitely** true. それは間違いなく正しいです。

記憶エピソード	カクシン

日常的に「オプション」と使うので特には困らなかった。
（メーカー・300点台）

日本語でも「オプション」と使われます。「たくさんのオプションがある」というのは、「たくさんの選択肢がある」ということですね。

mostの「最も」という意味に引っ張られて、「たいてい」という意味に変換しにくい。
（学生・600点台）

most「大部分の」から、**mostly**は「大部分のケースでは」→「たいてい」です。「（たまに違うときもあるけど）たいていの場合は」というニュアンスです。

「レスポンス」のイメージと異なるため覚えにくい。
（ソフトウェア・インターネット・通信・400点台）

「すぐにレスポンス（**response**）できる（**ible**）人」→「責任がある人」ということです。「～に対して」という意味の**for**とセットで使われます。

お店で売られている「商品」という意味の単語は、item以外あまり知らなかったため一度聞くと耳に残りやすい。
（メーカー・400点台）

merchは「商品関係」の意味があり、フリマアプリ「メルカリ」の名前にも使われています（**merch**は「メルカ」くらいにも読めますね）。

donateの「寄付」という意味からその名詞形ということは想像しやすかったです。
（学生・700点台）

「臓器提供者」を「ドナー（**donor**）」と言いますね。その動詞が**donate**「寄付する・提供する」で、そこから**donation**も関連させてください。

どうしてもhardのイメージが強く、「ほとんどない」という意味につながってこないことがある。
（医療・300点台）

hard「難しい」から、「難しくてほとんどできない」→「ほとんど～ない」というイメージです。**hardly**は「notの仲間」だと強く意識してください。

空港でdepartureと混同した経験がいまだに感覚として残ってしまって意味がすぐに出てこない。
（メーカー・400点台）

確かに空港に**Arrivals**「到着」は氾濫してます。**Departures**「出発」は、「分離（de）+ 部分に分かれる（part）」→動詞**depart**「出発する」からチェックしてください。

動詞の意味がわかっていても、形容詞や副詞になると語尾が変わる単語はこれに限らず覚えにくい。
（ソフトウェア・インターネット・通信・500点台）

動詞**define**は「定義する・はっきりさせる」、形容詞**definite**「確実な」、そして副詞**definitely**は「確実に」です。どれも「はっきりさせる」イメージです。

| 0537 | **closely**
☐☐☐
[klóusli] | 副 密接に・念入りに
close 形 近い
例 **closely** related
密接に関連した |

| 0538 | **generous**
☐☐☐
[dʒénərəs] | 形 心が広い・寛大な
generously 副 気前よく・寛大に
例 a **generous** offer
寛大な申し出 |

| 0539 | **paperwork**
☐☐☐
[péɪpərwər:k] | 名 書類作業
paper 名 書類
例 be busy with **paperwork**
書類作業で忙しい |

| 0540 | **paid**
☐☐☐
[péɪd] | 形 有給の
pay 動 支払う
例 a **paid** vacation
有給休暇 |

| 0541 | **hire**
☐☐☐
[háɪər] | 動 雇う
例 **hire** a new employee
新しい従業員を雇う |

| 0542 | **below**
☐☐☐
[bɪlóu] | 前 ~の下に(の) 副 下に(の)・下記の
above 前 ~の上に(の) 副 上に(の)・上記の
例 **below** average
平均より下の |

| 0543 | **hold**
☐☐☐
[hóuld] | 動 開催する・電話を切らずに待つ
例 **hold** a press conference
記者会見を開く |

| 0544 | **gradually**
☐☐☐
[grǽdʒuəli] | 副 徐々に
例 increase **gradually**
徐々に増える |

記憶エピソード　　カクシン

close「閉まる」から「密接に閉まる」と関連付けることで覚えやすかった。
（メーカー・300点台）

形容詞 close は「近い」です。副詞 closely は「近づいて」→「密接に・念入りに」となりました。

general と区別できず、よく間違えてしまう。
（金融・400点台）

general「全体的な」から、generous も「なんか広いイメージ」→「心が広い・寛大な」と覚えてください。Part 7「寄付金」の話でよく出ます。

Part 5 で実際に見かけた記憶がある。それから意識して覚えた単語。
（ソフトウェア・インターネット・通信・500点台）

「書類（paper）の仕事（work）」→「書類作業」です。簡単なわりにパッと出てこない単語だと思います。

「お金を支払う」という意味の記憶が強いため、「有給」という意味が出てきたときには対応できなかった。
（金融・700点台）

その勘違いは「過去分詞」ということを意識すれば大丈夫。paid は「給料を支払われた」→「有給の」となります。paid holiday は、paid time off とも言います（芸能人がよく使う「オフ（休み）」はこの off）。

「クビにする」の「fire」と発音もスペルも似ているため、どっちがどっちの意味かがわからなくなる。
（会社員・400点台）

タクシー会社に「ハイヤー」が使われることもあり、運転手を「雇う」感覚です。ちなみに fire は「（会社の外に）発砲する」→「解雇する」です。

仕事で「下記にあるように」みたいなときに頻繁に使って覚えました。
（会社員・500点台）

「ある（be）+ 低い位置に（low）」→「〜の下に」となりました。below average で「平均より下」という熟語です。

手に持つイメージはわかりやすいですが、「催し物を開く」イメージは持ちにくい。
（学生・500点台）

歌詞で Hold me!「抱きしめて」と昔よく目にしました。まさに両腕で抱えるイメージで、「イベントを両腕で抱えて仕切る」→「開催する」です。

最初は長い単語で嫌だと思いましたが、色などの「グラデーション」と同じと考えたら覚えられました。
（ソフトウェア・インターネット・通信・600点台）

まさにそのイメージ！　gradu は「段階（=grade）」の意味です（grade は「グレード・段階」）。「段階を経て」→「徐々に」です。

0545	**foundation**	名 土台・基礎・基金・財団
	□ □ □	**found** 動 設立する
	[faundéɪʃən]	例 the **foundation** for team building
		チーム作りのための基盤

0546	**extremely**	副 非常に・極めて
	□ □ □	**extreme** 形 極端な
	[ɪkstríːmli]	例 an **extremely** complicated issue
		非常に複雑な問題

0547	**typical**	形 典型的な
	□ □ □	**typically** 副 典型的に
	[típɪkl]	例 a **typical** mistake
		典型的な誤り

0548	**refund**	動 返金する・払い戻す
	□ □ □	名 返金・払い戻し金
	動 [rɪfʌ́nd]	**reimburse** 動 返金する・払い戻す
	名 [ríːfʌnd]	例 receive a **refund** 返金を受ける

0549	**facility**	名 施設・設備
	□ □ □	**facilitate** 動 容易にする
	[fəsíləti]	例 The **facility** needs maintenance.
		その施設は整備が必要です。

0550	**appearance**	名 外見・見た目
	□ □ □	**appear** 動 現れる
	[əpíərəns]	例 change one's **appearance**
		外見を変える

0551	**else**	副 他に
	□ □ □	例 something **else**
	[éls]	何か他のもの

0552	**fashion**	名 流行・様式・方法
	□ □ □	例 a traditional **fashion**
	[fǽʃən]	伝統的な様式

記憶エピソード	カクシン
化粧下地の「ファンデーション」の印象が強く、「財団」の意味で使われたときに困りました。（メーカー・600点台）	化粧品「ファンデーション」は「化粧の土台」です。「土台・基礎」→「基本金・基金」→「(基金で運営される)財団」となりました。
頭に ex「外」がつくので、「普通の外にあるイメージ」があり、「非常に・極めて」の意味と覚えやすい。（公務員・600点台）	その説明、完璧です。ちなみに僕は海外修行する格闘家に extreme pain「極端な痛み（激痛）」を教えときました（これは TOEIC には出ませんが）。
「タイプ」と聞くと色々な種類を思い浮かべ、逆に「典型的な」という1つに絞られる意味で混乱した。（学生・500点台）	「タイプ」とは本来様々なものを典型例にまとめることです。あらためて、「よくあるタイプ(type)」→「典型的な」という発想で覚えてください。
fund のスペルからお金に関係する単語だということはわかるが、なかなか「返金」という意味と結びつかない。（学生・600点台）	「再び(re)お金を払う(fund)」→「払い戻す・払い戻し金」です。TOEIC では、「イベント中止に伴う払い戻しは受付で」などの内容で出ます。
辞書や単語帳で「能力」と覚えていたので、「施設」と聞くと混乱してしまいました。（ソフトウェア・インターネット・通信・700点台）	本来「容易さ」で、「(物事を容易にする)能力」、さらに「容易にするための場所」→「施設・設備」となりました。
appear が「現れる」なので、その名詞形は何かを現すということで「外見」と覚えてます。（ソフトウェア・インターネット・通信・600点台）	そのイメージ通りです。動詞 appear「現れる」から、「人の前に現れてしまうもの」→「外見」です。
else はよく出てくるし、プログラマーであれば簡単に覚えられる単語ですね。（ソフトウェア・インターネット・通信・600点台）	なんで？　僕はプログラマーではないので、someone else「他の誰か」、What else can I do for you?「他に何かできることある？」で覚えることをオススメしておきます。
ファッションって服装みたいな意味で日本語になってしまっているのでわかりにくいと思う。（学生・600点台）	服装を連想する人が多いのですが、本来の意味は「流行」です。さらに、「流行」→「時代の表し方」→「様式・方法」となりました。

0553 **consider**	動 **考える**
[kənsídər]	consideration 名 考慮 例 Please **consider** my proposal. 私の提案をご検討ください。

0554 **response**	名 **返答・回答・反応**
[rıspáns]	respond 動 返答する・反応する 例 receive a **response** 反応を得る

0555 **maintain**	動 **維持する**
[meıntéın]	maintenance 名 維持・整備 例 **maintain** a healthy diet 健康的な食事を維持する

0556 **avenue**	名 **大通り**
[ǽvən(j)ù:]	例 Fifth **Avenue** in New York ニューヨークの5番街

0557 **complex**	形 **複雑な** 名 **複合体・複合施設**
形 [kəmpléks] 名 [kámpleks]	例 a **complex** machine 複雑な機械

0558 **absolutely**	副 **完全に・その通り・ぜひ**
[æbsəlú:tli]	absolute 形 完全な 例 The information is **absolutely** correct. その情報は完全に正しいです。

0559 **receipt**	名 **領収書・レシート・受け取ること**
[rısí:t]	receive 動 受け取る 例 get a **receipt** 領収書を受け取る

0560 **participate**	動 **参加する**
[paərtísəpèıt]	participant 名 参加者 例 **participate** in an event イベントに参加する

記憶エピソード	カクシン
「一生懸命考えた」フリをするときに使ってみようかと思う。（教育・500点台）	「頭の中で色々考える」というニュアンスの単語です。**consider -ing**「～することを考える」の形も文法では重要です。
「クイックレスポンスしなさい」と社会人になって教えられたので、すんなり入ってきた言葉でした。（メーカー・500点台）	**SNS**やメールの「レス」で使われていますね。**Part 7**で「新商品に対する世間のレス（返答・回答・反応）を見る」のように出てきます。
メンテナンスのイメージから「維持する」という意味ではなく「修理する」と勘違いしやすかったです。（医療・300点台）	メンテナンスのときに修理するハメになると、勘違いしてしまうかも。**maintenance**は「（正常な状態を）維持するための整備」で、その動詞が**maintain**です。
例の「5番街」で覚えました！（団体職員・700点台）	日本の掲示板にも「○○街道」の下に、小さく "Ave."（avenueの略）と書かれることが増えました。今度チェックしてみてください。
「コンプレックス」の意味で覚えていた。知人が外国人に道を聞かれたときに「複合施設」の意味で使っていた。（金融・600点台）	「欠点」の意味はありません（「複雑な感情」が日本独自の意味に発展しただけです）。また、「シネコン（複合施設）」もこの単語から生まれたものです。
ネイティブが毎日使う単語なので覚えるのは簡単だった。綴りは難しいけど。（学生・500点台）	会話で使うのは「その通り・ぜひ」という意味ですね（**Yes**の強調と考えて**OK**）。本来は「完全に」という強調の意味でそれが発展したものです。
「レシート」という単語が普段使われているため、「領収書」という意味が覚えやすかった。（メーカー・600点台）	「レシート」という意味以外に、**receive**の名詞形「受け取ること」にも注意。リーディングでよく出てきます。
「パーティーに参加する」、といったゴロ合わせができて覚えやすかった。（メーカー・500点台）	良い覚え方ですね。本来は「何かの一部（**part**）になる」→「参加する」です。直後に**in**をとって、「中に入っていく」イメージになります。

0561	**flyer/flier** □ □ □ [fláɪər]	**名 チラシ** 例 hand out **flyers** チラシを配る
0562	**complain** □ □ □ [kəmpléɪn]	**動 不満を言う** complaint 名 不満・苦情　claim 動 主張する・要求する 例 The customer **complained** about the service. その顧客はサービスについて不満を言いました。
0563	**secretary** □ □ □ [sékrətèri]	**名 秘書** secret 名 秘密 例 a **secretary** of an executive 重役の秘書
0564	**complicated** □ □ □ [kámpləkèɪtɪd]	**形 複雑な・難しい** complicate 動 複雑にする 例 a **complicated** matter 複雑な問題
0565	**prevent** □ □ □ [prɪvént]	**動 妨げる** prevention 名 妨害 例 The heavy snow **prevented** the construction work. 大雪が建設工事を妨げました。
0566	**slightly** □ □ □ [sláɪtli]	**副 わずかに** slight 形 細い・わずかな 例 **slightly** different from the previous model 前回のモデルとわずかに異なる
0567	**afford** □ □ □ [əfɔ́ːrd]	**動 (お金や時間などに)余裕がある** 例 can't **afford** to open a new shop 新しいお店を出す余裕がない
0568	**whether** □ □ □ [wéðər]	**接 〜かどうか・〜であろうとなかろうと** 例 **whether** or not it is feasible それが実行可能かどうか

記憶エピソード

カクシン

「飛ぶ」のフライと間違えやすい。「チラシ」にはつながらず、「飛ぶ」の意味と思ってしまいがち。
（自営業・600点台）

元々「空を飛ぶ（fly）人（er）」→「パイロット」ですが、今では「空を飛ぶようにやってくるもの」→「チラシ」で使われます。

explainのような印象だったので間違えた。わかったあとも、今度はclaimと間違えやすい。
（メーカー・500点台）

苦情の多いTOEICでは、まずはcomplainを確実に。その後にclaim「主張する・要求する」をチェックしておいてください。explainは0264参照。

「秘書」なので漢字上「秘密に関連する」との認識を持ち、暗記できました。
（会社員・700点台）

本来「秘密（secret）を扱う人」→「秘書」です。American Expressの相談電話で「セクレタリーサービス」というのもあります。

complicatedという単語自体のスペルと発音が「複雑な」と覚えるようにしています。
（学生・600点台）

動詞complicate「複雑にする」の過去分詞「複雑にさせられた」→「複雑な」となり、それが形容詞として使われるようになりました。

「PRイベント」のにぎやかさは、集中して何かをするのを「妨げる」と覚えています。
（ソフトウェア・インターネット・通信・500点台）

素晴らしい。本来「前に（pre）ある出来事（vent=event）」→「（前に出てきて）妨げる」です。prevent 人 from -ing「人が～するのを妨げる」の形が重要です。

スライスチーズからスライスは「薄い」と覚えて、slightは「少し」というニュアンスで覚えています。
（サービス・500点台）

形容詞slightはslの音から「スラッとした」イメージで「細い・わずかな」となります。それにlyがついて副詞になったのがslightlyです。

can't afford to buy a Ford「フォード車を買う余裕がない」というダジャレで覚えた。
（学生・400点台）

素晴らしすぎる文です！ おまけに20代の若者らしい。can't afford to ～「～する余裕がない」という否定文でよく使われます。

いつもweatherの「天気」という意味が頭に浮かび、非常にミスしやすかったです。
（ソフトウェア・インターネット・通信・600点台）

whetherは接続詞ですから、「英文の形を意識する」ようにすれば、絶対に間違えなくなりますよ。or notと一緒に使われることも多いです。

0569	**instrument**	**名** 道具・楽器
	[ínstrəmənt]	例 a dentist's **instrument** 歯科医の機器

0570	**ensure**	**動** 確実にする・保証する
	[enʃúər]	例 Ms. Hill **ensured** safety on the trip. Hillさんは旅の安全を保証しました。

0571	**hesitate**	**動** ためらう
	[hézətèit]	hesitancy **名** ためらい 例 **hesitate** to speak up 意見を言うのをためらう

0572	**honor**	**名** 名誉　**動** 名誉を授ける・表彰する
	[ánər]	honorable **形** 名誉ある・立派な 例 **honor** Ms. James for her achievements Jamesさんの業績を表彰する

0573	**vast**	**形** 広大な・膨大な
	[vǽst]	例 **vast** property 広大な土地

0574	**shortly**	**副** すぐに・手短に・簡潔に
	[ʃɔ́ːrtli]	short **形** 短い 例 Ms. Kelly will be back **shortly**. Kellyさんはすぐに戻ってくるでしょう。

0575	**either**	**副** どちらか
	[íːðər]	例 **either** by post or e-mail 郵便かEメールのどちらかで

0576	**reference**	**名** 言及・参照・推薦状
	[réfərəns]	refer **動** 言及する・参照する 例 a **reference** book 参考図書

instrument と言われると、物全般というイメージより「楽器」と誤認してしまうことがある。
（インフラ・500点台）

本来は「道具」で、「演奏する道具」→「楽器」という意味も生まれました。Part 1では楽器を弾いている写真で instrument が出てきますよ。

sure からなんとなく意味はわかった。
（学生・600点台）

en は「〜にする・作る」で、enjoy「楽しみを作る」、enrich「豊かにする」で使われています。ensure は「確実（sure）にする」です。

仕事でよく、don't hesitate to ask と出てくるので、don't hesitate で「ためらわず」と覚えられました。
（メーカー・500点台）

本来「口ごもる」という意味です。「ヘズィテイト」という発音が言いにくいので、ためらっているイメージで覚えてください。

アメリカ大統領のスピーチでよく出てくる気がします。
（メーカー・800点台）

名詞「名誉」、動詞「名誉を授ける」、そして辞書にあまり載っていませんが「表彰する」も TOEIC で出ます。be honored to 〜「〜して光栄だ」も重要です。

「ヴァースト」って豪快なイメージで覚えるようにしています。
（自営業・600点台）

「広大な」から、「（量・程度が）莫大な」でも使われます。vast majority なら「大多数」です。

「short＝短い」の副詞なので、「短く」だと思いこんでいました。
（学生・600点台）

「手短に・簡潔に」もありますが、TOEIC では圧倒的に「すぐに」が出ます。「時間が short」と考えてください。機内アナウンスでも必ず出てきます。

either A or B と熟語で意味を押さえることでスムーズに入ってきました。
（会社員・400点台）

either A or B「A か B のどちらか」という重要熟語ですね。中学時代、この either が授業で出るたびに飯沢君がイジられてました。

「参照」という意味では知っていたが、「推薦状」という意味があるのは知らなかった。
（商社・800点台）

動詞 refer「言及する」から、名詞「言及」を覚え、あとは「何か困ったときに、パッと見て確認するもの」→「参照・推薦状」という感じです。

0577 merger
[mɔ́r:dʒər]

名 合併
merge 動 合併する
例 TPN Inc. is negotiating a **merger**.
TPN会社は合併を交渉しています。

0578 engineering
[èndʒənfərɪŋ]

名 工学・土木工事
engineer 名 エンジニア・技師
例 have a degree in **engineering**
工学の学位を持っている

0579 instruction
[ɪnstrʌ́kʃən]

名 (～sで)指示
instruct 動 指示する　instructor 名 指導
direction 名 指示・説明
例 follow **instructions**
指示に従う

0580 perhaps
[pərhǽps]

副 たぶん・もしかすると
例 **Perhaps** there is something wrong.
もしかすると何か間違いがあるかもしれません。

0581 performance
[pərfɔ́:rməns]

名 実行・実績
perform 動 きっちり行う
例 improve poor **performance**
悪い業績を改善する

0582 assembly
[əsémbli]

名 集会・組み立て
assemble 動 集める・組み立てる
例 hold an **assembly**
集会を催す

0583 useful
[jú:sfl]

形 役に立つ・便利な・有益な
use 名 役立つこと
例 **useful** information for travelling
旅行に役立つ情報

0584 post
[póust]

名 地位・職・柱
動 掲示する・掲載する・投稿する
poster 名 ポスター
例 the **post** of marketing director
マーケティング部長の役職

記憶エピソード	カクシン

 合併を「M&A」というので、その「M」にあたるということで覚えました。（メーカー・500点台）

M&A は merger and acquisition「企業の合併・買収」で、merge の名詞形 merger が使われています。Part 7 の記事に出てきます。

 「エンジニアリング会社」という言葉をよく聞くのでわかりやすく、日常的にも使う。（会社員・500点台）

「エンジニア（engineer）・技師」から覚えてもいいでしょう。道路・橋の建設などは Part 7 でよく出ますが、そのときに登場する単語です。

 「インストラクター」と関連した意味合いかなということから思い出すことができました。（メーカー・300点台）

「インストラクター（instructor）」と関連しますね。TOEIC の問題用紙に出てくる direction も同じ意味です。

 こういった「たぶん」関係の単語は英会話でちょっと濁したいときに便利なので覚えました。（インフラ・800点台）

happen「（偶然）起こる」と同じ語源の単語です。「偶然（haps）によって（per）」→「もしかすると」となります。ハッキリ断定できないことに使います。

 パフォーマンスが良い、悪いと使いますが、僕はパソコンをよく使うので「性能」の意味で使います。（ソフトウェア・インターネット・通信・600点台）

良い覚え方です。何か「派手な芸」みたいな意味は忘れましょう。per は perfect の意味で、「（きっちり完璧に行う）実行・実績」です。

 スタディサプリの講義での「assembly line が聞こえたら工場アナウンス！」の話で覚えました。（ソフトウェア・インターネット・通信・400点台）

assembly line「組み立てライン」です。動詞 assemble「集める・組み立てる」に名詞を作る y がついたものです（ly で終わる副詞ではありません！）。

 use が「使用」で、ful がつくと形容詞なので、「役に立つ」と覚えました。（メーカー・400点台）

大事な発想ですね。「役立つこと（use）に溢れた（ful）」です。ful は他に beautiful「美しい」、careful「注意深い」などの単語に使われています。

 日本語の「ポスト」を思い浮かべてしまって、「役職」という意味を忘れてしまっていた。（学生・600点台）

post に「郵便ポスト」という意味はなく、しかも TOEIC に出ないので、完全に「地位」、さらに余裕があれば「掲載・投稿する」も覚えてください。

0585	**term** [tə́ːrm]	**名** 期間・用語・条件・間柄 例 the **terms** of an agreement 合意の条件
0586	**committee** [kəmíti]	**名** 委員会 commit **動** 委ねる 例 the members of a **committee** 委員会のメンバー
0587	**aware** [əwéər]	**形** 用心して・気づいて awareness **名** 自覚すること 例 be **aware** of trouble 問題に気づいている
0588	**expense** [ɪkspéns]	**名** 費用 expensive **形** 高価な 例 at great **expense** 多額の費用で
0589	**praise** [préɪz]	**動** 称賛する **名** ほめること・ほめ言葉 例 The hotel guests **praised** the hospitality. ホテルの宿泊客は厚いもてなしを称賛しました。
0590	**balance** [bǽləns]	**名** 差額・残高 例 the **balance** of a bank account 銀行口座の残高
0591	**compete** [kəmpíːt]	**動** 競争する competition **名** 競争・コンペ competitive **形** 競合できる competitor **名** 競争相手・競合企業 例 **compete** with a rival ライバルと競争する
0592	**catering** [kéɪtərɪŋ]	**名** ケータリング・出前 cater **動** 料理をまかなう caterer **名** 仕出し業者 例 arrange **catering** for the party パーティーのためにケータリングを手配する

記憶エピソード	カクシン

期間、条件、用語…色んな意味があるので出てくるたびに悩んでしまいます。
（教育・500点台）

本来「限られた一定空間」で、「期間」、「（限られた一定空間で使う）用語」、「限られた人と交わすもの」→「条件・間柄」となりました。

同じアルファベットがたくさん並んでいるので間違えやすい。iも2つ書いてしまいがち。
（メーカー・300点台）

commit は「委ねる」、ee は「される人」なので、「任される人」→「委員会」です。この成り立ちを知ってれば、綴りのヒントになるかと。

---

be aware of、be aware that などとフレーズで覚えることで印象に残りました。
（団体職員・900点台）

aware は「用心して」の意味です（warn「警告する」と同じ語源）。「色々と用心して」→「気づいて」となりました。

---

exp で始まる単語は多いため、意味が覚えにくい。
（学生・500点台）

お金を使うたびに expense …とつぶやいてください。または、形容詞 expensive「高価な」が有名なので、まずはそっちを覚えるのもアリかと（0062）。

---

raise と似ているため、「上げる」という意味だと勘違いしました。
（医師・弁護士等の専門職・600点台）

では無理矢理「Pさんを持ち上げて（raise）称賛する」という覚え方はいかがでしょう？　本来「価値（price）」→「価値あるものを称賛する」です。

「バランスを取る」という意味で頭に入っているので、「差額」という意味を覚えにくかった。
（医師・弁護士等の専門職・500点台）

「払うべき残り（差額）」を示して、それが支払われれば「バランスが取れる」という発想です。Part 7でよく見かける単語です。

---

complete とよく混同してぱっと見ると間違えたり、気がつかないことがよくあります。
（メーカー・600点台）

compe の部分をそのまま発音すると「コンペ」になります。たとえば「ゴルフのコンペ」とは「ゴルフの競技会」です。

アイドルが「ケータリングを食べるのが好き」っていう話から覚えました。
（メーカー・400点台）

「ケータリング」とは「料理の配達サービス」で、会議・セミナーで出される弁当、そしてエピソードの通り、芸能人の「ロケ弁」なども含まれます。

0593 **entire** [entáɪər]	形 **全体の** **entirely** 副 完全に・まったく 例 the **entire** factory 工場全体

0594 **difficulty** [dífɪklti]	名 **困難・難しさ** **difficult** 形 難しい 例 overcome **difficulties** 困難を乗り越える

0595 **prefer** [prɪfə́r:]	動 **好む** **preference** 名 好み 例 **prefer** coffee to tea 紅茶よりもコーヒーを好む

0596 **issue** [íʃu:]	名 **問題・出版物・(雑誌などの)号** 動 **発行する・出版する** 例 receive the latest **issue** of a magazine 雑誌の最新号を受け取る

0597 **inn** [ín]	名 **宿** 例 stay at an **inn** 宿に泊まる

0598 **describe** [dɪskráɪb]	動 **描写する・説明する** **description** 名 描写・説明・記述 例 The manual **describes** the steps. マニュアルは手順を説明しています。

0599 **comparison** [kəmpǽrəsn]	名 **比較** **compare** 動 比べる 例 a **comparison** between the two 両者間の比較

0600 **remind** [rɪmáɪnd]	動 **思い出させる** **reminder** 名 思い出させるもの 例 **remind** an employee about a business trip 出張について従業員に思い出させる

記憶エピソード

「全体」という意味なのですが、enter を引きずって考えてしまうことがあった。
（学生・600点台）

difficult を散々習ったので名詞の意味での扱いに苦労した。文法的にも形容詞と名詞で混乱した。
（自営業・700点台）

refer といつもごちゃまぜになってしまい、よく間違えてました。
（広告・出版・マスコミ・500点台）

この言葉は会社でよく使う人がいて、はじめは何のことかわからなかった。
（ソフトウェア・インターネット・通信・400点台）

「東横イン」のインと結びつけて覚えているので、「宿」という意味がすぐに浮かぶ。
（学生・600点台）

scribe がつく単語はなかなか難しいです。
（医療・600点台）

compare であれば通常覚えているが、comparison になり別の意味ととらえてしまった。
（メーカー・500点台）

「リマインド」と名詞のように使っているが、動詞と知ってから、用法とともに覚えるようにしている。
（メーカー・600点台）

カクシン

enter the factory なら「工場に入る」です。enter は動詞なので、品詞の感覚をつかんでください。もちろん the の位置もポイントになります。

形容詞 difficult に名詞を作る y がついたものです（assembly も名詞の y でしたね。0582）。

本来「前に(pre)運ぶ(fer)」→「(目の前に置くぐらい)好き」と考えてください。prefer A to B「B より A が好き」の形も大事です。

本来「ポンッと出たもの」で、「(ポンッと出た)問題」、「(発売日にポンッと出る)雑誌(の号)」です。外資系の人は「問題」の意味で普通に使います。

その通りで、他のホテルの看板にも INN とあるかもしれません。ついでに『ドラクエ』の宿屋の看板にも INN とあります。前置詞 in と同じ語源で「中に入る場所」です。

「de(下に)scribe(書く)」→「書き留める」→「描写する・説明する」となりました。無理に「描写する」と覚えなくても「説明する」で十分です。

確かに注意すべき名詞形ですね。例以外では、in comparison with ～「～と比べると」などの熟語で覚えるのもアリかと。

「再び(re)心にある(mind)」→「思い出させる」です。remind 人 of[about] ～「人に～を思い出させる」の形が重要です。

0601 **permanent** [pə́r:mənənt]	形 永久的な temporary 形 一時的な 例 **permanent** employment 終身雇用

0602 **regret** [rɪgrét]	動 後悔する・残念ながら～する　名 後悔・残念 regretful 形 後悔している regrettable 形 悔やまれる・残念な 例 We **regret** to announce that it's been canceled. 残念ながら、それは中止になったことをお知らせします。

0603 **replacement** [rɪpléɪsmənt]	名 取り換え・代わりのもの(人) replace 動 取り換える・～の後任となる 例 **replacement** for a broken sofa 壊れたソファの代替品

0604 **above** [əbʌ́v]	前 ～の上に(の)　副 上に(の)・上記の below 前 ～の下に(の)　副 下に(の)・下記の 例 As mentioned **above**, the work is complete. 上述されている通り、作業は完了しています。

0605 **waste** [wéɪst]	動 無駄にする・浪費する 名 無駄使い・浪費 例 **waste** time 時間を無駄にする

0606 **though** [ðóu]	接 ～だけれども　副 でも although 接 ～だけれども 例 **Though** it was cold, we went camping. 寒かったが、私たちはキャンプに出かけた。

0607 **eager** [íːgər]	形 熱望して・熱心な 例 be **eager** to work at the company その会社で働くことを熱望している

0608 **represent** [rèprɪzént]	動 表す・代表する representative 名 代表者・担当者 例 **represent** the sales department 営業部を代表する

記憶エピソード	カクシン

日本語だと「パーマ」と言えば髪の毛に使う用語なので、「永久的な」という意味が覚えづらかったです。（インフラ・700点台）

「パーマをかける」とは「永久的に（**permanent**）髪にクセをつける」ということなんです。美容院のメニュー表に **permanent** と書いてありますよ。

倖田來未の『No Regret』という歌があるので、それと関連付けて覚えた。（小売・500点台）

「**re**（再び）**gret**（泣く）」→「（くよくよ）後悔する」です。**regret -ing**「～したのを後悔する」、**regret to** ～「残念ながら～する」が重要です。

「re」が再び、「place」が置く、「ment」ということ、と分割していくと「交換」とわかった。（メーカー・700点台）

「壊れた部品がある場所に（**place**）再び（**re**）別のものが置かれる」ようなイメージです。TOEIC では商品がよく壊れるだけに重要な単語です。

さっぱり覚えられず、イメージ図で飛行機が上にある絵で「上に」って覚えました。（医療・400点台）

below の反対が **above** です。**over** が覆いかぶさるイメージに対して **above** は単に「上の位置にある」ことを示す単語です。

「無駄にする」イメージで後ろにはよく time や money がくる印象。（ソフトウェア・インターネット・通信・700点台）

その通りです。ちなみに、野球でスクイズを警戒して、ハズす球を「ウエストボール」と言います（正しい発音は「ウエイスト」）。「1球ムダにする」わけです。

through などと混乱する。（商社・600点台）

「ゾウ」という強い響きが「逆接」の感じです。接続詞なので、**Though sv, SV.** の形です。**through** は前置詞なので、品詞の意識をしっかりと。

「伊賀に行くことを切望する、熱望する」と関連付けて覚えました。（メーカー・600点台）

良いゴロですね。**be eager to** ～「～したいと思う」という熟語も大事です。「熱望してアツイ感じ」が、「イーガー」という力強い発音に表れています。

プレゼントに RE がついているので、返礼かな、と思ったら、結構違いました。（会社員・300点台）

present は「提示する」という意味なんです。「何度も（**re**）存在を提示する」ようなイメージで、「表す・代表する」となりました。

0609	**wonder**	動 不思議に思う・〜だろうかと思う
		例 I'm **wondering** if you could help me.
	[wʌ́ndər]	あなたが私を手伝ってくれないかと思っています。

0610	**administrative**	形 管理の
		administer 動 運営する・管理する
		administrator 名 管理者　administration 名 管理
	[ədmínəstrèitiv]	例 an **administrative** policy
		管理の方針

0611	**alternative**	形 代わりの
		alternatively 副 代わりに・あるいは
		例 an **alternative** solution
	[ɔːltə́rːnətiv]	代わりの解決策

0612	**banquet**	名 宴会
		例 a **banquet** hall
	[bǽŋkwət]	宴会場

0613	**design**	動 設計する・デザインする
		名 設計図・デザイン
		例 **design** a bridge between two cities
	[dizáin]	2都市間を結ぶ橋を設計する

0614	**treat**	動 ごちそうする・扱う
		名 ごちそう・おやつ
		treatment 名 扱い
	[tríːt]	例 **treat** you to dinner あなたに夕食をごちそうする

0615	**usual**	形 いつもの・通常の
		usually 副 いつもは・通常は・たいてい
		例 same as **usual**
	[júːʒuəl]	いつもと同じ

0616	**serve**	動 役割を果たす・仕える・食事を出す・勤める
		service 名 勤め・世話・給仕
	[sə́rːv]	例 **serve** a beverage 飲み物を出す

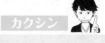

wonder と wander で意味を間違えてしまうことがある。
（ソフトウェア・インターネット・通信・300点未満）

I wonder if ~「～かどうか不思議に思う」→「～でしょうか」です。**wander**「歩きまわる」は**walk**と関連させて覚えてください。

この単語は、会社の役職に使われるのでイメージしやすいです。
（パート・アルバイト・500点台）

ministerは「大臣」という意味で、「大臣のように管理する」から覚えてください（これは僕が大学時代に知って感動した語源です）。

「代わりの」という意味。「私の代わりはいない」と自負して記憶しています。
（金融・400点台）

辞書・単語帳には「どちらか1つを選ぶべきの」とありますが、「代わりの」のほうが圧倒的に覚えやすいです。

いつも膝掛けを連想してしまい、覚えられない。なにと混同しているのかは不明。
（会社員・700点台）

たぶん **blanket**「毛布」との混同ですね。**banquet**は日本のホテルでも「バンケットホール（宴会場）」で使われています。

「デザイン」という意味と「設計」という意味が頭に残っていて、迷ったことがあります。
（メーカー・600点台）

本来「設計する」です。デザイナーは絵や建物を「設計する」仕事です。このように意味はつながっているので、まずは「設計する」から考えてみてください。

「Trick or Treat」とハロウィンでよく聞いていたので「おやつ」で覚えてしまっていた。
（学生・500点台）

ではそれを利用して、「おやつ・ごほうび」→「（ごほうび的に）ごちそうする」、「ごちそうするとは食事の支払いを扱う」→「扱う」と覚えてみてください。

usually をよく使うので、意味は問題ない。形容詞ということに注意したい。
（メーカー・700点台）

usuの部分は、**use**「使用」のことで、「普段からよく使用する」ようなイメージです。

「提供する」しか覚えていなかったため、「役割を果たす」の意味で出たときにわからなかった。
（学生・600点台）

実は「役に立つ」というのが中心の意味なんです。「役割を果たす・仕える・食事を出す・勤める」など、すべて「役立つ」ということです。

0617	**particularly**	**副 特に**
	[pərtíkjələrli]	particular 形 特定の 例 **particularly** for a celebration 特に祝賀のために

0618	**commission**	**名 委ねること・委託**
	[kəmíʃən]	commit 動 委ねる 例 receive a **commission** to design 設計の委託を受ける

0619	**recover**	**動 回復する・取り戻す**
	[rɪkʌ́vər]	recovery 名 回復 例 **recover** from a recession 不況から回復する

0620	**aspect**	**名 側面・面・点**
	[æspekt]	例 look at a different **aspect** 違う側面を見る

0621	**responsibility**	**名 責任**
	[rɪspὰnsəbíləti]	responsible 形 責任がある 例 the **responsibility** of managers 管理者の責任

0622	**law**	**名 法律**
	[lάː]	lawyer 名 法律家・弁護士 例 observe the **law** 法律を順守する

0623	**envelope**	**名 封筒**
	[énvəlòup]	envelop 動 包む 例 a return **envelope** 返信用封筒

0624	**track**	**動 追跡する　名 跡**
	[træk]	例 **track** one's order 注文を追跡する

記憶エピソード	カクシン

part の意味に引きずられて、なかなか適切に覚えることができない。
（ソフトウェア・インターネット・通信・500点台）

particularly「特に」というからには大事な情報が追加されるはずです。また、ライティング・スピーキングでも重宝する単語です。

---

committee などとごっちゃになってしまうことがよくある。
（ソフトウェア・インターネット・通信・600点台）

確かに **committee** と同じ「委員会」の意味もありますが、まずは単純に commit を名詞化した「委ねること・委託」だけを覚えてください。

スポーツの場面で、「リカバリーする」とよく使うので覚えやすかった。
（会社員・500点台）

「再び(re)覆う(cover)」→「回復する」です。「傷口が覆われて、もとに戻る」イメージです。パソコンのデータ復旧でも使われますね。

数学の縦横比で用いる「アスペクト比」と結びつけて意味を覚えた。
（ソフトウェア・インターネット・通信・700点台）

カッコ良すぎて何のことか僕にはわかりませんが、素晴らしいです。「いくつもの面があって、そのうちの1つ」というイメージです。

この単語を覚えようとするあまり、逆に response を見たときにすぐに「返答」だと出てこなくなった。
（メーカー・500点台）

ぜひ **responsible**「責任がある」の解説を（145ページ）。ちなみに「責任を逃れる」は avoid responsibility です。同僚の悪口に使ってみてください。

---

row、raw、low など、発音と文字列が似ている単語が多くあり、覚えるのに苦労している。
（学生・700点台）

電車内で法律事務所の広告に **law** という単語が書いてあります。また、**copyright law**「著作権法」を目に焼きつけるのもアリでしょう。

シンセサイザーで「エンベロープフィルター」という音を変える仕組みがあるが、封筒とは結びつかない。
（会社員・500点台）

ならば「封筒に包んで音を変える」くらいに覚えてみてください。en は「中に」で、velop は「包む」です。「ベロップ！」と飲み込むイメージで。

日本語の「トラック」が頭に浮かび、車のトラックなのか CD のトラックなのかがわからず覚えるのに苦労した。
（会社員・400点台）

「跡」→「跡を追跡する」で、ネットショッピングで重要です。「車のトラック」は truck です。TOEIC では「my truck を出すよ」という女性もいました。

0625 **estimate**	**動** 見積もる　**名** 見積もり
動 [éstəmèit] **名** [éstəmət]	例 **estimate** a cost 費用を見積もる

0626 **certificate**	**名** 証明書
[sərtífikət]	certify **動** 証明する 例 a graduation **certificate** 卒業証書

0627 **feature**	**動** 取り上げる・特集する
[fíːtʃər]	例 **feature** a famous chef 有名なシェフを特集する

0628 **following**	**形** 次の・下記の
[fálouiŋ]	follow **動** 従う・続く 例 the **following** message 次のメッセージ

0629 **found**	**動** 設立する
[fáund]	foundation **名** 土台 例 **found** a consulting firm コンサルティング会社を設立する

0630 **employer**	**名** 雇用者・雇い主
[implɔ́iər]	employ **動** 雇う　employee **名** 従業員 例 a new **employer** 新しい雇用主

0631 **previous**	**形** 前の・以前の
[príːviəs]	previously **副** 前に・以前に 例 **previous** day 前日

0632 **nearly**	**副** ほとんど・ほぼ
[níərli]	almost **副** ほとんど・ほぼ 例 **Nearly** 300 new jobs were created. 300近くの新しい仕事が作られた。

記憶エピソード	カクシン

車のエスティマが「価値」に由来しているため、「価値あるものにする」→「評価する」と教えてもらったことがある。
（メーカー・500点台）

日本の**CM**同様、「まずは無料お見積もりを」は**TOEIC**の広告文（**Part 4・7**）でも出てきます。**free estimate**「無料見積もり」もチェックしておいてください。

息子の卒園式で、「certificateもらえてよかった」と無理矢理使って覚えようと思います。
（会社員・600点台）

certain「確かな」と関連があり、「人の資質を確かに証明できるもの」→「証明書」です。英検に合格すると**Certificate**と書かれた賞状をもらえます。

futureのほうが使用頻度が高く、なじみがあるため、先にそちらの意味が浮かんでしまいます。
（商社・400点台）

もしかしたら**TOEIC**では**future**「未来」よりも出るかも。日本語で「フィーチャーする」と使われますが、本来「取り上げる・特集する」です。

TOEICの問題用紙にたくさん書かれているような気がしますので、覚えやすかったです。
（ソフトウェア・インターネット・通信・600点台）

動詞**follow**は「従う・続く」という意味で、それに**-ing**がついただけです。「次に続くような」→「次の・下記の」となりました。

急いでいると、時々findの過去形だと思ってしまいます。
（専業主婦・500点台）

名詞**foundation**「土台」の動詞形で、「土台を作りあげる」→「設立する」です。**found-founded-founded**という変化をしっかりチェック！

employee と employer の区別、昔覚えたはずなのにと思いながら、あらためて覚え直しました。
（公務員・600点台）

この悩み、すごい多いですね。**employ**「雇う」+**er**「〜する人」で**OK**ですよね。ポイントとなるのはやはり**ee**「される人」でしょうね（**47**ページ）。

なんとなく precious が浮かんでしまう。preview を思い出し、「前もってだから前だ」、と思い出しています。
（小売・400点台）

良い工夫ですね。ちなみに**TOEIC**には出ませんが、**a previous existence**「前世」で高校生は覚えてくれる人が多いので、参考までに。

near の「近く」という意味から「ほとんど」と連想しています。
（メーカー・300点台）

nearly=almostで、「あともうちょっと」というイメージです。**nearly 300**なら、「**300**には少し足りない（たとえば**295**とか）」を表します。

169

0633 lower [lóuər]	動 下げる low 形 低い 例 **lower** the risk リスクを下げる
0634 express [iksprés]	動 表現する　形 急行の expression 名 表現 例 **express** gratitude 感謝を伝える
0635 examine [igzǽmən]	動 調査する・検査する examination 名 調査・検査・試験 例 **examine** a production process 製造過程を調べる
0636 firm [fə́r:m]	名 会社　形 固い 例 a high-profile **firm** 注目を集めている会社
0637 whole [hóul]	形 全体の 例 the **whole** training program 全体研修プログラム
0638 assign [əsáin]	動 割り当てる・任命する assignment 名 割り当て・任務・課題 例 **assign** homework 宿題を出す
0639 manufacturer [mæ̀njəfǽktʃərər]	名 製造業者 manufacture 動 製造する　名 製造 例 a toy **manufacturer** 玩具メーカー
0640 journal [dʒə́r:nl]	名 定期刊行物・機関誌 journalism 名 ジャーナリズム journalist 名 ジャーナリスト 例 publish a **journal** 機関誌を刊行する

lower と lawyer の意味が頭に出てきて、選択肢を選ぶときに迷うときがありました。
（メーカー・500点台）

中学生でも書けそうな **low** は単純に「低い」で、少し綴りが難しい **law** は、意味も **low** より難しい「法律」と覚えてみてはどうでしょう？

列車などの特急を想像してしまい、「前進する」という意味と勘違いしてしまった。
（金融・400点台）

「外へ（**ex**）押し出す（**press**）」→「表現する」です。また「外に押し出すほど一気に走る」→「急行の」です。

「試験」に関するイメージが強くて、「調査する」という意味がなかなか身につきませんでした。
（メーカー・700点台）

「試験」とは「学力を調べるもの・検査するもの」です。「試験」は **examination** ですが、その動詞形が **examine** ということになります。

どうしても farm と間違えることが多く、「会社」という意味より、すぐに「農場」と頭に浮かんでしまう。
（メーカー・400点台）

もはや「農場が会社」と覚えるくらいの気持ちで。**firm** は形容詞「固い」→「（固い契約を結ぶ）会社」となりました。**law firm** は「法律事務所」です。

「for all」と似たような表現で、「全体の」「すべての」といった似通った意味合いとして覚えた。
（ソフトウェア・インターネット・通信・600点台）

「ケーキ丸ごと1個」を「ホールケーキ」と言いますが、これは「ケーキ全体」という意味です。**hole**「穴」ではありません。

何でこの部署に割り当てられたんだ！「あ、サイン」したんだった！と覚えた。
（公務員・500点台）

素晴らしい工夫ですね。「仕事を任せる人の名前に印（**sign**）をつける」→「割り当てる」です。さらに「役職を割り当てる」→「任命する」です。

昔取引のあった会社の名前に使用されていたので覚えやすかった。
（メーカー・300点台）

動詞 **manufacture** は、「手で（manu）作る（fact）」→「製造する」です。その **manufacture** に r（er「～する人」）がつきました。

理系なので「論文誌」という意味で日常的に使う単語です。
（団体職員・700点台）

一般雑誌にも「〇〇ジャーナル」というのはよく見かけますよね。少しマニア感があるような雑誌に多い気がします。

0641	sculpture [skʌ́lptʃər]	名 彫刻 sculpt 動 彫刻する 例 Artists are making **sculptures**. 芸術家が彫刻を作っています。
0642	department [dɪpáːrtmənt]	名 部門 例 the personnel **department** 人事部
0643	destination [dèstnéɪʃən]	名 目的地・行き先 例 the **destination** of a tour ツアーの目的地
0644	proof [prúːf]	名 証拠・証明 prove 動 証明する 例 **proof** of purchase 購入証明
0645	informal [ɪnfɔ́ːrml]	形 非公式の・形式ばらない formal 形 公式の 例 an **informal** announcement 非公式の発表
0646	specific [spɪsífɪk]	形 特定の・具体的な specify 動 具体的に述べる・特定する specifically 副 特に specification 名 仕様書 例 give **specific** instructions to employees 従業員に具体的な指示を出す
0647	obtain [əbtéɪn]	動 手に入れる・獲得する 例 **obtain** a trophy トロフィーを獲得する
0648	path [pǽθ]	名 小道 例 a garden **path** 庭の小道

172

記憶エピソード

カクシン

目標600点の英単語 Chapter 1

Chapter 2

Chapter 3

Extra Words

CMなどで聞く scalp「頭皮」という言葉と混同し、一瞬迷ってしまうことが多い。
（学生・500点台）

sculpは「ガリガリ削る」イメージです（削る音が「スカルプ！」）。シャンプー・洗顔料の「スカルプ」は「ガシガシ汚れを落とす」イメージです。

いわゆる建物のデパートのイメージが強かったので、「部門」と修正するのに苦労しました。
（ソフトウェア・インターネット・通信・600点台）

そのイメージをきっちりつなぎなおしてみましょう。「デパート（department store）」は「各部門に分かれた店が集まった大型店」です。

destiny「運命」と関連付けてイメージしやすく、覚えやすかったです。
（団体職員・600点台）

destiny「運命」、destine「運命づける」から、「そこに行き着くことを運命づけられた場所」という、とてもカッコいい単語なんです。

化粧品の「ウオータープルーフ」のイメージが強く、「証明」のイメージが頭に入りづらい。
（金融・600点台）

では「waterproof の（防水の）証明書」のように覚えてみてください。

「フォーマルな服装」とかでよく使われるので、その反対ということでイメージできた。
（インフラ・700点台）

formal「公式の」に、否定のinがついてinformalです。informal clothes なら「くだけた服」→「平服」です。

to be specific「具体的に言うと」という熟語で覚えました。
（団体職員・700点台）

その熟語は英会話や英検の面接で役立ちます。special「特別な」と似ているので、「特別に言うと」→「特定の・具体的な」と覚えてください。

-tainの動詞は混乱しやすいです。maintain もよく間違えていました。
（教育・600点台）

-tainは「保持する」という意味です（obは「向かって」ですが難しいので無視してOK）。obtainはgetと同じだと押さえてください。

ディズニーランドの「ファストパス」から、「通り抜け道」ということが連想できます。
（メーカー・700点台）

あ、それたぶん pass「通過」ですが、意味を覚えられるなら、まあアリでしょうね。本来「人・動物が歩いてできた小道」をpathと言います。

0649 notify

[nóutəfài]

動 通知する
notice 名 お知らせ・通知　動 気がつく・注意する
例 notify members of a date
メンバーに日にちを通知する

0650 admission

[ədmíʃən]

名 承認・入場・入学・入会
admit 動 認める
例 an admission fee
入場料

0651 tip

[típ]

名 助言・チップ
例 useful tips
役立つヒント

0652 inventory

[ínvəntɔ̀:ri]

名 在庫品・在庫目録
例 an inventory of stock
在庫の目録

0653 extension

[ɪksténʃən]

名 延長・拡張・内線
extend 動 延長する・拡張する
extensive 形 広範囲にわたる・大規模な
例 an extension of a railway
線路の拡張

0654 prior

[práɪər]

形 前の・重要な
priority 名 優先事項
例 prior to an interview
インタビューの前に

0655 extensive

[ɪksténsɪv]

形 広範囲にわたる・大規模な
extend 動 延長する・拡張する
extension 名 延長・拡張・内線
例 an extensive survey
大規模な調査

0656 bench

[béntʃ]

名 長椅子・ベンチ
例 a bench under a tree
木の下のベンチ

174

記憶エピソード	カクシン
会社の通知がメールでくる際に、「notify」の件名でくるので嫌なイメージで覚えております。（ソフトウェア・インターネット・通信・600点台）	すごくリアリティがありますね。TOEICの英文を読むときもそういった「当事者意識」を持って読めれば頭に残りやすくなるはずです！
娘の大学受験の推薦入試のときに、何かと「アドミッション」が出てきました。（メーカー・700点台）	「入ることを認める（動詞 admit）」→「入場・入学」です。大学のパンフレットに admissions office「入学選抜事務所」と書かれています。
どうしても、ちょっとしたお金をあげるときのチップしか浮かばない。（メーカー・500点台）	本来「（もらったら）ちょっとうれしいもの」で、「お金」をもらえば、その「チップ（心づけ）」、「言葉」をもらえば「助言」になります。
innovation とかとごっちゃになり、とっさに意味が取れなくなります。（ソフトウェア・インターネット・通信・400点台）	invent「発明する」と語源が同じで、inventory は「（倉庫で）偶然見つけたもの」→「在庫品」と考えてください。
姉がエクステをしていたため「伸ばす」という意味をすぐ覚えられた。（学生・700点台）	「エクステ」は hair extension「髪の長さの拡張」です。「電話線を社内に延長したもの」→「内線」の意味もあります（ext. と書かれることも）。
「プライオリティ」と間違えやすい。正しく思い出せないことが多いです。（ソフトウェア・インターネット・通信・400点台）	priority「優先事項」の形容詞が prior「前の・重要な」なのでセットで覚えて OK です。prior to ～「～より前に」の形で使われます。
expensive と見間違え、「高価な」では文脈がおかしいと思ってよく見るとこの単語だった。（学生・500点台）	苦手な人が多いですが、TOEIC で非常によく出る単語です。extension「延長」の形容詞形で、「延長するような」→「広範囲にわたる」です。
「長椅子」という訳し方は渋いなと思った。（ソフトウェア・インターネット・通信・800点台）	意味は問題ないでしょうから、音だけチェックを。Part 1 の写真の中で出てくる単語です。

0657	**district**		
	☐☐☐		
	[dístrikt]		

名 地区・区域
例 a school **district**
学校区域

0658	**amount**
	☐☐☐
	[əmáunt]

名 額・合計
例 the **amount** of expenses
費用額

0659	**revise**
	☐☐☐
	[riváiz]

動 修正する・改訂する
revision **名** 修正・改訂
例 **revise** a manual
マニュアルを改訂する

0660	**appear**
	☐☐☐
	[əpíər]

動 現れる・〜のように思われる
appearance **名** 外見
例 He **appears** to be highly capable.
彼は非常に有能に見えます。

0661	**train**
	☐☐☐
	[tréin]

動 訓練する　名 列車・連続
training **名** 訓練
例 **train** new employees
新入社員を教育する

0662	**load**
	☐☐☐
	[lóud]

動 詰め込む・積み込む
例 **load** a ship with luggage
船に荷物を積み込む

0663	**popularity**
	☐☐☐
	[pùpjəlǽrəti]

名 人気
popular **形** 人気がある
例 the increasing **popularity**
高まる人気

0664	**significant**
	☐☐☐
	[signífiknt]

形 重要な
例 a **significant** role
重要な役割

記憶エピソード	カクシン

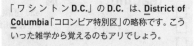

strict と何度か勘違いしてしまった単語です。まだ身についているとは言えません。
（サービス・500点台）

「ワシントン D.C.」の D.C. は、District of Columbia「コロンビア特別区」の略称です。こういった雑学から覚えるのもアリでしょう。

単体で覚えるのは難しかったので sales amount のように他の単語と覚えました。
（小売・700点台）

amount は本来「山へ登る」で、そこから「山のように積み上げられたもの」→「額・合計」となりました。

資料の更新を部下に「リビジョン上げて保存してね」と頼んだら「リバイスしときました」と返答された。
（ソフトウェア・インターネット・通信・700点台）

では今度はその後輩に「リバイズだけどな」と張り合ってみましょう。嫌われますが発音まで正確に覚えられます。

「あぴあ」から、チケットぴあを連想し、「ぴあに予約してチケットが無事現れた」とイメージして覚えた。
（金融・400点台）

本来「目の前に出てくる」で、「現れる」、さらに「目の前に出てくる姿」→「〜のように思われる」となりました。

「訓練する」という意味は知らなかったが、-ing にすることでトレーニングだと覚えることができた。
（医師・弁護士等の専門職・300点台）

その通りで、training「トレーニング」から覚えるのが簡単です。本来「列になったもの」→「列車・連続」、「（列を引っ張って）訓練する」です。

load をよく lead と間違えて、「率いる」と答えてしまいます。
（メーカー・400点台）

load は download「ダウンロードする」で使われています（「スマホなどにデータを詰め込む」ということ）。load A with B「A に B を積み込む」の形も重要です。

「ポピュラー」という単語をよく耳にするので、覚えやすい。
（会社員・300点台）

形容詞 popular「人気がある」の名詞形が popularity です。achieve popularity で「人気を得る」となります。

仕事で医学論文を読む際、「統計学的な有意差あり、なし」のときに頻出する単語なので覚えやすかった。
（医師・弁護士等の専門職・700点台）

「印（sign）をつけるほど重要な」ということです。ちなみに「有意差」は a significant difference です（TOEIC には出ませんが参考までに）。

0665	**leading**	**形 首位の・一流の**
	[líːdɪŋ]	lead **動** 率いる・つながる 例 a **leading** company 一流企業

0666	**defective**	**形 欠陥のある**
	[dɪféktɪv]	defect **名** 欠陥・不具合 例 recall the **defective** cars 欠陥のある車を回収する

0667	**patient**	**名 患者　形 我慢強い**
	[péɪʃənt]	patience **名** 我慢強さ　patiently **副** 我慢強く 例 **patients** at a hospital 病院の患者

0668	**rather**	**副 むしろ・かなり**
	[ræðər]	例 I'd **rather** borrow it than buy one. 買うよりもそれを借りたいです。

0669	**setting**	**名 環境・設定**
	[sétɪŋ]	例 a perfect **setting** for hiking ハイキングには申し分ない環境

0670	**willing**	**形 進んで~する・快く~する**
	[wílɪŋ]	willingness **名** 進んで~すること 例 be **willing** to undertake the work 進んでその仕事を引き受ける

0671	**renowned**	**形 有名な**
	[rɪnáund]	例 a **renowned** author 有名な著者

0672	**clerk**	**名 事務員・店員**
	[klɚ́ːk]	例 **clerk** at a shop 店員

記憶エピソード	カクシン
プロ野球で「首位打者」を「リーディングヒッター」と言うので、そこから覚えました。（ソフトウェア・インターネット・通信・700点台）	「他をleadするような」→「首位の・一流の」です。また、ある業界を引っ張っていく企業を「リーディングカンパニー」とも言います。
文の中に出てくると文脈でわかるかもしれないが、単語だけだといつもdetectiveと混同する。（メーカー・600点台）	detectiveは「探偵」ですね。では「detectiveが、defectiveな犯罪を見抜く」くらいに覚えてみてください。
「我慢強い」を知っていたが、「患者」は知らなかった。（専業主婦・400点台）	本来は「我慢強い」で、「我慢強くしなきゃいけない人」→「患者」となりました。名詞とセットで「我慢強い 患者」と覚えましょう。
なんだか存在価値がよくわからない単語。あまり訳すときに関係ないような…。（商社・600点台）	rather自体は単なる強調語です。A rather than B「BよりむしろA」やwould rather A than B「BよりむしろAしたい」の形でよく使われます。
「設定」のイメージが強く、「環境」という意味があることをよく忘れてしまう。（学生・600点台）	同じ流れですよ。あくまで「setしたもの」で、「自然がsetしたもの」→「環境」であり、「人工的にsetしたもの」→「設定」です。
willに意志の意味があることを意識すればなんとなく想像できる。（会社員・700点台）	willingはwill「〜する意志がある」から「進んで〜する・快く〜する」ということです。be willing to 〜「進んで〜する」という形が重要です。
renewalと類義語のような感覚に陥り、なかなか意味が覚えられない。（サービス・600点台）	プラスの輝かしい意味、という点では同じですけどね。「名前（nown=name）が知れ渡るほど有名な」というイメージです。
「事務員」という意味でclerkを覚えていましたが、「店員」という意味は浮かびませんでした。（ソフトウェア・インターネット・通信・500点台）	同じ流れで覚えてください。事務所でせっせと働く人が「事務員」、それがお店なら「店員」というだけです。

0673	**contract** □ □ □ [kántrækt]	**名** 契約 例 make a **contract** 契約を結ぶ

0674	**respond** □ □ □ [rɪspánd]	**動** 返答する・反応する **response 名** 返答・反応 例 **respond** to customers 顧客に返答する

0675	**itinerary** □ □ □ [ɪtínərèri]	**名** 旅程（表） 例 plan an **itinerary** 旅行日程を立てる

0676	**forward** □ □ □ [fɔ́:rwərd]	**動** 転送する 例 **forward** an e-mail Eメールを転送する

0677	**committed** □ □ □ [kəmítɪd]	**形** 献身的な・専念している **commit 動** 委ねる 例 Ms. Lewis is **committed** to volunteering. Lewisさんはボランティアに献身的に取り組んでいます。

0678	**brochure** □ □ □ [brouʃúər]	**名** パンフレット 例 a sightseeing **brochure** 観光パンフレット

0679	**quite** □ □ □ [kwáɪt]	**副** かなり・完全に 例 **quite** a different approach かなり異なるアプローチ

0680	**degree** □ □ □ [dɪgríː]	**名** 学位 例 get a **degree** in economics 経済学の学位を取る

記憶エピソード

カクシン

なんとなく仕事で「コントラクト」のどちらと見かけるような気がする。
（医師・弁護士等の専門職・600点台）

「両者が一緒に（con）引っ張りあう（tract）」→「契約」です。「お互いが自分の都合の良いように引っ張り合いながら話をする」イメージです。

response や responsibility など、意味が「返答」と「責任」のどちらだったか混乱するときがありました。
（メーカー・500点台）

response「レスポンス・反応」→動詞 **respond** とセットで覚えてください。**respond to ～**「～に返答する」の形が重要です。**responsibility** は **0621** 参照。

Part 7で表の上にこの単語があったが、知らなかったせいで「旅程」だと気づくのが遅かった。
（ソフトウェア・インターネット・通信・500点台）

次に旅行・出張するとき、予定表をよく眺めてみてください。この単語が書いてある可能性大です。リスニングでも出てくる単語です。

ラグビーやバレーなど「前で」プレーする選手はフォワード。スポーツ好きなので覚えやすい。
（団体職員・700点台）

「前に進める」→「メールを転送することで作業を前に進める」→「転送する」となりました。メールを転送したときに件名につく Fw: はこの **forward** の短縮形です。

なんとなく「コミットする」とは聞くけど、結局何なのかわからない。
（メーカー・700点台）

commit「委ねる」は「身を任せる・自分を捧げる」イメージです。**be committed**「（自分が）捧げられた」→「献身的な・専念している」です。

普段から「パンフレット」と言わず「ブロシュアー」と言っていたらすぐ連想できるようになりました。
（学生・700点台）

良いことですね。人前で「ブロウシュア」なんて言って、「は？」とか言われれば100％覚えます。**pamphlet** よりも圧倒的によく使う単語です。

quiet や quit と混同します。「静かな」という意味で通らないときに、副詞の「かなり」だと気づきます。
（ソフトウェア・インターネット・通信・600点台）

その悩みも「品詞の意識」で解決（少なくとも激減）します。quiet「静かな」は形容詞、quit「辞める」は動詞ですね。quite は「副詞」です！

「学位」という意味から覚えましたが、他の「段階・等級」の意味がなかなか定着していきません。
（メーカー・600点台）

degree の **gree** は、本来 **grade**「段階・程度・グレード」です。「段階を経て得たもの」→「学位」となったわけです。

0681	**regard**	動 みなす・考える
	[rɪgáːrd]	regarding 前 ~に関して 例 The supervisor is **regarded** as influential. その管理者は影響力があるとみなされています。

0682	**popular**	形 人気がある
	[púpjələr]	popularity 名 人気 例 The latest model is very **popular**. 最新モデルは非常に人気があります。

0683	**former**	形 前の・元の
	[fɔ́ːrmər]	例 a **former** president 元社長

0684	**fine**	形 立派な・細かい　名 罰金
	[fáɪn]	fineable 形 罰金相当の 例 pay **fines** for violations of a law 法律違反の罰金を払う

0685	**state**	名 状態・国家　動 述べる
	[stéɪt]	例 a better **state** of mind 精神のよりよい状態

0686	**lately**	副 最近
	[léɪtli]	late 形 遅い・最近の　latest 形 最新の 例 **Lately**, the company has developed new products. 最近、その会社は新しい製品を開発しました。

0687	**relatively**	副 比較的・相対的に
	[rélətɪvli]	relative 形 相対的な 例 The TV program is **relatively** popular. そのテレビ番組は比較的人気がある。

0688	**row**	名 列
	[róu]	例 the front **row** 最前列

182

記憶エピソード	カクシン
受験のとき regard A as B の形で覚えた単語。（団体職員・600点台）	本来「振り返って（re）見守る（gard）」→「意識して見る」（gard は「ガードする」）。regard A as B なら「A を B とみなす」となります。
海外旅行の屋台とかでオススメを聞くときによく使う単語。「どれが人気？」って。（メーカー・700点台）	people と関連があり、本来「人々に広く浸透した」→「人気がある」となりました。
学生時代は覚えられなかったが、仕事を始めてから「前任からの引き継ぎ」でやたら使う。（会社員・700点台）	TOEIC では異動・合併の話がよく出るので、a former president「元社長」といった言い方はとても重要です。
さすがに「罰金」の意味はまったく見当もつかなかった。（医師・弁護士等の専門職・500点台）	本来「最後の」です（finish と同語源）。「最後の作業」→「立派な・細かい」、「最後にケジメをとるお金」→「罰金」となったわけです。
どうしても the United States のイメージが強すぎて、「国家」という意味をまず思い浮かべる。（パート・アルバイト・500点台）	本来「状態」で、「自立状態」→「国家」です。さらに「状態を述べる」ですが、ここは「国の状態を述べる」と一気に覚えておきましょう。
late から「遅れて」と連想してしまい「最近」という意味に結びつかなかった。（公務員・500点台）	late には「遅い」だけでなく、「時間的に遅い」→「最近の」という意味もあり、その副詞形です。
はっきり断定するわけではないので、普段からわりと口癖のように使えて、すぐに覚えた単語。（ソフトウェア・インターネット・通信・700点台）	relative「相対的な」は、本来「他と関係づける」で、「（他者と比べて）比較的」となり、その副詞形が relatively です。
発音が類似している、law や raw との区別がリスニング上、難しい。（医療・600点台）	単語だけで聞き分けるのは神業ですが、文脈で簡単にわかります。the front row「最前列」や in a row「1列に」などが重要です。

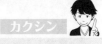

0689 **cooperation** ☐ ☐ ☐ [kouàpəréɪʃən]	名 協力 例 Ms. Mead needs everyone's **cooperation**. Meadさんはみんなの協力を必要としている。
0690 **refer** ☐ ☐ ☐ [rɪfə́r]	動 言及する・参照する **reference** 名 言及・参照 例 **refer** to the instructions 使用説明書を参照する
0691 **often** ☐ ☐ ☐ [ɑ́fn]	副 頻繁に・よく 例 We **often** visit the restaurant. 私たちはそのレストランを頻繁に訪れます。
0692 **fare** ☐ ☐ ☐ [féər]	名 運賃 **fee** 名 料金　**charge** 名 料金 例 pay a flat **fare** 均一運賃を払う
0693 **assure** ☐ ☐ ☐ [əʃúər]	動 保証する 例 **assure** the quality 品質を保証する
0694 **renovation** ☐ ☐ ☐ [rènəvéɪʃən]	名 改装・修復 **renovate** 動 改装する・修復する 例 The hotel is under **renovation**. そのホテルは改装中です。
0695 **last** ☐ ☐ ☐ [lǽst]	動 続く　形 最後の 例 The construction **lasted** a couple of weeks. 工事は数週間続きました。
0696 **present** ☐ ☐ ☐ 動 [prɪzént] 形 [préznt]	動 提示する・贈る 形 現在の・出席している **presence** 名 存在・出席 例 **present** one's opinion 意見を提示する

Chapter 3

海外の社員にメールで「Thank you for your corporation.」と送ってしまい、笑われた。
（ソフトウェア・インターネット・通信・700点台）

一生忘れなくなる経験ですね。「一緒に（co）動く（operate）」→「協力」です。

preferと混同することがある。リスニングで聞き間違えると混乱するため注意が必要。
（メーカー・700点台）

「矢印が向く」イメージで、「言葉や意識が向かう」→「言及する・参照する」です。**prefer**は160ページ参照。

中学のころ「お布団しばしば」と覚えた単語です。
（メーカー・300点台）

発音は「オフン」で習いますが、「オフトゥン」と発音（**often**の**t**を発音）するネイティブも増えています。

フェア（fair）と間違えてしまい、なかなか「運賃、料金」と覚えられませんでした。
（メーカー・500点台）

日本の電車・バス・タクシーでも、車内・切符売り場に**FARE**という単語が見つかるので、目に焼き付けてください。

なかなか覚えられないので、仕方なく辞書を引きまくって覚えた。
（商社・700点台）

sure「確実な」から、「確実にする」と考えてください。assure 人 of ～「人 に～を保証する」の形も大事。

renovationとreformの使い分けを間違えていた。日本語では「リフォーム」を使うので勘違いしやすい。
（自営業・500点台）

日本語では「建物の修繕・改築」を「リフォーム」と言いますが、英語では**renovation**です。**reform**は「改革」です。

「最後」という意味の印象が強すぎて「続く」という意味がなかなか覚えられなかった。
（ソフトウェア・インターネット・通信・500点台）

化粧品の**CM**で「ラスティング（lasting）効果」と使われていますが、これは「化粧が続く効果」という意味です。

「プレゼン」は企画を「提示する」と覚えています。
（学生・600点台）

形容詞は本来「目の前にある」で、「目の前にある時間」→「現在の」、「目の前にいる」→「出席している」です。

0697	**matter** [mǽtər]	名 物体・事柄・問題　動 重要である

例 It doesn't **matter** what they think.
彼らがどう思うかは重要ではありません。

0698	**distribute** [dɪstríbjət]	動 配布する

distribution 名 配布
例 **distribute** samples
サンプル品を配布する

0699	**procedure** [prəsíːdʒər]	名 手順・手続き

proceed 動 進む・続ける
例 follow a **procedure**
手順に従う

0700	**identify** [aɪdéntəfàɪ]	動 特定する・識別する

identification 名 身分証明・本人確認
例 **identify** mistakes
間違いを特定する

0701	**ingredient** [ɪngríːdiənt]	名 材料・要素

例 **ingredients** for a pancake
パンケーキの材料

0702	**extended** [ɪksténdɪd]	形 長期の

extend 動 延ばす
例 an **extended** business trip
長期の出張

0703	**effort** [éfərt]	名 努力

例 make an **effort**
努力する

0704	**actually** [ǽktʃuəli]	副 実際は・実は

actual 形 実際の
例 **Actually**, I could not attend the conference.
実は、私はその会議に出席できませんでした。

記憶エピソード	カクシン 
マター。事象という意味。「まーた困ったこと(事象)を言ってる」と問題児を連想して記憶。(金融・400点台)	本来は「中身が詰まったもの」→「物体・事柄・問題」となり、「中身が詰まっている」→「重要である」です。
TOEICの勉強を始めてから、特にPart 7でよく見かけるようになって覚えた単語。(会社員・700点台)	大学の講義内容の説明で、教材の欄に **To be distributed in class.**「授業で配布予定」と書かれていました。
何かの「手続き」をする用紙などに書いてあるのを見たことがある。(公務員・600点台)	**proceed**「進む・続ける」の名詞形です。**process** と関連させて覚えるのもアリ。
identification(身分証明書)のイメージに引きずられて、「確認する」という意味がパッと出てこない。(サービス・900点台)	訳しづらい単語ですが、「何だかわかる・誰だかハッキリさせる」というイメージです。**ID**カードも「誰だかハッキリさせる」イメージですね。
material とペアにして覚えるようにしたところ簡単に覚えることができた。(会社員・800点台)	**in**に注目して「中に入っているもの」→「材料」と連想してください。**Part 4・7**で料理関係の話で使われます。
「外の」「延長の」といった意味で捉えていた。「長期の」という意味は思いつかなかった。(会社員・600点台)	動詞 **extend**「延ばす」が過去分詞になったもので、「延ばされた」→「長期の」という流れです。
effect(効果)と混乱してしまった。(メーカー・500点台)	本来「外に(**ex**)力(**fort**)を出す」→「努力」となりました。**fort** は **force**「力」で使われています。
映画『ラブ・アクチュアリー』で音にはなじみのある単語だったが、あまり意味を知らなかった。(金融・600点台)	**Actually**で文が始まったら「何か大事なことを告白する」ことが多いので、リスニングでは特に注意してください。設問でめちゃくちゃよく狙われます。

0705 involved

[ɪnválvd]

形 関係（関与）した
involve 動 巻き込む
例 be **involved** in the production
制作に関わっている

0706 further

[fə́r:ðər]

副 さらに　形 それ以上の
例 For **further** information, please contact me.
さらなる情報をご希望の場合は、私にご連絡ください。

0707 institution

[ìnstɪt(j)úːʃən]

名 機関・施設
institute 名 学会・協会
例 an educational **institution**
教育機関

0708 familiar

[fəmíljər]

形 詳しい・よく知っている
例 be **familiar** with equipment
機器をよく知っている

0709 sincerely

[sɪnsíərli]

副 心から・敬具
例 **sincerely** apologize for the inconvenience
不便に対して心から謝罪する

0710 council

[káunsl]

名 議会
例 members of a city **council**
市議会のメンバー

0711 complimentary

[kàmpləméntəri]

形 無料の
例 **complimentary** refreshments
無料の軽食

0712 grant

[grænt]

動 与える・許可を与える　名 補助金
例 **grant** permission to enter a building
建物に入る許可を与える

記憶エピソード　　　カクシン

目標600点の英単語

Chapter 1

Chapter 2

Chapter 3

Extra Words

intended といつも間違える。30回ぐらい繰り返してますが、どうしてもパッと答えられない。
（ソフトウェア・インターネット・通信・600点台）

volve は「回転する」です。revolution は「体制を回転させること」→「革命」です。involve は「中へ(in)回転する(volve)」→「巻き込む」となりました。

father と綴りが似ているため長文で間違えてしまったことがある。
（学生・500点台）

そういえば「父ちゃん」は TOEIC でほとんど出てこないような…。例の表現は TOEIC 超頻出の表現です。

海外の団体からのメールでいつも会社名のところに書かれているのを思い出して、覚えやすかったです。
（ソフトウェア・インターネット・通信・600点台）

institution「機関」は、機関名によく使われます。また、a financial institution「金融機関」もチェックしておいてください。

similar「同様の」とよく意味を間違えます。
（メーカー・300点台）

「家族(family)のようによく知っている」→「詳しい」となりました。be familiar with ～「～をよく知っている」という形も重要（with は関連「～について」です）。

これはドラマに出てくる登場人物がセリフで言っているのが印象に残って覚えやすかったです。
（医療・600点台）

「心から」の意味で、TOEIC では apologize「謝る」の前に使われます。おそらくドラマでは love と一緒に使われたのでは（TOEIC に恋愛は出ませんが）。

会議かなんかに「カウンシル」と使われているのを聞いたことがある。
（メーカー・600点台）

組織の公式名称によく使われる単語です。TOEIC とは関係ないですが、英字新聞では the U.N. Security Council「国連安全保障理事会」がよく出てきます。

complementary「補足的な」と取り違えて混乱することがある。なかなか覚えられない。
（メーカー・600点台）

complimentary との違いは i という綴りです。「愛(i)があるから無料になる」と覚えて区別してください。

ある程度英語を勉強してきたが、こんな動詞があるとは見当もつかなかった。
（ソフトウェア・インターネット・通信・700点台）

「与える・許可を与える」という意味で、permission「許可」とセットでよく使われます。また、「(与えられた)お金」→「補助金」です。

0713	prepare		動 準備する
			preparation 名 準備
			例 **prepare** for a presentation
	[prɪpéər]		プレゼンテーションの準備をする

0714	lawn		名 芝生
			例 mow the **lawn**
	[lɔ́:n]		芝生を刈る

0715	impress		動 感動させる・印象付ける
			impressive 形 印象的な
			impression 名 感動・印象
	[ɪmprés]		例 **impress** an audience
			観客を感動させる

0716	affordable		形 手頃な価格の
			afford 動 (お金や時間などに)余裕がある
			例 an **affordable** car
	[əfɔ́:rdəbl]		手頃な価格の車

0717	principal		形 主要な・重要な　名 校長・社長
			例 The **principal** of a business school
	[prínsəpl]		ビジネススクールの校長

0718	memo		名 社内報・社内文書
			例 read a **memo** about an office relocation
	[mémou]		オフィス移転に関する社内文書を読む

0719	explore		動 探検する・調査する
			例 **explore** a new site
	[ɪksplɔ́:r]		新しい場所を調査する

0720	address		動 演説する・取りかかる　名 住所
	動 [ədrés]		例 **address** a problem
	名 [ǽdres]		問題に取りかかる

記憶エピソード	カクシン
compareとごっちゃになって「比べる」などと勘違いしてしまうことが多いです。（公務員・500点台）	「前に(pre)並べる(pare)」→「前もって並べておく」→「準備する」となりました。**prepare for ～**「～の準備をする」の形でよく狙われます。
「芝を刈る」が mow で、lawnと似てるから、どっちがどっちかわからなくなりそう。（商社・800点台）	そんなあなたに例の **mow the lawn** が役立ちます！　欧米風の家が出る **TOEIC** では、芝生のある家は珍しくないだけに重要な単語です。
「ファーストインプレッション」から決めてました」みたいな言葉でイメージできる。（自営業・500点台）	昔のTV番組『ねるとん紅鯨団』で「第一印象から…」って告白が定番でした。「心の中に(im)押しつける(press)」→「感動させる・印象付ける」です。
available と似ているので、関連付けて覚えることができた。（公務員・500点台）	確かにどちらも「手に入る」感がありますね。**afford**「～する余裕がある」の形容詞で、「余裕で購入可能」→「手頃な」ということです。
「主要な」しか知らなかったので、「校長」の意味で出てきたときに全然わからなかった。（学生・400点台）	「主要な・重要な」の意味でよく使われます。また、「学校で主要な人」→「校長」などの意味もあります。**Part 7** で専門学校の紹介などで出てくる単語です。
memoは「メモ」だと思っていたので、「社内の回覧板」という意味がなかなか定着しなかった。（会社員・500点台）	**memorandum** の短縮形で、**TOEIC** では、**memo** という単語を見たら、「走り書きのメモ」よりも、まずは「社内報」を先に思い浮かべてください。
欲しいと思っている時計の品名にあったので覚えやすかった。意味がわかってますます欲しくなった。（会社員・600点台）	「インターネット・エクスプローラー(**Internet Explorer**)」とは「広大なインターネットの世界を<u>探検</u>するためのソフト」ということです。
名詞的な用法しか知らないが、動詞的な意味が2つもあり驚きました。（金融・300点台）	本来「向ける」で、「住所」は「手紙を向ける場所」です。「話を聴衆に向ける」→「演説する」、「課題に意識を向ける」→「取りかかる」となりました。

191

0721	**patience** [péɪʃəns]	名 我慢強さ・忍耐 **patient** 形 我慢強い 名 患者 例 Thank you for your **patience**. ご辛抱いただき感謝いたします。
0722	**representative** [rèprɪzéntətɪv]	名 代表者・担当者 **represent** 動 表す・代表する 例 a customer service **representative** カスタマーサービス担当者
0723	**apply** [əpláɪ]	動 当てはまる・応募する・申し込む **application** 名 応募・申し込み **applicant** 名 応募者 例 **apply** for a position 職に応募する
0724	**claim** [kléɪm]	名 主張・要求 動 主張する・要求する **complain** 動 不満を言う 例 a **claim** for damages 損害賠償の請求
0725	**program** [próʊɡræm]	名 予定・日程・番組 例 Today's **program** features a celebrity. 今日の番組は有名人を特集します。
0726	**means** [mí:nz]	名 手段・方法 例 a **means** of transportation 移動手段
0727	**process** [práses]	動 処理する 名 過程・プロセス・作業 例 **process** a registration 登録を処理する
0728	**fairly** [féərli]	副 かなり **fair** 形 公平な 例 in **fairly** good condition かなりよい状態で

記憶エピソード	カクシン

patientの「患者」との区別がはっきりとついていなくてよく間違えた。（ソフトウェア・インターネット・通信・600点台）

patientの形容詞の意味「我慢強い」が名詞になったものです。例を何度もチェックしてください。海外旅行中に聞く可能性も十分にあります。

presentの「出席する」の意味に引っ張られて「代表者」の意味につながらなくて苦労した。（商社・600点台）

動詞**represent**「代表する」の名詞形です。ネイティブも長く感じるようで、**rep**と短縮して使うこともあります。**sales rep**「営業担当者」です。

「申し込むこと」を「アプライする」と言っている知人がいて、印象的だった。（会社員・700点台）

本来「くっつく」（「アップリケ」は「くっつけた生地」）で、「物事がくっつく」→「当てはまる」、「気持ちがくっつく」→「申し込む」です。

日本語の「クレーム」の意味が思い浮かんでなかなか覚えられなかったです。（会社員・600点台）

「不満・文句」ではありません！ 飛行機で荷物を預けたときにもらうシールを**baggage claim tag**と言います。「荷物を主張・要求するタグ」です。

文化祭などのプログラムから「予定」などのイメージを持ち覚えました。（医療・500点台）

そのまま日本語になっていますが、「番組」の意味を苦手とする人が多いので、特にこれに注意してください。

meanが「意味する」なので、sが付いたときに、「手段、方法」となるのがいまいち覚えられなかった。（公務員・700点台）

動詞**mean**「意味する」とはまったく別モノと考えてください。本来「中間にあるもの」で、「（スタートとゴールの間にある）手段」となりました。

「過程」という意味しか出てこえず、動詞としての意味が思い浮かばないことがある。（ソフトウェア・インターネット・通信・300点未満）

名詞は「過程・プロセス・作業」ですが、「プロセスを経て作業を進める」→「処理する」ということです。「プロセスチーズ」（=加工したチーズ）から覚えてもいいでしょう。

なんか妖精っぽいイメージが先行して、なかなか覚えられないです。（メーカー・400点台）

fairy「妖精」はTOEICでは不要ですが、**fairy tale**「おとぎ話」を書く作家くらいならありうるかも。本来「公平な（**fair**）」から、副詞形は単なる強調「かなり」となりました。

0729	landscaping □ □ □ [lǽndskèɪpɪŋ]	名 造園 landscape 名 風景 例 **landscaping** of Japanese style gardens 日本庭園造り
0730	accompany □ □ □ [əkʌ́mpəni]	動 同行する 例 **accompany** the boss 上司に同行する
0731	findings □ □ □ [fáɪndɪŋz]	名 結果 例 **findings** from an experiment 実験の結果
0732	deserve □ □ □ [dɪzɚ́ːv]	動 値する・ふさわしい 例 **deserve** a prize 賞を受けるのにふさわしい
0733	suitable □ □ □ [súːtəbl]	形 似合うような・ふさわしい suit 動 似合う・(その場に)合う 例 a car **suitable** for four people 4人乗りに適した車
0734	practical □ □ □ [prǽktɪkl]	形 実践的な・実用的な practice 動 実行する・練習する 名 実行・練習 例 get **practical** support 実践的な支援を受ける
0735	note □ □ □ [nóut]	動 気づく・注意する 名 メモ noted 形 有名な notable 形 注目に値する・有名な 例 Please **note** that schedules may be altered. 予定が変更されるかもしれないことにご留意ください。
0736	eligible □ □ □ [élədʒəbl]	形 ふさわしい・資格のある 例 Mr. Nelson is **eligible** for a position. Nelson さんは役職につく資格があります。

記憶エピソード	カクシン

 landscape と混同してしまい、なかなか意味が覚えられず、未だに間違えてしまいます。
（メーカー・700点台）

あまり悩む必要はありません。厳密には、**landscape**「風景」→「風景を作る」で、それに-ing がついて「風景を作ること」→「造園」となっただけです。

 company のイメージが強くて意味を混同してしまいます。
（学生・500点台）

本来「仲間（**company**）と一緒に行く」→「同行する」です。受動態 be accompanied by ～「～に付き添われる」→「～が同伴する」もチェックを。

 filing と間違いやすいです。findings で単純に「わかること」と覚えるようにしています。
（教育・600点台）

それで OK です。単なる find に-ing と s がついただけですよね。ちなみに file「整理保存する」に-ing がつくと filing「書類整理・ファイリング」で、さらに filling は「詰め物」です。

 TOEIC では賞を取るのは日常茶飯事な気がする。そのたびに出てくる印象がある。
（サービス・700点台）

「完全に（de）役立つ（serve）」→「価値がある」です。なんか「ディザーブ！」って豪快な発音が「値する」に「ふさわしい」と覚えてください。

 安定するという意味とごっちゃになってしまう。
（医師・弁護士等の専門職・700点台）

stable「安定した」は stand と関連があり、「しっかり立つ」イメージ。動詞 suit「似合う」に able がついたのが suitable「似合うような・ふさわしい」です。

 practice が「練習」なのに、practical という意味になるのが覚えにくかったです。
（金融・600点台）

動詞 practice は「実行する」という意味です（46ページ）。practical は「実際に行うときに役立つ」→「実践的な」となるわけです。

 日本語で使われる「ノート」の意味に引っ張られてしまい、よく意味を間違えてしまいます。
（サービス・700点台）

日本語の「ノート」は notebook で、note 自体は「メモ」を指します。「気づいたことをメモする」と考えて「気づく・注意する」と覚えてください。

 それなりに英語を勉強してきたつもりだがまったく知らない単語。意味もなかなか覚えられない。
（学生・700点台）

世間ではマイナーな扱いを受けてますが、TOEIC では超重要です。本来「選べる」で、be eligible for ～「～の資格・権利がある」という意味で出てきます。

0737 **behind** ☐ ☐ ☐ [bɪhàɪnd]	前 ～に遅れて　副 後ろに・遅れて 例 Our train is **behind** schedule. 　私たちの列車は遅れています。

0738 **occasionally** ☐ ☐ ☐ [əkéɪʒnli]	副 時々 occasion 名 時・場合　occasional 形 時々の 例 We have rain **occasionally** in summer. 　ここでは、夏に時々雨が降ります。

0739 **delighted** ☐ ☐ ☐ [dɪláɪtɪd]	形 喜んで delight 動 喜ばせる　名 歓喜 例 We are **delighted** to hear the news. 　私たちはその知らせを聞いてうれしいです。

0740 **preserve** ☐ ☐ ☐ [prɪzɚːv]	動 保存する・保護する preservation 名 保存・保護 例 **preserve** a historic site 　史跡を保護する

0741 **throughout** ☐ ☐ ☐ [θruáut]	前 ～の期間中ずっと・～のいたるところで 例 **throughout** the year 　1年中

0742 **likely** ☐ ☐ ☐ [láɪkli]	形 ～しそうだ 例 It is **likely** to happen. 　それは起こりそうです。

0743 **imply** ☐ ☐ ☐ [ɪmpláɪ]	動 ほのめかす implications 名 影響・結果 例 **imply** a hidden message 　隠れたメッセージをほのめかす

0744 **due** ☐ ☐ ☐ [d(j)úː]	形 締め切りの・期限がきて 例 The delivery is **due** today. 　その配達は今日が期限です。

記憶エピソード	カクシン
behind schedule という響きがなんかコミカルに思えて口ずさんでしまいます。（メーカー・700点台）	何か予定が遅れたときは「behind schedule だ！」と言ってみてください。サッカーで「2点ビハインド」と言えば「2点遅れて（2点差）」という意味です。
なぜか職業という意味が頭に入っており、なかなか「時々」という意味に結びつかない。（メーカー・700点台）	「職業」は occupation で、「時間を占領する（occupy）もの」。occasionally は「場合（occasion）により時々」で、sometimes より少し頻度が低い感じ。
喜んだのか喜ばせたのかわかりにくいので、こういった単語全体の攻略やイメージが知りたい。（学生・400点台）	英語で感情の動詞は原則「～させる」です。「喜ばせる」の受動態「喜ばされた」→「喜んで」です。※ただし delight は超例外的に「喜ぶ」もあり。
-serve という単語が多くいつもごっちゃになってしまう。（メーカー・700点台）	本来「前もって（pre）分ける・とっておく（serve）」です。また、「プリザーブド・フラワー」は「咲いた状態で保存されている花」です。
through よりも throughout の方が「年中無休」みたいな感覚。through は動詞だと勘違いしてしまうことが多いです。（教育・500点台）	「～を通して（through）強調（out）」→「ず～っと通って」→「～の間じゅう」と覚えてください。品詞は前置詞だということもしっかりチェック！
alike と区別がつかず似ているから頭がこんがらがってました。（医療・400点台）	like には「似ている」という意味があり（alike「似ている」も同じ発想）、likely は「（似ていて）～しそうだ」となります。be likely to ～「～しそうだ」です。
apply や supply とごっちゃになってしまうことがある。（メーカー・700点台）	im の部分を意識してください。本来「本音を中に（im=in）包み込んだ（ply）」→「ほのめかす」となりました。
何かと締め切りに追われているので、リアリティを持って覚えた単語。（小売・500点台）	「あ～来ちゃった」というイメージの単語です。TOEIC では提出物の期限、支払いの期限など due を使いまくります。また、due to ～「～が原因で」も重要です。

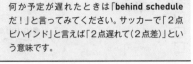
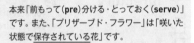

0745 inquire
☐ ☐ ☐
[ɪnkwáɪər]

動 問い合わせる・質問する
inquiry **名** 問い合わせ・質問
例 **inquire** about a budget
予算について問い合わせる

0746 loyal
☐ ☐ ☐
[lɔ́ɪəl]

形 忠実な・誠実な
例 be **loyal** to a company
会社に忠実である

0747 personnel
☐ ☐ ☐
[pə̀r:snél]

名 職員
例 train **personnel**
職員を訓練する

0748 directory
☐ ☐ ☐
[dəréktəri]

名 住所録・名簿
direct **動** 導く
例 the **directory** of professors
教授の名簿

0749 valid
☐ ☐ ☐
[vǽlɪd]

形 有効な
例 a **valid** coupon
有効な割引券

0750 proceed
☐ ☐ ☐
動 [prəsíːd]
名 [próusiːd]

動 進む **名** (〜sで)収入
例 **Proceeds** from the charity event were
donated.
慈善事業の収益は寄付されました。

記憶エピソード	カクシン

「イヌ、苦はイヤ?かと問い合わせる」というゴロ合わせで覚えました。（メーカー・500点台）

本来「中を(in)捜し求める(quire)」で、askを堅くしたようなイメージです。TOEICでは何かと問い合わせだらけで、よく使われます。

royal(王室の)とloyal(誠実な)の違いを覚えるのに苦労した。（学生・700点台）

lの文字がまっすぐなので「主人にまっすぐ忠実・誠実な」で。royal「王室の」は（僕の記憶では）TOEICで見ないので、まずはloyalに集中を。

personal「個人の」と非常に似ていて、違うとわかっていても意味がついてこない。（パート・アルバイト・サービス・600点台）

語源は同じで、personnelは「個人（みんな）」→「職員」です。personnelのほうが「綴りが長い・文字が多い」→「人がたくさん」→「職員」と考えてください。

directのイメージから「名簿」などの意味が浮かばない。（学生・500点台）

動詞direct「導く」から、directoryは「検索時に目当ての人へ導く(direct)もの」→「名簿」となりました。telephone directoryは「電話帳」です。

会社のシステムに属性情報を入れるとき、入力可能な文字に制限がかかっていて、ダメだとinvalidと出るので覚えやすかったです。（商社・700点台）

value「価値」と関連があり、「まだ期限内で価値がある」→「有効な」です。Part 7の広告・チケットでめちゃくちゃよく出てきます。

proceedとprocessはスペルが似ているため見分けがつきにくくよく間違える。（学生・500点台）

process「プロセス」も同語源で、共に、「前に進む」イメージがあります。また、proceedには「企業が前進する」→「収入」の意味もあります。

199

Chapter 2

目標730点の
英単語

ここからはさらにTOEICのスコアアップを約
束してくれる単語です。難しい単語も出てき
ますが、「記憶エピソード」と「カクシン」で一
気に覚えられる、まさにこの本の真骨頂が感
じられるところです。

0751	sponsor [spánsər]	名 スポンサー　動 支援する

例 look for a **sponsor**
スポンサーを探す

0752	challenging [tʃǽlɪndʒɪŋ]	形 やりがいのある

challenge 名 挑戦・難問・やりがい
例 a **challenging** task
やりがいのある仕事

0753	campaign [kæmpéɪn]	名 キャンペーン・活動・運動 動 キャンペーン（運動）をする

例 a promotional **campaign**
販売促進キャンペーン

0754	luxury [lʌ́kʃəri]	形 豪華な　名 豪華

例 a **luxury** suite
豪華なスイートルーム

0755	routine [ru:tí:n]	名 日課・日常業務 形 いつもの・日常の

例 **routine** work
日課の仕事

0756	decorate [dékərèɪt]	動 飾る・装飾する

decoration 名 装飾・飾り付け
例 **decorate** a shop window
お店の窓を装飾する

0757	evidence [évədns]	名 証拠

evident 形 明らかな
例 **evidence** for a claim
主張を裏付ける証拠

0758	essential [ɪsénʃəl]	形 不可欠な・重要な

essence 名 本質
例 Water is **essential** to life.
水は生命に必要不可欠です。

「スポンサーがつかない」といった感じでよく使うので、覚えやすかったです。
（商社・800点台）

「テレビのスポンサー」とは「番組の広告主・提供者」で、資金を出してくれる人・団体のことですね。

海外での会議で「難しい」と言う際、「difficult ではなく challenging を使え」と先輩に言われて覚えた。
（メーカー・800点台）

challenge には「挑戦」以外に「（挑戦したくなる）難問・やりがい」という意味があり、そこから生まれた単語です。日本語として使う人も増えています。

「キャンペーン」というと賞品が当たるなどのイメージがあり、「選挙活動・軍事活動」といった意味が印象的でした。
（学生・600点台）

「キャンペーン」とは本来「何かを促進するための活動・運動」です。「ネガティブ・キャンペーン（ライバルの否定的な情報を流す<u>運動</u>）」なんて言葉もありますね。

海外のホテルを探す際に「ラグジュアリーホテル」と度々見かけたので意味はすんなり頭に入りました。
（メーカー・500点台）

日本でも衣料用消臭剤などで「ラグジュアリーな香り」とよく使われています。「豪華な気分に浸れるような香り」というイメージです。

以前、ラグビーの日本代表が「ルーティーン」と言っていたのが印象的で覚えた。
（商社・600点台）

「いつもの道（**route**）」→「いつもの方法・手順」です。スポーツ選手がやる決まりきった動作を「ルーティーン」と言ったりします。

「デコレーションケーキ」や「部屋をデコレーションする」などと使うのでわかりやすいです。
（学生・500点台）

「デコレーションケーキ」は「たくさん<u>飾りつけられた</u>ケーキ」ですね。

仕事でよく「エビデンスは？」と問われることがあるため、身近に感じました。
（メーカー・300点台）

「確固たる<u>エビデンス</u>がある」とは「確かな<u>証拠</u>がある」ということです。「ロジカル・シンキング」系のビジネス本などでよく見かけます。

「エッセンシャルオイル」という言葉からエステをイメージしてしまい、リラク系の意味と思ってしまう。
（自営業・600点台）

その場合「お肌にとって不可欠な・重要な」とイメージを上書きしてください。**Part 7** で出てきたら、当然「重要な」内容なので設問でよく狙われます。

0759 fluent
[flúːənt]

形 流暢な
fluently 副 流暢に　fluency 名 流暢さ
例 be **fluent** in English
英語が堪能である

0760 highlight
[háɪlàɪt]

名 最も重要な部分
動 目立たせる・強調する
例 a **highlight** of an event
イベントの見どころ

0761 chef
[ʃéf]

名 シェフ・コック長
例 a **chef** at a famous restaurant
有名なレストランのシェフ

0762 flexible
[fléksəbl]

形 柔軟な
flexibility 名 柔軟性
例 **flexible** working hours
フレックスタイム制

0763 source
[sɔ́ːrs]

名 源・情報源
例 a **source** of information
情報源

0764 consumer
[kəns(j)úːmər]

名 消費者
consume 動 消費する　consumption 名 消費
producer 名 生産者
例 **consumer** trends
消費者の動向

0765 recruit
[rɪkrúːt]

名 新入社員
動 新しい人材を募集する
例 **recruit** a new accountant
新しい会計士を募集する

0766 household
[háushòuld]

形 家族の・家庭の　名 家族・家庭
例 **household** appliances
家庭用器具

記憶エピソード	カクシン

「彼女は流暢にフルートを吹く」と無理矢理ゴロ合わせして覚えました。（メーカー・400点台）

flは**flow**「流れる」という意味で、**fluent**は「流れる(fl-)ような」→「流暢な」です。**Part 7**の「求人広告」で語学力が求められるときに出てきます。

電子書籍のハイライト機能（マーカーを引く機能）から、意味を覚えられた。（メーカー・600点台）

スポーツニュースなどで「今日のハイライト」と使われていますね。「強く(high)ライト(light)を当てた部分」という意味です。

日本語でも「シェフ」と聞くので意味は問題ありません。スペルだけ少し戸惑いました。（メーカー・400点台）

本来フランス語です。フランス語の**ch**は「シュ」の音です。たとえば高級ブランド**CHANEL**は「シャネル」という発音ですね。

帰国子女の人がflexibleの発音がきれいだったので、覚えている。（サービス・400点台）

「フレックスタイム」とは、**flextime**という言い方の他に、**flexible time**とも言います。「勤務時間を柔軟に決められる制度」ですね。

プログラムの「ソースコード」のイメージで、「ベースにあるもの」という雰囲気で連想しています。（団体職員・600点台）

日本語でも「情報のソース（発生源）」のように使ったりします。ちなみに調味料の「ソース」は**sauce**で、違う単語です。

社内で「Consumer ビジネス」として使っていることから「消費者」と関係づけて覚えた。（メーカー・800点台）

producer「生産者・プロデューサー」の反対が**consumer**です。**consumer survey**「消費者アンケート」も**Part 7**では出てきます。

recruitの意味は「リクルート」でなんとなく覚えているけど、動詞だったか名詞だったかが忘れやすい。（教育・600点台）

名詞も動詞も両方あるので、「新入社員・新しい人材を募集する」というイメージで覚えてください。

ハウスは家だから、「家でホールドする→家庭用」だと無理矢理覚えたのですが、忘れなくなりました。（メーカー・300点台）

実はそれ、かなり本質に近いです。本来「家(house)を持つ(hold)」→「家族の・家庭の」です。なんとなく「家族全体」ってイメージです。

205

0767	**domestic**	形 家庭の・国内の
	[dəméstɪk]	例 **domestic** income 国内所得

0768	**adjust**	動 調節する
	[ədʒʌ́st]	adjuster 名 調節装置　adjustment 名 調節 例 **adjust** a microphone マイクを調節する

0769	**behavior**	名 ふるまい・態度・行動
	[bɪhéɪvjər]	behave 動 ふるまう 例 good **behavior** 良いふるまい

0770	**athletic**	形 運動の
	[æθlétɪk]	athlete 名 運動選手 例 an **athletic** event 競技種目

0771	**interior**	名 内部・インテリア　形 内側の
	[ɪntíəriər]	exterior 名 外部　形 外側の 例 renovate the **interior** of a building ビルの内部を改装する

0772	**motivate**	動 モチベーションを上げる・やる気にさせる
	[móutəvèɪt]	motivation 名 モチベーション・やる気 motivated 形 やる気のある 例 The salary raise **motivated** the employees. 昇給が従業員をやる気にさせた。※このraiseは名詞

0773	**recipe**	名 レシピ・秘訣
	[résəpi]	例 a **recipe** for authentic Italian food 本格的なイタリアン料理のレシピ

0774	**influence**	名 影響　動 影響を及ぼす
	[ínfluəns]	influential 形 影響力のある 例 avoid harmful **influence** 悪影響を避ける

空港の国内線のイメージを思い浮かべた。また、「ドメスティックバイオレンス」もイメージした。（メーカー・400点台）

domesticは**home**と同じ感覚です（**home**にも「家庭の・国内の」という2つの意味があるんです）。**CA**さん用語で「国内線」を「ドメ」と言ってます。

洋服の「アジャスター」などで使うので、調節するイメージがありました。（メーカー・500点台）

adjustは「**just**にする」→「調節する」という意味です。家具や家電などを「調節するもの」を「アジャスター（**adjuster**）」と言いますね。

「ふるまい」という言葉は頭にあるのですが、「行動」というイメージはありませんでした。（メーカー・500点台）

その悩みはあまり気にしなくてOKです。よく「行動」と訳されますが、実際は「ふるまい・態度」など、「その場での立ちふるまい」で使われることが多いです。

「アスレチック」のイメージですんなり覚えられました。アクセントの位置だけ注意したい。（公務員・600点台）

Part 7でよく見かける単語です。ちなみに、**ic**で終わる単語は「**ic**の直前の母音」にアクセントがくるというのが原則です。

日本語でも「インテリア」というので意味は覚えやすい。（医師・弁護士等の専門職・800点台）

内装業者や改装の話で出てくる単語です。ちなみに反対は**exterior**で、「家の外側を飾るもの」ということです。ホームセンターで使われていますよ。

昔、ラジオの相談コーナーで、落ち込んだ人を励ますのにこの言葉が多用されていたので覚えた。（ソフトウェア・インターネット・通信・600点台）

「モチベーション（**motivation**）」の動詞形が**motivate**「モチベーションを上げる・やる気にさせる」です。

「レシピ」は日本語になっているのでわかりますね。「秘訣」のほうは「おいしく作る秘訣」とでも覚えましょうか。（パート・アルバイト・700点台）

まさにその通りのイメージです。「レシピは料理の方法・コツ」→「秘訣」で、**a recipe for success**なら「成功の秘訣」です。

乃木坂46の『インフルエンサー』という曲の意味を知っていたのですぐに覚えられました。（メーカー・500点台）

influenceと関連ある単語が**influenza**「インフルエンザ」です。昔は「星の影響（**influence**）」が原因でインフルエンザになる」という迷信があったからです。

0775	phase	名 段階
□□□	[féɪz]	例 enter a final **phase** 最終段階に入る

0776	leak	動 漏れる・漏らす　名 漏れ・漏れ口
□□□	[líːk]	例 Water is **leaking** from the pipe. パイプから水が漏れています。

0777	afterwards	副 後で・その後
□□□	[ǽftərwərdz]	例 We'll take questions **afterwards**. 質問はその後で受け付けます。

0778	colleague	名 同僚
□□□	[káliːg]	coworker 名 同僚 例 good working relationships with **colleagues** 同僚との仕事上の良い関係

0779	via	前 ～経由で・～によって
□□□	[váɪə]	例 **via** the internet インターネット経由で

0780	characteristic	名 特性・特徴　形 特有な・特徴的な
□□□	[kæ̀rəktərístɪk]	character 名 性格・特徴 例 the **characteristics** of a new product 新製品の特徴

0781	occupied	形 占領された・使用中の
□□□	[ákjəpàɪd]	occupy 動 占領する　vacant 形 空いている 例 All the meeting rooms are **occupied**. 会議室はすべて埋まっています。

0782	beforehand	副 事前に・あらかじめ
□□□	[bɪfɔ́ːrhænd]	例 Please notify the representative **beforehand**. 事前に代表者にお知らせください。

よく映画で「次のフェイズで」みたいに使われている印象があって、覚えやすかった。 （メーカー・700点台）	本来「周期ごとに段階的に変わる月の形」という意味です。月を見上げながら「そろそろ満月のフェイズに入る」とイメージしてください。

スパイ映画で「リークする」という言葉があるのでイメージしやすい。情報をリークする・漏らすという理解。 （会社員・800点台）	**TOEIC**では水漏れは日常茶飯事なのでよく出ます。僕は、シンガポールで築5年のマンションに住んでましたが、2年で2回水漏れが起きました。

after とほぼ一緒で後半の ward は無視しても大丈夫そうという感じで覚えた。（メーカー・800点台）	その覚え方で**OK**。本来「後ろ（**after**）のほうへ（**ward**）」です。**later**「後で」は漠然とした「後」を指し、**afterwards**は「何かの出来事の後で」というニュアンスです。

発音が難しく使いこなせない単語です。 （会社員・700点台）	「一緒に（**co**）集まり・リーグ（**league**）を作る人」→「同僚」です。イタリアやスペインへ行くと、ホテルの従業員がやたらと使う単語です。

「〜を経由して」とかでよく使われるので、すぐに覚えられました。 （ソフトウェア・インターネット・通信・600点台）	本来「道（**via**）を通って」→「〜経由で・〜によって」です。ちなみに「トリビア（**trivia**）」は「旅人が3つの（**tri**：トリオ）道（**via**）で交わした情報」→「雑学」です。

仕事で自社製品の説明をするときによく使うので簡単に覚えられました。 （メーカー・800点台）	**character**「性格・特徴」と同じ語源です。ちなみに、**individual characteristics**なら「個性」になります。

飛行機のトイレの鍵のところの赤マークの中にこの英語を見るので、そのイメージで覚えた。 （商社・800点台）	動詞 **occupy**は「占領する」です。飛行機のトイレは使用中のときに"**Occupied**"という表示が光ります。「トイレが占領されている」→「使用中」です。

before の意味とイメージを活用して「事前に」という意味を覚えた。 （商社・700点台）	その覚え方が一番ラクですね。「実際に手（**hand**）をつける前に」と覚えてもいいでしょう。英会話でも重宝する単語です。

0783	accomplished [əkámplɪʃt]	形 完成した・熟練した accomplish 動 成し遂げる 例 an **accomplished** engineer 熟練技術者
0784	microwave [máɪkrəwèɪv]	名 電子レンジ 例 a damaged **microwave** 破損した電子レンジ
0785	nevertheless [nèvərðəlés]	副 それにもかかわらず 例 He failed. **Nevertheless**, he tried again. 彼は失敗した。それにもかかわらず、再度挑戦した。
0786	reliable [rɪláɪəbl]	形 信頼できる rely 動 頼る 例 **reliable** information source 信頼できる情報源
0787	translate [trænsléɪt]	動 翻訳する translation 名 翻訳　translator 名 翻訳家 例 **translate** Japanese documents into English 日本語の文書を英語に翻訳する
0788	primary [práɪmèri]	形 最初の・重要な 例 a **primary** goal 主要目的
0789	urban [ə́r:bn]	形 都会の rural 形 田舎の 例 central **urban** area 都心部
0790	relevant [réləvənt]	形 関連した 例 **Relevant** work experience is welcome. 関連のある職務経験は歓迎いたします。

記憶エピソード		カクシン

なかなか訳語が覚えられず、なんとなく「すごそう」というイメージしか持っていない単語です。
（学生・500点台）

動詞 accomplish「成し遂げる」の過去分詞が accomplished で、「成し遂げられた・完成させられた」→「完成した・熟練した」となりました。

電子レンジは「マイクロ波」が出ているという原理と合わせて覚えれば簡単でした。
（医師・弁護士等の専門職・800点台）

「微小な・ミクロな（micro）＋波（wave）」→「（マイクロウェーブを使った）電子レンジ」となりました。

なんだか長くていつも意味を忘れてしまう単語です。
（会社員・600点台）

3つの単語に分解して、「それだけ少なくなることは（the less）決してない（never）」→「結局何も変わらず」→「それにもかかわらず」と覚えてください。

rely が「信頼する」、able が「可能」の意味の2語からできているので、「信頼できる」と覚えられた。
（ソフトウェア・インターネット・通信・600点台）

able は「可能」以外に「受動（受け身）」の意味もあるので、厳密には「頼られることができる」→「信頼できる」ですが、その覚え方で OK です。

trans の「移動する」という意味から、異なる言語の壁を越えて移動するイメージで覚えた。
（金融・700点台）

trans「移す」は transport「輸送する」にも使われていますね。translate A into B「A を B に翻訳する」の形も重要です。

何か重要だったり優先されるようなことを「プライム」とか「プライメリ」と使うのを見かける。
（自営業・700点台）

「最初の」という意味から、「最初の段階は重要」と考えられるようになりました。ちなみに a primary school は「最初の学校」→「小学校」です。

シルバニアファミリーというおもちゃに都会の動物達が住む「アーバンシリーズ」というのがありました。
（専業主婦・600点台）

「アーバン」は商業施設やアパートの名前によく使われます。都会的なイメージを持ちます。昔は「アーバンライフ（都会の生活）」も使われました。

relative「親戚」から「つながりがある感じ」で覚えた。
（学生・700点台）

relevant は、綴りの似た related「関係がある」とセットで覚えてください。Part 7 の求人広告で重要な単語です。

0791 **consult** ☐☐☐ [kənsʌ́lt]	動 相談する・診てもらう・調べる consultant 名 相談する(される)人 例 **consult** a lawyer 弁護士に相談する

0792 **alert** ☐☐☐ [ələ́ːrt]	形 警戒して・用心して　名 警告・警報 alertness 名 注意力 例 Be **alert** to the possible dangers. 起こり得る危険に注意してください。

0793 **reception** ☐☐☐ [rɪsépʃən]	名 宴会・受付 receptionist 名 受付係 例 a **reception** desk 受付

0794 **relocate** ☐☐☐ [rìːloukéɪt]	動 移転させる・移転する relocation 名 移転　locate 動 置く・居住する 例 **relocate** the head office 本社を移転する

0795 **belongings** ☐☐☐ [bɪlɔ́ːŋɪŋz]	名 所有物 belong 動 属する 例 Please take all your **belongings** with you. 所持品はすべて持っていってください。

0796 **reward** ☐☐☐ [rɪwɔ́ːrd]	名 報酬　動 報酬を与える・報いる 例 **reward** an employee for an outstanding performance 優れた業績をあげた社員に報酬を与える

0797 **accordingly** ☐☐☐ [əkɔ́ːrdɪŋli]	副 それに応じて・それゆえ accord 動 一致する　according 形 一致した 例 **Accordingly**, employees are required to take training. したがって、従業員は訓練を受けることが求められます。

0798 **consequently** ☐☐☐ [kánsəkwèntli]	副 結果的に consequence 名 結果 consequent 形 結果として起こる 例 **Consequently**, the cost has risen. 結果的にコストは上昇しました。

「コンサルタント」から「相談する」を覚えました。（自営業・600点台）	本来「相談する」→「医者に相談する」→「診てもらう」、「辞書に相談する」→「調べる」といった意味になります。
スマホの「アラート機能」などから、なんとなくイメージはわかりました。（学生・500点台）	スマホで受信する「Jアラート（地震・ミサイル発射など緊急情報を伝えるシステム）」で使われています。**be alert for** 〜「〜に用心する」です。
「受付」という意味もありますが、「歓迎会」という意味もあるので、覚えにくい言葉です。（インフラ・600点台）	「受け入れる」イメージです。「歓迎会」より「宴会」でよく出ます。「宴会の受付をする」という感じで覚えてください。
reというのが「再び」という意味であることがわかっていたので、「移転」という言葉が連想しやすかったです。（医師・弁護士等の専門職・800点台）	「再び（re）別の場所に置く（locate）」→「移転させる」です。お店・オフィスの移転の話はよく出ます。「移転させる・する」の両方をチェックしておいてください。
Please don't leave your belongings behind.「持ち物をお忘れなく」という決まり文句で覚えた。（ソフトウェア・インターネット・通信・400点台）	動詞 **belong**「属する」の名詞形で、「人に属しているもの」→「所有物」です。所有物はいくつかあるのが普通なので、複数形で使います。
もともと日本でも「リワード」と使われますが、実際の発音は「リウォード」だと知って、覚えました。（学生・600点台）	よくお店などのポイントカードで「リワードシステム」みたいに使われます。正確な発音「リ<u>ウォ</u>ード」に注意してください。
according という単語自体も覚えにくいのに、その副詞形となるとさらに覚えにくかったです。（医師・弁護士等の専門職・800点台）	動詞 **accord** は「一致する」で、「それに一致するように」→「それに応じて・それゆえ」です。どちらも「前の内容と一致する」イメージです。
意味を覚えてはいるのですが、なかなか使う場面がないので、具体的なイメージがわかないです。（ソフトウェア・インターネット・通信・400点台）	**consequence**「結果」、**consequent**「結果として起こる」の副詞形です。長文で **consequently** が出てきたら「最終結果を述べますよ」という合図です。

0799 **timely**

[táɪmli]

形 タイミングのよい

例 a **timely** request
タイミングのよい**要求**

0800 **fame**

[féɪm]

名 名声

famous 形 有名な

例 gain **fame** as a promising young pianist
有望な若手ピアニストとしての名声を得る

0801 **evaluate**

[ɪvǽljuèɪt]

動 評価する

evaluation 名 評価　**value** 名 価値

例 **evaluate** employee performance
従業員の業績を評価する

0802 **enthusiastic**

[enθ(j)ùːziǽstɪk]

形 熱狂的な・熱心な

enthusiasm 名 熱狂・熱中

例 an **enthusiastic** audience
熱狂的な観客

0803 **questionnaire**

[kwèstʃənéər]

名 アンケート

question 名 質問

例 fill out a consumer **questionnaire**
消費者アンケートに記入する

0804 **situated**

[sítʃuèɪtɪd]

形 位置している・ある

situate 動 (建物などを)置く
situation 名 (建物などの)位置

例 Some trees are **situated** beside a building.
何本かの木が建物の横にあります。

0805 **payroll**

[péɪròul]

名 給与支払簿・従業員名簿

pay 名 給料

例 a **payroll** system
給与体系

0806 **luncheon**

[lʌ́ntʃən]

名 昼食会

lunch 名 昼食

例 organize a **luncheon**
昼食会を企画する

記憶エピソード

カクシン

lyの形に惑わされて、形容詞と認識できずにPart 5で失点したことがありました。
（公務員・800点台）

「名詞+ly=形容詞」で、形容詞の用法がメインです（副詞もありますが、気にしなくて大丈夫です）。

famousとともに、セットで覚えるようにしています。
（メーカー・600点台）

famous「有名な」の名詞がfame「名声」です。win fame「有名になる」もセットで覚えてください（winは「勝ち取る」という意味）。

valueが中にある単語として覚えています。「価値が中にある」と覚えています。
（自営業・700点台）

素晴らしい発想です。本来「価値（value）をつける」→「評価する」という意味です。査定のときに欠かせない単語です。

発音が難しかったため発音の練習を「頑張って」やったことと「熱心な」という意味が結びついた。
（公務員・600点台）

enthusiasticは、雨に濡れながらも大声をあげて応援するJリーグのサポーターのようなイメージです。「テンションMAX」と考えてもいいでしょう。

TOEICを勉強するまではほとんど見ることがない単語でしたが、リスニングで頻出のため覚えました。
（メーカー・500点台）

「質問（question）に関するもの」→「アンケート」です。「アンケート」という言葉はフランス語で、英語ではquestionnaireです。

カタカナ英語の「シチュエーション」から、同様に何かを「位置する、固定する」ようなイメージで覚えている。
（ソフトウェア・インターネット・通信・700点台）

動詞situateは本来「（建物を）置く」という意味で、ほとんど受動態be situatedで使われます。「置かれている」→「位置している・ある」です。

payにrollがくっついたとしても、あまりイメージがわいて来ません。
（学生・700点台）

rollは「ロール状の巻物」で、「給料（pay）を記した巻物（roll）」→「給与支払簿・従業員名簿」となりました。

妻が参加する学会で「ランチョンセミナー（昼食を食べながら講演を聞くもの）」があるので、それで覚えた。
（メーカー・300点未満）

ランチ時にテーブルに敷くものを「ランチョンマット」と言います。地味に日本語になっている単語です。いずれにせよlunchから連想できますね。

0807	workplace [wə́ːrkplèɪs]	名 職場 例 a woman-friendly **workplace** 女性が働きやすい職場

0808	caution [kɔ́ːʃən]	動 警告する　名 警告・用心 例 **cautions** for handling 取り扱い上の注意

0809	decline [dɪkláɪn]	動 断る・減少する　名 下落・減退 例 The population is **declining**. 人口は減少しています。

0810	outstanding [àutstǽndɪŋ]	形 目立つ・優れた・未払いの outstand 動 目立つ 例 an **outstanding** performance 卓越した演奏

0811	résumé [rézumèɪ]	名 要約・履歴書 例 attach a **résumé** to an e-mail Eメールに履歴書を添付する

0812	understaffed [ʌ̀ndərstǽft]	形 人手不足の overstaffed 形 人員過剰の 例 We are **understaffed** at all levels. すべての職務で人員不足です。

0813	engage [engéɪdʒ]	動 従事させる（する）・婚約させる engagement 名 約束・婚約 engaged 形 没頭した・婚約中の 例 **engage** in research 研究に従事する

0814	consistent [kənsístənt]	形 一貫した consistently 副 一貫して 例 **consistent** behavior 一貫したふるまい

記憶エピソード

work と place が合わさっていると考えられ、とても覚えやすかった。（ソフトウェア・インターネット・通信・600点台）

「働く（**work**）場所（**place**）」→「職場」で問題ないですね。ちなみに、英会話だと意外と出てこない人が多い単語でもあります。

ゾンビゲームで、注意を促すメッセージとして画面上に赤文字でcaution などと表示されるのを見ます。（ソフトウェア・インターネット・通信・600点台）

「用心するように警告する」と2つの意味を関連付けて覚えてしまいましょう。**with caution** なら「用心して」です。

deny という単語と似ているので、つい間違った意味で勘違いしやすいです。（メーカー・600点台）

「マイナス方向・下に（**de**）傾く（**cline**）」→「断る・減少する」です。**cline** は reclining seat「リクライニングシート」に使われていますね。

褒め言葉と思っていたのに「未払いの」と言われても…。覚えるのに苦労しました。（教育・700点台）

「頭1つ外に（**out**）立つ（**standing**）」→「目立つ・優れた」です。また、「支払っていない部分が目立つ」→「未払いの」です。

いつもこの単語だけは覚えられない。「レジュメ」とはたまに聞く気がするが。（サービス・700点台）

本来「要約」で、大学の授業で配るプリントを「レジュメ」と言います。さらに「人のキャリアを要約した紙」→「履歴書」となりました。

staff が under（下）という組み合わせの単語なので、「人員不足」という意味を覚えやすかったです。（メーカー・800点台）

動詞 staff「職員を配置する」に under がついて、過去分詞形（-ed）になった単語です。「足りない職員が配置されている」→「人手不足の」です。

「エンゲージリング」の印象が強いので、その他の意味を知ったときは驚きました。（会社員・300点台）

本来「巻き込む」で、「仕事に巻き込む」→「従事させる」、「結婚に巻き込む」→「婚約させる」です。be engaged in ～、engage in ～ どちらの形も重要です。

「一貫した」という意味がいまいち覚えられないので、語源を知りたい。（学生・500点台）

「共に（**con**）立つ（**sist=stand**）」から、「安定して立つ」→「常に同じ姿勢で安定感がある」イメージです。a consistent effort「一貫した努力」です。

0815 blueprint

[blú:prìnt]

名 設計図・詳細な計画

例 a final **blueprint** for a new stadium
新しいスタジアムの最終設計図

0816 workload

[wə́:rklòud]

名 仕事量

例 a heavy **workload**
大変な仕事量

0817 aisle

[áɪl]

名 通路

例 an **aisle** seat
通路側の席

0818 coverage

[kʌ́vərɪdʒ]

名 補償・報道

例 insurance **coverage** on lost items
紛失物に対する保険の補償範囲

0819 cabinet

[kǽbənət]

名 棚

例 store in a **cabinet**
棚に保管する

0820 initiative

[ɪnɪ́ʃiətɪv]

名 主導権・戦略

initiate 動 始める
例 take **initiative** on company reform
会社の改革を主導する

0821 transaction

[trænsǽkʃən]

名 取引

transact 動 (取引・業務などを)行う
例 an online **transaction**
インターネット上の取引

0822 acknowledge

[æknάlɪdʒ]

動 認める・礼を言う

acknowledgment 名 受け取り通知書・謝辞
例 globally **acknowledged** quality
世界的に認められた品質

なぜ青色かの理由は知りませんが「青焼き」という言葉から、すぐに理解できました。
（公務員・600点台）

「青写真」のことで「設計図・詳細な計画」です。設計図に青い紙が用いられたことが由来です。

なんとなく「workっぽいもの」であまり困らない感じです。
（自営業・600点台）

loadは本来「積み荷」→「重み・負荷」となりました。「仕事の(work)負荷(load)」→「仕事量」です。

この単語をそのまま読んで「愛する」とはどういう意味か真剣に聞かれたことがあります。
（公務員・700点台）

例のan aisle seatは飛行機の座席指定でよく使うフレーズです。日本の空港でも通じるので今度「アイルで」と言ってみれば、その後は絶対に覚えるはず。

「カバーする」は日本語化していると思うのですが、そこから「報道」の意味を連想できないです。
（サービス・800点台）

「覆う(cover)」イメージで、「損害をカバーするもの」→「補償」、「ある事件をマスコミがカバーする」→「扱うもの」→「報道」です。

いつも「タンス」と訳してしまう。ただ文章における問題はあまりない。
（学生・500点台）

それでも大丈夫ですし、「保管する家具」くらいのイメージでもOKです。心配ならばcabinetを画像検索すれば完璧でしょう。

「イニシアチブ」は日本語になっているので、「主導権」はイメージしやすいが、「戦略」は知らなかった。
（商社・800点台）

本来「最初(initialと関係あり)に始める」→「主導権」、「始めるときの計画」→「戦略」です。また、「主導権を取って行う計画」と覚えるのもアリです。

トランスのアクションということで「交流」まではイメージできるが、そこから「商取引」までが難しい。
（メーカー・600点台）

「会社を移動して(trans)行動する・アクションを起こす(act)」→「取引」となりました。

表記が似ているknowledgeと混同し意味を間違えやすい。
（金融・600点台）

knowledge「知識」に注目するのは良いことなんです。acknowledgeは「知識として知っていたことを認める」→「認める」となりました。

0823	**contemporary** [kəntémpərèri]	**形 現代の** 例 **contemporary** literature 現代文学

0824	**estate** [ɪstéɪt]	**名 土地・財産** 例 a real **estate** agent 不動産業者

0825	**defect** [díːfekt]	**名 欠陥** defective 形 欠陥のある 例 a **defect** in a product 製品の欠陥

0826	**suburb** [sʌ́bəːrb]	**名 郊外** urban 形 都会の 例 be located in a **suburb** of London ロンドン郊外に位置している

0827	**tenant** [ténənt]	**名 部屋を借りる人** 例 a **tenant** of a building ビルの賃借人

0828	**competitive** [kəmpétətɪv]	**形 他に負けない・競合できる** compete 動 競争する　competition 名 競争・コンペ competitor 名 競争相手・競合企業 例 a **competitive** product 競争力のある商品

0829	**approximately** [əpráksɪmətli]	**副 およそ** 例 It takes **approximately** 4 hours. およそ4時間かかります。

0830	**withdraw** [wɪðdrɔ́ː]	**動 引っ込める・(預金を)引き出す** 例 **withdraw** some money from a bank account 銀行口座からお金を引き出す

記憶エピソード

 カクシン

「年代」と暗記してましたが、「現代」とはイメージできず、よく誤訳します。（ソフトウェア・インターネット・通信・600点台）

「一緒の(con)時間(tempo：テンポ)を過ごす」→「同時代の」が本来の意味です。そこから「今私たちがいる時代」→「現代の」です。

estimate とイメージが重なりいつも間違えていたが、state のイメージで土地関係のカテゴリで覚えられた。（メーカー・800点台）

本来は「人の財産状態(state)を示すもの」で、そこから「土地」となりました。real estate agency「不動産屋」は引っ越しの話で出てきます。

de がマイナスイメージで、fect が perfect と似てるので、逆のイメージで「欠陥」と覚えた。（商社・800点台）

その覚え方、完璧です。本来「パーフェクト(perfect=fect)から離れている(de)」→「不足」→「欠陥」という流れです。

都市か田舎かどちらかという記憶はあるのですがいつも一瞬迷います。（ソフトウェア・インターネット・通信・700点台）

本来「都会(urb=urban)の下(sub)の区分(=都会まではいかない)」で、そこから「郊外」となりました。sub「下」は subway「地下鉄」などで使われています。

マンションの1階などに「テナント募集」とよく貼ってあるので、お店のことだと思っていました。（学生・500点台）

勘違いが多いので、僕が動画講義で力説したことですが、tenant とは「貸し手」ではなく、「部屋を借りる人」のことです！

ビジネスで「コンペ」という言葉をよく使うので、逆に短縮しない英語は新鮮だった。（公務員・600点台）

「コンペ」は「競争」で、形容詞 competitive は「競争できるほどの」→「他に負けない」です。「すごくイケてる」みたいなイメージです。

映画『オーシャンズ』シリーズでブラッドピットが言ったのを聞いたのが初めてでした。何度も発音を練習しました。（教育・600点台）

approach「近づく」と語源が関連していて、「近づいていく」→「およそ」となりました。about「だいたい・約」と同じ意味です。

with も draw も聞いたことがあるが、「引き出す」という訳が出てこない。（学生・600点台）

draw に注目してください。draw は本来「引く」で、「線を引く」→「描く」となっただけです。withdraw も「引く」と考えて大丈夫ですよ。

0831 overtime
[óuvərtàɪm]

名 残業 **形** 時間外の **副** 時間外に
例 work **overtime**
残業をする

0832 illustrate
[íləstrèɪt]

動 説明する
illustration **名** 説明・例
例 **illustrate** a plan
計画を説明する

0833 observe
[əbzə́r:v]

動 観察する・述べる・守る
observation **名** 観察 observer **名** 傍聴者
例 **observe** an experiment
実験を観察する

0834 assessment
[əsésmənt]

名 評価
assess **動** 評価する
例 **assessment** of property
財産の査定

0835 patent
[pǽtnt]

名 特許
例 a **patent** application number
特許出願番号

0836 farewell
[fèərwél]

名 別れ・送別会
例 hold a **farewell** party
送別会を開く

0837 packet
[pǽkət]

名 小包
例 receive a **packet**
小包を受け取る

0838 quantity
[kwántəti]

名 量
例 **quantity** of items
商品の数

記憶エピソード	カクシン

 時間切れ、と思いきや「残業」。でも欧米人の感覚ってこんなものかも、と思えば納得？
（金融・500点台）

「オーバーした（**over**）時間（**time**）」→「残業」ということです。「残業があるかないか」などは仕事を探すときに重要な要素ですよね。

 「イラスト」からなんでこの意味になるかはわからないが、「イラストを説明する」と覚えてます。
（商社・500点台）

「イラスト」は本来、「絵を使って説明したもの」という意味です。英語では絵のことは忘れて、まずは「説明する」とだけイメージしてください。

 「オブザーバー」という言葉をよく使うので、「見守る」ようなイメージで捉えている。
（金融・500点台）

本来「じっと見守る」で、そこから「観察する」、「観察したことを述べる」、また「規則をじっと見守る」から「守る」です。「オブザーバー（**observer**）」は「傍聴者」のことです。

 「環境アセスメント」という時事用語をニュースでよく耳にするので、「評価」という意味は覚えやすかった。
（金融・500点台）

「アセスメント（評価）」という言葉は人材派遣・環境保全・教育などで使われ始めています。「数字をつけて評価する」イメージです。

 パッと見た感じで、patentとpatientを間違えやすいです。
（職業不明・400点台）

難しいですが、ビジネスにおいては絶対にはずせない単語です。最近は「特許に関して発生するお金」を「パテント料」と言うこともあります。

 会社でfarewell partyという言葉をよく使うのでイメージがつきやすかったです。
（メーカー・800点台）

本来「さようなら」という別れのあいさつです。外資系企業は海外転勤も多いので、**farewell party**「送別会」が頻繁に行われます。

 よく「携帯のパケット」と昔使っていたので、何か通信に関するものかと思ってしまいました。
（メーカー・600点台）

「何かをまとめたもの」というイメージです。**packet**には**pack**「荷物・包み」の綴りが入っているので、そこから「小包」と覚えてください。

 あまり日本語でなじみがないので、なじみのあるqualityの「そうじゃないほう」という覚え方をしました。
（メーカー・600点台）

良い覚え方ですね。フレーズでセットで覚えたい人は、**prefer quality to quantity**「量より質をとる」で覚えてください。

0839	**invest** ☐☐☐ [ɪnvést]	動 投資する **investment** 名 投資 例 **invest** in advertising 広告に投資する

0840	**consist** ☐☐☐ [kənsíst]	動 (〜から)成る・(〜で)構成されている 例 **consist** of small parts 小さな部品で構成されている

0841	**exceed** ☐☐☐ [ɪksíːd]	動 超える **excess** 名 超過・過剰　**excessive** 形 過度の 例 **exceed** a limit 制限を超える

0842	**rarely** ☐☐☐ [réərli]	副 めったに〜ない **rare** 形 珍しい 例 Mr. Obama **rarely** takes a day off. Obamaさんはめったに休みません。

0843	**exclusively** ☐☐☐ [ɪksklúːsɪvli]	副 〜だけ **exclusive** 形 排他的な・独占的な 例 The offer is **exclusively** for regular customers. その特典は常連客だけのものです。

0844	**site** ☐☐☐ [sáɪt]	名 場所・現場 例 a construction **site** 建設現場

0845	**pursue** ☐☐☐ [pərs(j)úː]	動 追う・追求する **pursuit** 名 追跡 例 **pursue** an ideal business model 理想的なビジネスモデルを追求する

0846	**shortage** ☐☐☐ [ʃɔ́ːrtɪdʒ]	名 不足 例 a **shortage** of workers 労働者不足

investigate と混同しがちです。派生語も含めて、調査？投資？どちらかな、と迷ってしまいます。
（金融・600点台）

「投資家の vest（服・ベスト）を着て（in）、投資家のふりをする」が本来の語源ですが、シンプルに「服飾（vest）にお金をつぎ込む・入れる（in）」で。

consist of という熟語として「構成されている」を覚えています。
（サービス・800点台）

「ともに（con）立つ（sist=stand）」→「一緒になって1つのものを構成する」です。consist of ～「～で構成されている」という熟語が大事です。

「限界を超えてイクシード」ってゴロで覚えました。
（団体職員・600点台）

ex「外」から、「超えていく」イメージで。「普通よりも外へ（ex）進む（ceed）」→「超える」です。

「レア」は子供の頃のゲームなどで珍しいカードやキャラクターに対して使っていた単語なので間違えない。
（メーカー・500点台）

「レアキャラ」「レアもの」など日本語でも使いますね。副詞 rarely は「めったに～ない」と否定的に訳すのがポイントです。

clu の部分の読みが一瞬詰まる。毎回読むときにエクスから後ろの文字を混同してしまう。
（学生・400点台）

「外に（ex）締め出す（clus=close）ような（ive）」→「排他的な・独占的な」からイメージを。スッキリと、exclusively=only と覚えると簡単ですよ。

「場所」という意味を捉えられなかったときがあった。インターネットの「サイト」を意識しすぎた。
（学生・400点台）

インターネットの「サイト」とは「ネット上の場所」ということです。本来は「場所」で、それがネットに転用されたわけです。

pursue と purchase の綴りが似ているので間違えてしまう。
（ソフトウェア・インターネット・通信・400点台）

「パス～……」とずっと何かを「追う」響きで覚えてみてください。実際に「追いかける」場合にも「追求する」場合にも使えます。

short から、「短い→足りない→不足」と覚えました。
（学生・600点台）

それ、完璧です。short は「短い」で有名ですが、ある到達点までの距離が「短い」→「長さが不足した」となり、その名詞形が shortage です。

| 0847 | **desirable**
☐ ☐ ☐
[dɪzáɪərəbl] | 形 望ましい
desire 動 強く望む
例 a **desirable** outcome
望ましい結果 |

| 0848 | **possess**
☐ ☐ ☐
[pəzés] | 動 所有する
possession 名 所有
例 **possess** a property
土地を所有する |

| 0849 | **despite**
☐ ☐ ☐
[dɪspáɪt] | 前 ～にもかかわらず
例 **despite** the bad weather
悪天候にもかかわらず |

| 0850 | **prompt**
☐ ☐ ☐
[prámpt] | 形 素早い
promptly 副 即座に
例 a **prompt** response
素早い反応 |

| 0851 | **urgent**
☐ ☐ ☐
[ə́r:dʒənt] | 形 緊急の
urge 動 勧める・強く迫る
例 an **urgent** call
緊急の電話 |

| 0852 | **thorough**
☐ ☐ ☐
[θə́r:rou, θə́rə] | 形 徹底的な・完全な
thoroughly 副 徹底的に
例 **thorough** investigation
徹底的な調査 |

| 0853 | **multiple**
☐ ☐ ☐
[mʌ́ltəpl] | 形 多数の
例 **multiple** locations
複数の場所 |

| 0854 | **accessible**
☐ ☐ ☐
[æksésəbl] | 形 アクセスできる・行きやすい
access 動 アクセスする
accessibility 名 行きやすさ
例 easily **accessible** by road and rail
車でも電車でも簡単に行ける |

desire は「望む」という意味なので、able がつくと形容詞で「望ましい」と覚えてます。
（ソフトウェア・インターネット・通信・600点台）

動詞 desire は「強く望む」ですね。want や hope よりも、単語の綴り・発音に強さが感じられます。求人広告で出てきます。

「ポゼッション」がサッカー用語なので覚えやすかった。
（インフラ・800点台）

まさにサッカー中継で使われるのが「ポゼッション（possession）」で、「ボール所有率」のことです。

Part 5 で although, though, in spite of 等と並んで選択肢にあることが多い気がする。
（学生・600点台）

「前置詞」だということを意識してください。despite の後ろには名詞がきます。in spite of ～ と同じ意味です。

IT 職なので、「コマンドプロンプト」という単語が身近であったため覚えやすかった。
（ソフトウェア・インターネット・通信・500点台）

発音「プロンプト」の響きが、「ポンと押すと、ポンと返ってくる」→「素早い」といった感じです。

アメリカで urgent care に行ったことにより urgent の意味を1回で覚えることができた。
（公務員・700点台）

動詞 urge は「勧める・強く迫る」です。その形容詞が urgent で、「（迫りくるほど）緊急の」ということです。

ずっと前置詞の through（～を通って）だと思いこんでいた。
（商社・700点台）

「サーロウ」の発音がよく使われますが、意味を覚えやすいのは「サラ」で、「サラブレッド（thoroughbred）」は「完全な育ちの純血馬」です。

マルチタスク的な雰囲気で、比較的覚えやすかった。
（ソフトウェア・インターネット・通信・500点台）

「マルチタレント」は「（歌・トークなど）たくさんする タレント」です。multiple answers allowed「複数回答可」は、Part 7 のアンケートで使われます。

access と able の組み合わせによる単語なので語幹を理解することで意味をつかめる。
（ソフトウェア・インターネット・通信・700点台）

「交通アクセス」は「その場所への接近」ということです。「アクセスできる」と考えれば簡単ですね。

227

0855	**numerous** [n(j)úːmərəs]	形 数多くの 例 **numerous** participants 多数の**参加者**
0856	**overlook** [òuvərlúk]	動 見渡す・大目に見る・見落とす 例 **overlook** an important notice 重要な通知を見落とす
0857	**fold** [fóuld]	動 折りたたむ・（腕などを）組む 例 The man is **folding** his arms. その男性は腕を組んでいます。
0858	**contribute** [kəntríbjuːt]	動 貢献する・寄付する **contribution** 名 貢献・寄付 例 **contribute** to a fund 基金に寄付をする
0859	**substitute** [sʌ́bstət(j)ùːt]	動 代わりに使う **substitution** 名 代用・代理 例 **substitute** a pen for a pencil 鉛筆の代わりにペンを使う
0860	**paycheck** [péitʃèk]	名 給料支払い小切手・給料 例 his first **paycheck** 彼の初任給
0861	**expire** [ıkspáıər]	動 終了する・期限が切れる **expiration** 名 終了・満期 例 The contract will **expire** next month. その契約は来月に切れます。
0862	**dedicated** [dédɪkèɪtɪd]	形 献身的な **dedicate** 動 捧げる 例 diligent and **dedicated** employees 勤勉で献身的な従業員

記憶エピソード	カクシン

「多くの」という意味ですが、いつも「巨大な」のenormousと混同します。（金融・600点台）

numerous は **number** と語源が一緒で、そこから「数がたくさん」となりました。**many** をカッコつけたような単語です。

全体をさっと見てしまった（飛び越えるイメージ）から見落とした、と覚えた。（公務員・700点台）

本来「向こう（**over**）を見る（**look**）」→「見渡す」、さらに、わざと向こうを見れば「大目に見る」、うっかり向こうを見れば「見落とす」です。

リスニングで出てきた、fold one's arms で覚えています。（サービス・700点台）

「フォルダー（**folder**）」とは「書類を折りたたんで保存するもの」のことです。さらに「腕を折りたたむ」→「腕を組む」となりました。

distribute「分配する」などと混同しますが、コントリビュートの「コ」から「こうけんする」と覚えました。（ソフトウェア・インターネット・通信・700点台）

「一緒に（**con**）貢いだ（**tribute**）」→「貢献する・寄付する」です。**CD** の「トリビュートアルバム」は「心を貢いで（**tribute**）尊敬して作成したもの」です。

ワールドカップでsubstituteの光掲示板を掲げて選手交代していて、おおこれだ！と覚えました。（ソフトウェア・インターネット・通信・700点台）

よく「代用する」と訳されますが、結局どれを使うのかわからなくなるので、直後にきたものを「（代わりに）使う！」と意識してください。

毎月の「給料チェック」をしている自分を想像してpaycheckを覚えられるようになりました。（メーカー・400点台）

その覚え方もアリですが、正確には「給料（**pay**）を小切手（**check**）でもらうこと」に由来します。日本は口座振り込みが普通ですね。

海外サイトで買い物をしたときに、「カードの有効期限が切れています」と表示されるのでよくイメージできる。（メーカー・700点台）

「外に（**ex**）息を吐く（**spire**）」→「（息を吐き尽くして）終わる」です。**Part 7** の「有効期限が切れる」などの話で出てきます。

「専念する」から「献身的な」という意味を関連させて覚えていた。（サービス・900点台）

dedicate「捧げる」の過去分詞で「（何かに自分が）捧げられた」→「献身的な」です。大学生には「尽くすタイプ」と説明すると理解してくれます。

0863	**inspect**	動 検査する
	[ɪnspékt]	inspection 名 検査 例 **inspect** equipment in a factory 工場内の設備を点検する

0864	**securely**	副 安全に・しっかりと
	[sɪkjúərli]	secure 形 安全な・確実な 例 **securely** fasten a seat belt シートベルトをしっかり締める

0865	**prohibit**	動 禁じる
	[prouhíbət]	prohibition 名 禁止 例 Smoking is **prohibited** in this area. この区域は禁煙です。

0866	**transform**	動 変える
	[trænsfɔ́:rm]	transformation 名 変化 transformer 名 変化する人(物) 例 **transform** heat into power 熱を動力に変える

0867	**consent**	名 同意
	[kənsént]	例 get **consent** from a supervisor 上司から同意を得る

0868	**remarkable**	形 注目すべき・素晴らしい
	[rɪmá:rkəbl]	remark 動 述べる・注目する　名 注目 remarkably 副 目立って・非常に 例 a **remarkable** achievement 素晴らしい業績

0869	**trail**	名 小道
	[tréɪl]	例 take a walk along a **trail** 小道を散歩する

0870	**subscription**	名 定期購読
	[səbskrípʃən]	subscribe 動 署名する・定期購読する 例 start a **subscription** to this magazine この雑誌の定期購読を始める

insect「昆虫」と混乱して間違えたことがあった。「インスペクター」というカタカナ英語から覚えている。（ソフトウェア・インターネット・通信・700点台）	「中を(in)見る(spect)」→「検査する」です。spectは「見る」という意味が含まれ、**spectator**「観客」などに使われています。
「セキュリティ」という言葉に似ていて、それの副詞なので、「安全に→しっかり」は連想しやすかったです。（教育・800点台）	形容詞secureは「心配(cure=care)から切り離された(se)」→「安全な・確実な」で、その副詞形がsecurelyです。
名詞のprohibitionを「禁止事項」みたいな看板で見たので、覚えやすい。（商社・800点台）	その看板見てみたいですね。予備校の生徒が「プロは日々、色々と(遊ぶのを)禁じるんだよ」と覚えてました。意外と効果的です。
『トランスフォーマー』という映画を見ていればなんとなく意味がわかると思います。（サービス・700点台）	「形(form)を移動する(trans)」→「変える」です。映画『トランスフォーマー』は、「変形するロボット」が出てきますね。
日本語の「コンセント」と混同してしまいます。（学生・700点台）	「インフォームド・コンセント」は「病状・治療方針を患者が知らされて(informed)、同意(consent)すること」です。プラグを差し込む「コンセント」はoutletです。
remake「作り直す」が浮かんでしまい、そこから意味を連想してしまうので、よく間違えます。（商社・400点台）	動詞remarkは本来「再び(re)マーク(mark)する」です。サッカーで「マークする」とはその選手に「注目する」ことです。remarkableは「注目(remark)できる(able)」→「注目すべき・素晴らしい」です。
「道」という意味がなかなか出てこなかった。tailと紛らわしくて。（ソフトウェア・インターネット・通信・700点台）	「山道を走ること」を「トレイルラン」と言います。track「跡」と語源が同じで、「(人が歩いた)跡」→「小道」です。Part 4で出てくる単語です。
description「描写」と似ていて混乱する。（教育・700点台）	動詞subscribeは「用紙の下(sub)に名前を書く(scribe)」→「署名する・定期購読する」です。TOEICでは定期購読する人が多いのでよく出てきます。今は「サブスク」でもおなじみですね。

0871	**qualified** ☐☐☐ [kwáləfàɪd]	形 資格のある qualify 動 資格を与える　qualification 名 資格 例 be **qualified** for a job 職に就く資格がある
0872	**modify** ☐☐☐ [mádəfàɪ]	動 変更する・修正する 例 **modify** a schedule スケジュールを修正する
0873	**assume** ☐☐☐ [əs(j)úːm]	動 思う・仮定する・引き受ける・態度をとる assumption 名 想定・仮定・引き受け・態度をとること 例 I **assume** that you're right. あなたは正しいと思います。
0874	**utility** ☐☐☐ [juːtíləti]	名 実用性・公共事業 utilize 動 利用する 例 **utility** company 公益事業会社
0875	**contrary** ☐☐☐ [kántrèri]	形 反対の 例 be **contrary** to current trends 最近の流行に反している
0876	**authorize** ☐☐☐ [ɔ́ːθəràɪz]	動 権限・権威を与える authorized 形 公認の　authority 名 権威者 例 an **authorized** inspection agency 公認検査機関
0877	**resign** ☐☐☐ [rɪzáɪn]	動 辞任する resignation 名 辞任 例 Mr. Parker **resigned** from his position. Parkerさんは職を辞しました。
0878	**transition** ☐☐☐ [trænzíʃən]	名 移行・移り変わり transit 名 通過・輸送 例 a **transition** period 移行期間

TOEICでやたらと見かけるのにすぐ間違えてしまいます。いい覚え方を知りたいです。
（パート・アルバイト・500点台）

動詞 qualify は、quality「質」と語源が同じで、「何らかの質があると認める」→「資格を与える」です。qualified「資格を与えられている」です。

CGの作成で「モディファイする」という言い方がありましたが、modify とは思っていませんでした。
（会社員・300点台）

「勉強モードになる」の「モード（mode）」とは、「特定の状態」という意味です。modify は「特定の状態（mod=mode）に合わせる（ify）」→「変更する・修正する」です。

この単語は日本語訳にしたときの種類が多いので、非常に覚えにくい単語というイメージがあります。
（メーカー・600点台）

本来「取り入れる」で、「考えを取り入れる」→「思う・仮定する」、「責任を取り入れる」→「引き受ける」、「態度を取り入れる」→「態度をとる」です。

PCの便利ソフトによく「～ユーティリティ」という名前がついてます。「公共事業」は覚えにくかったです。
（会社員・600点台）

use と関連があって、「使える・役立つこと」→「実用性」となり、さらに「社会全体に実用性があるもの」→「公共事業」です。

「コントラスト」と似てるので、コントラストの強い白と黒をイメージして「反対の」という意味を覚えた。
（学生・700点台）

良い覚え方ですね。contrary to ～「～に反して」、on the contrary「それどころか」などの熟語でよく使われます。

パソコンやスマホのソフトをインストールするときに、authorized という単語をよく見かける。
（サービス・400点台）

「権威・権限（authority）を与える」ということです。過去分詞 authorized は「権限を与えられた」→「公認の」です。

入社したときに sign をして、辞任するときに再び sign するので、resign は辞任するだと覚えた。
（メーカー・500点台）

良い覚え方です。厳密には「署名（sign）した契約書を返す（re）」→「契約を打ち切る」→「辞任する」ですが、好きなほうで覚えてください。

飛行機の待合で使う「トランジット」から、「状態を移行する」というイメージで覚えました。
（ソフトウェア・インターネット・通信・600点台）

trans の「移動する」という意味から「時間の移動・移り変わり」と考えてください。transition from A to B「AからBへの移行」の形も重要です。

0879 **distinguished** ☐ ☐ ☐ [dɪstíŋgwɪʃt]	形 際立って優れた distinguish 動 区別する 例 a **distinguished** actor 名優

0880 **conclude** ☐ ☐ ☐ [kənklúːd]	動 結論を下す・終える conclusion 名 結論 例 **conclude** that everything is under control 全てが管理下にあると結論づける

0881 **vacant** ☐ ☐ ☐ [véɪkənt]	形 空いている occupied 形 使用中の 例 a **vacant** room 空き部屋

0882 **appliance** ☐ ☐ ☐ [əpláɪəns]	名 器具・電化製品 例 an **appliance** store 家電販売店

0883 **vice** ☐ ☐ ☐ [váɪs]	形 副の 例 be promoted to **vice**-president 副社長に昇進する

0884 **convention** ☐ ☐ ☐ [kənvénʃən]	名 会議 convene 動 招集する・集まる 例 **convention** site 集会場

0885 **comparable** ☐ ☐ ☐ [kámpərəbl]	形 匹敵できる・似たような compare 動 比較する 例 be **comparable** to an old model 古いモデルと同等である

0886 **panel** ☐ ☐ ☐ [pǽnl]	名 委員会 panelist 名 討論者 例 a **panel** of judges 審査団

記憶エピソード	カクシン

記憶エピソード	カクシン
なんとなく disgusted（うんざりした）と混じってしまうことがあり、あまりポジティブな意味を想像しにくい。 （メーカー・500点台）	動詞 distinguish は「区別する」で、その過去分詞形です。「他者とは（よい意味で）区別された」→「際立って優れた」となりました。
名詞の conclusion を、英語で報告する最後のまとめのスライドにタイトルとして使う。 （メーカー・800点台）	「完全に（con）閉じる（clude=close）」→「結論を下す」という意味です。発展として、conclude with a speech「スピーチで終わる」もチェックを。
今までなじみはなかったですが、会社の会議室の予約システムで覚えました。 （メーカー・600点台）	vac は「空っぽ」です（vacation は「仕事の予定が空っぽ」→「休暇」）。日本のタクシーも「空車」のときに VACANT という表示が増えてきました。
家電量販店でこの単語を見かけてバッチリ覚えました。 （サービス・500点台）	「家の中で適用する（apply）物」→「器具・電化製品」となりました。kitchen appliance「台所で使う電化製品」は、日本のお店でも見かけます。
vice-president で覚えました。自分の会社の副社長をイメージして。 （メーカー・600点台）	副社長を見かけるたびに、「あなたは vice-president ですね」と心の中でつぶやくようにしてみてください。
「会議・大会」という意味で暗記していますが、「条約」や「協定」をイメージできない。 （ソフトウェア・インターネット・通信・500点台）	TOEIC では「会議」だけで十分ですよ。会議施設を「コンベンションセンター（convention center）」と言います。
研究職では比較することが基本なので compare という単語にはなじみがあります。 （団体職員・700点台）	「比較（compare）できる（able）」→「匹敵できる」→「似たような」です。よく「匹敵できる」と訳されますが、「似たような」というイメージで。
日本語の「パネル」に引っ張られ、何でこんな意味になるのかわからないので無理矢理覚えたが少し大変だった。 （学生・500点台）	TV で「討論者」を「パネリスト（panelist）」と言います（「パネラー」という言い方は間違い）。panel は「panelist の集まり」というイメージです。

0887	**diverse**	形 多様な
		diversity 名 多様性
		例 a **diverse** background
	[dəvə́ːs]	多様な経歴

0888	**revenue**	名 収益
		例 Our sales **revenue** reached $100 million.
	[révən(j)ùː]	我が社の売上収益は1億ドルに達しました。

0889	**prescription**	名 処方箋
		prescribe 動 処方する
		例 fill a **prescription**
	[prɪskrípʃən]	処方箋(の薬)を調合する

0890	**dispose**	動 処分する
		disposal 名 処分
		disposer 名 ディスポーザー(生ごみ粉砕機)
		例 We need to **dispose** of the stock.
	[dɪspóuz]	私たちは在庫を処分する必要があります。

0891	**workforce**	名 労働人口
		例 40% of our **workforce** is female.
	[wə́ːrkfɔ̀ːrs]	当社の従業員の40%は女性です。

0892	**expose**	動 さらす
		exposed 形 さらされた
		exposure 名 さらす(さらされる)こと
		例 The book was **exposed** to criticism.
	[ɪkspóuz]	その本は批判を浴びました。

0893	**outlook**	名 見通し・展望
		例 **outlook** for the Japanese stock market
	[áutlùk]	日本株式市場の見通し

0894	**investigate**	動 調査する
		investigation 名 調査
		例 **investigate** the cause of a problem
	[ɪnvéstɪgèɪt]	問題の原因を調査する

「ダイバーシティ」という言葉から覚えた。（小売・500点台）	お台場にある「ダイバーシティ東京」という商業施設は「多様性を持った施設」と「台場」をかけたのだと思います。名詞 **diversity** が使われています。
avenue と revenue をよく読み間違えて、一瞬頭の中が真っ白になる。（会社員・600点台）	**re** は「戻って」なので、「戻ってきたもの」ということで、材料費や広告費に投資したものが、「お金となって戻ってきたもの」→「収益」です。
subscription という単語とごっちゃになり、覚えるのが大変だった。（学生・400点台）	「医者が事前に(**pre**)書いたもの(**script**)」→「処方箋」となりました。「原稿（書いたもの）」を **script** と言いますね。
「ディスポーザー」のイメージが強く、「砕く」という意味だとずっと勘違いしていた。（学生・500点台）	「砕いて処分する」と覚え直してください。「ディスポーザー(**disposer**)」は「生ごみを処分する機械」です。**dispose of ～**「～を処分する」の形が重要です。
「フォース」はスター・ウォーズでの「力」みたいなイメージ。work とくっつければ、「労働力」。（メーカー・800点台）	**force** は「力」という意味です。理科の授業で「力」を **f** で表すのはこの単語のことです。**workforce** は「仕事する(**work**)力(**force**)」ですね。
exp で始まる単語が多すぎて、特に調査や検査にまつわる単語と混同することがある。（小売・500点台）	では **pose**「置く」を意識してください。「外に(**ex**)置く(**pose**)」→「さらす」です。「モデルがポーズをとる台の上に置かれてさらされる」イメージで。
「見た目」だと思ってしまい、何度も間違えてしまう。（ソフトウェア・インターネット・通信・500点台）	「見た目」なら **look** だけで十分だと考えてください。「外(**out**)を見る(**look**)」→「先を見る」→「見通し・展望」となりました。
「調査する」という意味。invest が「投資する」という意味なので、混同しないか不安。（金融・400点台）	その悩み、多そうですね。**invest**（0839）でも同じ悩みがありました。**investigate** のほうが長いので「事件の中を(**in**)警察が長～く調査する」くらいに覚えてください。

0895 **suspend** [səspénd]	動 保留する・一時停止する 例 **suspend** operations 操業を一時停止する
0896 **entitle** [entáɪtl]	動 権利を与える 例 be **entitled** to a promotion 昇進する資格がある
0897 **circulation** [sə̀ːrkjəléɪʃən]	名 循環・流通・発行部数 circulate 動 循環する(させる)・流通する(させる) 例 The magazine has a **circulation** of 100,000. その雑誌の発行部数は10万部です。
0898 **crucial** [krúːʃəl]	形 重大な 例 a **crucial** factor for success 重大な成功要因
0899 **biography** [baɪágrəfi]	名 伝記・経歴 例 a **biography** of an inventor 発明家の伝記
0900 **token** [tóukn]	名 印 例 as a **token** of my gratitude 私の感謝の印として
0901 **adapt** [ədǽpt]	動 適応させる adaptation 名 適応 例 **adapt** to a changing environment 環境の変化に順応する
0902 **diligent** [dílɪdʒənt]	形 勤勉な 例 a **diligent** and honest character 勤勉で正直な性格

記憶エピソード	カクシン

suspect と aspect と 全部ごちゃごちゃになってしまいます。
（金融・500点台）

ズボンの「サスペンダー（suspender）」は「ズボンをぶら下げるもの」です。「議論をぶら下げて決定しない」→「保留する・一時停止する」です。

「エンタイトルツーベース」、昔のプロ野球のゲームでよく聞いていたのでわかりました。
（学生・600点台）

「肩書（title）を与える」→「権利を与える」です。例はentitle人to物「人に物を得る権利を与える」という形が受動態になったものです。

空気を循環させる扇風機みたいな「サーキュレーター（circulator）」から、なんで「発行部数」になるのかわからない。
（学生・800点台）

circle「円」と関連があり、本来「グルグルまわる」→「循環・流通」、さらに「新聞など世の中を循環するもの」→「発行部数」となりました。

「重大な」と聞くと、importantのほうが頭に浮かびます。なかなか覚えられない。
（メーカー・400点台）

本来「十字架（cruci=cross）を背負うほど重大な」です。よく「決定的な」と訳されていますが、「重大な」のほうが便利ですよ。

「バイオ」と聞いただけで生物を思い浮かべてしまう。一瞬戸惑って迷う。
（会社員・600点台）

その声、本当に多かったです。本来「生命（bio）を記したもの（graphy）」→「伝記・経歴」です。TOEICではbiology「生物学」よりbiographyのほうが重要です。

この単語は as a token of の形で覚えないと実際の試験ではあまり使えないなと感じました。
（学生・500点台）

まったくその通りで、as a token of ～「～の印として」の形でしか出てきません。as a token of appreciation「感謝の印に」もチェックを。

adapt と adopt は発音自体も似ており、いつもどっちがどういう意味なのか、単語だけだと迷う。
（商社・800点台）

「電源アダプター（adapter）」は「交流を直流電流に適応させるもの」です。一方、adoptはopt（オプション）から「（選んで）採用する」です。

綴りが似ているためか、「洗剤」を意味するdetergentと勘違いしたことがある。
（小売・600点台）

TOEICの中に出てくる人は勤勉な人だらけなので、「勤勉な」という3つの単語、hardworking・earnest・diligentをしっかりチェックしておいてください。

Chapter 1　Chapter 2 目標730点の英単語　Chapter 3　Extra Words

239

0903	circumstance	名 状況
☐☐☐	[sə́:rkəmstæns]	例 under any **circumstances** いかなる状況下でも

0904	measure	名 メジャー・対策　動 測定する
☐☐☐	[méʒər]	**measurement** 名 測定・寸法 例 take **measures** against cold 防寒対策を取る

0905	excursion	名 小旅行
☐☐☐	[ıkskə́:rʒən]	例 a one-day **excursion** to the countryside 田園地方への日帰り小旅行

0906	relief	名 安心
☐☐☐	[rılí:f]	**relieve** 動 安心させる 例 give **relief** to customers 顧客に安心を与える

0907	commitment	名 関わり合い・献身
☐☐☐	[kəmítmənt]	例 Your active **commitment** is expected. あなたの積極的な関与が求められています。

0908	venue	名 開催地・会場
☐☐☐	[vénju:]	例 a **venue** for a concert コンサート会場

0909	attribute	動 ～を…に帰する
☐☐☐	[ətríbju:t]	例 What is the price increase **attributed** to? 値上げの原因は何でしょうか？

0910	conservation	名 保護
☐☐☐	[kànsərvéıʃən]	**conserve** 動 保護する 例 wildlife **conservation** 野生生物保護

記憶エピソード	カクシン

 under the circumstance「その状況下で」という熟語を覚えていたので、この単語はすぐに覚えられました。（学生・700点台）

本来「周りを円のように囲んで（circum=circle）立っている（stance=stand）」です。そこから、自分を囲んでいる「状況」となりました。

「対策」の意味のものを「測定」とよく間違えてしまいます。（会社員・500点台）

「メジャー（巻尺）・測定する」が有名ですが、「キチッと測って対策する」と覚えてください。**TOEIC** では take measures「対策を取る」が頻出です。

 東北の交通ICカード「イクスカ」の由来の1つがexcursion（ちょっとしたお出かけ）だそうです。（金融・600点台）

素晴らしい情報です。海外旅行先での短いツアー（島や遺跡めぐり）を「エクスカーション」と言い、日本のガイドブックでも使われています。

 野球の「リリーフ」のイメージが先行してしまい、かえって覚えづらいです。（ソフトウェア・インターネット・通信・400点台）

What a relief!「安心した！・ほっとした！」はぜひ会話で使って覚えてください。野球の「リリーフピッチャー」は、「（最後の締めを任せられる）安心させるピッチャー」が由来です。

 CMとかでもよく聞くけど、いつも意味があやふや。（会社員・700点台）

動詞 commit は「委ねる」です。日本語でも「コミットメント」は「何かに身を委ねること」というイメージで、そこから「関わり合い・献身」です。

 英語力には自信があったけど、TOEICの勉強をするまでまったく知らなかった単語の1つ。（メーカー・800点台）

大学受験や英検でも出てこないので、大半の人がそうだと思いますよ。でも **TOEIC** では毎回といっていいほど見かける超重要単語です。

「帰する」とか言われても…。（メーカー・700点台）

日本語訳だけで覚えるのではなく、**attribute** 結果 to 原因「結果は 原因 によるものだ」の形で理解してください。例はその受動態です。to の後の名詞が what になっています。

 綴りも音も、conversation と似ているので、間違えそうになる。（メーカー・600点台）

「一緒に（con）保つ（serve）こと」→「保護」です。the conservation of nature「自然保護」などのフレーズで覚えてもいいでしょう。

0911 implement

動 [ímpləmènt]
名 [ímpləmənt]

動 実行する　名 道具
implementation 名 実行
例 implement a plan
計画を実行する

0912 undergo

[ʌndərgóu]

動 受ける・経験する
例 undergo a number of tests
多くの検査を受ける

0913 sufficient

[səfíʃənt]

形 十分な
insufficient 形 不十分な
例 sufficient energy
十分なエネルギー

0914 faculty

[fǽklti]

名 学部・教授陣
例 university students and faculty
members
大学の学生と教授陣

0915 dairy

[déəri]

名 乳製品
例 dairy products factory
乳製品工場

0916 moderate

[mádərət]

形 控えめな
moderately 副 控えめに
例 a moderate increase
そこそこの増加

0917 acquire

[əkwáiər]

動 獲得する・習得する・買収する
acquisition 名 獲得・習得・買収
例 acquire a regional bank
地方銀行を買収する

0918 premises

[prémɪsɪz]

名 敷地
例 on the premises
敷地内で

ビジネスでよく「インプリメンテーション」という言葉が出てくるので「実行」というイメージを持っている。
（金融・700点台）

「道具を使って実行する」と覚えてください。implement=carry outです。

そのまま訳すと「下を行く」なので地下鉄かな…とか地下通路とかをいつも想像してしまいます。
（会社員・500点台）

地下鉄は subway ですね。この単語は go なので動詞をイメージしてください。「何かの影響下で(under)物事を進める(go)」→「受ける・経験する」です。

スペルから、「suffer」のイメージが浮かんできてしまいました。
（会社員・400点台）

suffer「苦しむ」は動詞なので、品詞が違いますね。sufficient=enoughと考えてください。対義語の insufficient「不十分な」もよく使われます。

ファシリティ（facility）と似ているため誤認識してしまう。
（メーカー・600点台）

実は facility「能力・設備」と同語源で、本来「(容易にする)能力」→「(能力を身につける)学部」、「能力ある人たち」→「教授陣」となりました。

「乳製品」という意味であるが、発音は daily と酷似しているため、スペルをパッと見ただけだと間違えやすい。
（学生・700点台）

dairy 単独でも「乳製品」の意味ですが、実際には dairy products「乳製品」の形でよく出てくるので、このまま覚えておくと勘違いが激減します。

ピアノの楽譜に「モデラート」があるので、「中くらいの速さで」をベースに覚えていました。
（会社員・400点台）

「そこそこ・ほどほど」のイメージです。副詞 moderately を使った、be moderately priced「手ごろな値段に設定されて」もチェックを。

inquire、require と混同しがちだった。意味を取り違えると混乱するため確実に覚えたい。
（メーカー・700点台）

名詞 acquisition から覚えたほうが混乱しないかも。M&A は merger and acquisition「企業の合併・買収」です。「会社の獲得」→「買収」ですね。

単数形 premise だと「前提」なのに、複数形だと「敷地」というのが、結びつかなくてなかなか覚えられない。
（医療・800点台）

premise は「前提」ですが、「物件に当然のように(前提として)ついてくる土地」→「敷地」となりました。on the premises という形で出てきます。

0919	**preliminary**	形 予備の・準備の
☐ ☐ ☐	[prɪlímənèri]	例 a **preliminary** inspection 予備調査

0920	**appetizer**	名 前菜
☐ ☐ ☐	[ǽpətàɪzər]	**appetite** 名 食欲 例 today's **appetizer** 本日の前菜

記憶エピソード	カクシン 

 発音の仕方が難しくて、なんか意味も覚えられず…。
（サービス・700点台）

pre「前の」に注目して、「前もって準備したもの」→「予備の・準備の」と覚えてください。難しい単語ですが、**Part 7**でよく出てきます。

 大学のときバイトしていたレストランで普通に使われていました。
（メーカー・700点台）

「食欲（**appetite**）を促進するもの」→「前菜」という意味です。レストランのメニューによく書いてあります。

Chapter 3

目標860点の
英単語

かなり難しい単語が出てきますが、どれも
TOEIC頻出のものばかりです。また、中には「あ
れ、基本じゃない?」と思う単語もあるかもし
れません。でも、そんな単語も、実は正答率が
低かったために、ここに載せられているわけで
す。思わぬ弱点が見つかるかもしれませんよ。

0921 **minimize** ☐☐☐ [mínəmàɪz]	動 最小限にする **minimum** 名 最小　形 最小の **maximize** 動 最大にする 例 **minimize** a potential risk 　潜在的なリスクを最小限にする

0922 **layout** ☐☐☐ [léɪàut]	名 配置 例 change an office **layout** 　オフィスの配置を変更する

0923 **laptop** ☐☐☐ [lǽptàp]	名 ノートパソコン 例 a new **laptop** computer 　新しいノートパソコン

0924 **copyright** ☐☐☐ [kápiràɪt]	名 著作権 例 protect a **copyright** 　著作権を保護する

0925 **applicable** ☐☐☐ [ǽplɪkəbl]	形 当てはまる **apply** 動 当てはまる 例 It is **applicable** to all businesses. 　それは全ての事業に適用できます。

0926 **librarian** ☐☐☐ [laɪbréəriən]	名 図書館員・司書 例 work as a **librarian** 　図書館員として働く

0927 **amenity** ☐☐☐ [əménəti]	名 (〜s で)設備 例 a five-star hotel with all the **amenities** 　設備がすべて整っている5つ星ホテル

0928 **ongoing** ☐☐☐ [ángòuɪŋ]	形 進行中の 例 The project is still **ongoing**. 　そのプロジェクトはまだ進行中です。

記憶エピソード	カクシン

「最小化」という名詞か、「最小化する」という動詞か、区別がつきづらいです。
（小売・500点台）

mini から「最小限にする」を連想してください。動詞を作る ize に注目すれば品詞はわかりますよ。

仕事柄、「売り場レイアウト」とよく使う。小売業の世界では必須用語。
（小売・600点台）

売り場や雑誌などで「物の配置」を「レイアウト」と言いますね。動詞 lay は「置く」なので、「適切に置かれたものの配置」です。

ノートパソコンのことを「ラップトップ」とは普段言わないので、急に出てくるとノート型が頭に浮かばない。
（金融・600点台）

日本語では「ノートパソコン」と言いますが、英語では「ひざ(lap)の上(top)に置く」→「ラップトップ型パソコン」です。

ホームページなどでよく見るので意味もわかりやすい。
（自営業・700点台）

「コピーする(copy)ときに発生する権利(right)」→「著作権」です。copyright は © のマークでおなじみですね。

apply for ～「申し込む」と混乱して、文意がわからなくなることがしばしば。
（ソフトウェア・インターネット・通信・500点台）

Part 7 の図表で「該当なし」の意味で、not applicable（略すと N/A）と使われます。be applicable to ～ = apply to ～「～に当てはまる」です。

図書館が library なのでそこから連想してイメージがつきやすく、覚えやすかった。
（メーカー・800点台）

「図書館(library)に詳しい人(an)」→「図書館員・司書」です。

ホテルの「アメニティー」のイメージですっと覚えることができた。
（公務員・700点台）

「アメニティグッズ（ホテルにある化粧水など）」しか浮かばない人がほとんどですが、実はもっと広い意味で「生活を便利にするもの・設備」という意味です。

1つの単語と見なさずに、on と going と分けて、「進行中」と覚えました。
（学生・300点台）

その通りで、go on「続く」から生まれた単語です。on は「継続」を表し、まさに「今現在継続している」というイメージです。

0929 badge

[bǽdʒ]

名 バッジ

例 receive a **badge** at an entrance
入口でバッジを受け取る

0930 spokesperson

[spóukspɜ̀ːsn]

名 広報担当者

例 a **spokesperson** for a company
会社の広報担当者

0931 pharmacy

[fáːrməsi]

名 薬局

pharmacist **名** 薬剤師
例 pick up medicine at a **pharmacy**
薬局で薬を受け取る

0932 ratio

[réɪʃou]

名 比率

例 a **ratio** of female students
女子学生の比率

0933 thrilled

[θríld]

形 わくわくして・興奮して

thrill **動** わくわくさせる
thrilling **形** わくわくさせるような
例 Members were **thrilled** by the great news.
その素晴らしい知らせにメンバーは大喜びしました。

0934 intersection

[ìntərsékʃən]

名 交差点

intersect **動** 横切る
例 turn right at an **intersection**
交差点で右折する

0935 cashier

[kæʃíər]

名 レジ係

cash **名** 現金
例 hand a credit card to a **cashier**
レジ係にクレジットカードを手渡す

0936 coordinate

[kouɔ́ːrdnèɪt]

動 調整する

例 be good at **coordinating** project members
プロジェクトメンバーをうまくまとめるのが得意である

記憶エピソード	カクシン
「バッジ」は読み方を覚えたら読めるけど…それまでは「バドゲって何だ？」となっていた。（ソフトウェア・インターネット・通信・400点台）	日本語でも「記章（記念などの印）」のことを「バッジ」と言いますね。Part 7で「会社の受付で**badge**を受け取って」とよく出てきます。
ニュースを見ていると会見を行う人をこう呼ぶのでイメージがつきやすい。（会社員・600点台）	少し前までは**spokesman**「スポークスマン」が日本語でも使われていましたが、男女平等の観点から**spokesperson**となりました。
薬関連の会社のCMで「ファーマシー」と言っている響きが頭に残っていたため覚えられた。（メーカー・600点台）	海外では薬局に"**PHARMACY**"と、ドーンと書いてあります。最近は日本の薬局でも外国人旅行者のために看板に書いてあることが増えました。
スペルのせいか、なんとなく「レディオ」という単語と結びつけてしまい、意味を思い出すのに一瞬止まってしまいます。（ソフトウェア・インターネット・通信・400点台）	そういうときは「ラジオ所有の比率」と覚えるといいかと。本来は**rate**「割合・比率」と語源が同じ単語です。
『スリル』という曲があるが、なるほどワクワクする曲なわけだと、この単語を見るたびにその曲が浮かぶ。（メーカー・600点台）	ジェットコースターの「スリル満点」のイメージは捨ててください！ 実際は「テンション**MAX**・超**excite**」のイメージです。日常会話でも多用されます。
なんかかっこいい響きだけど、身近な意味なんですね。（会社員・600点台）	「道の間を（**inter**）切ったもの（**section**）」→「交差点」です。今日、交差点を通るたびに、小さい声で"**intersection**"と言えば覚えられます。
スーパーやホテルなどで、この言葉はよく見かけるので、覚えやすい。（公務員・600点台）	「現金（**cash**）を扱う人（**er**）」です。最近は日本のお店でも、レジに**CASHIER**と書かれていることが増えました。ぜひチェックを。
「コーディネート」という聞き慣れた言葉があるため、瞬間的にイメージが服装を組み合わせている様子になってしまう。（メーカー・400点台）	「一緒に（**co**）整理した状態（**ordinate=order**）にする」→「調整する」です。「洋服のコーディネート」は本来「デザインを調整する」なんです。

251

0937 **shareholder** [ʃéərhòuldər]	名 株主
	share 名 株　stockholder 名 株主
	例 hold a **shareholder**s' meeting
	株主総会を開催する

0938 **nominate** [námənèit]	動 推薦する
	nomination 名 候補・推薦　nominee 名 推薦された人
	例 be **nominated** for head of a committee
	委員長に推薦される

0939 **fragile** [frǽdʒəl]	形 壊れやすい
	例 **fragile** furniture
	壊れやすい家具

0940 **invoice** [ínvɔis]	名 請求書
	例 an **invoice** for purchased items
	購入商品の請求書

0941 **last-minute** [lǽstmínət]	形 土壇場の・直前の
	例 a **last-minute** cancellation
	直前のキャンセル

0942 **auditorium** [ɔ̀:dité:riəm]	名 講堂
	例 The seminar was held in the **auditorium**.
	セミナーが講堂で開催されました。

0943 **terminate** [tə́r:mənèit]	動 終わらせる
	termination 名 終了
	terminal 形 終わりの・終点の　名 終点
	例 **terminate** a transition period
	移行期間を終了する

0944 **state-of-the-art** [stéitəvðəá:rt]	形 最新式の
	例 **state-of-the-art** plant facilities
	最新式の工場設備

経営学において、「シェアホルダー」の図があったため覚えてます。
（ソフトウェア・インターネット・通信・600点台）

「株（share）を保持する人（holder）」です。stockholderとも言います。

「ノミネート作品」などカタカナの意味で日常的に聞くので、かえって「推薦する」の意味を覚えにくかったです。
（学生・600点台）

nameと関連があり、「名前を挙げられる」→「推薦する」となりました。Part 7で「社内で○○にふさわしい人をnominateして」と出ます。

ELTの楽曲のタイトルからそのままイメージを膨らませて覚えました。
（医療・600点台）

飛行機で荷物を預ける際に「取り扱い注意で」と伝えると、FRAGILEというシールが貼られることがあります。「壊れ物注意」くらいの意味です。

「請求書」とは理解しているのですが、voiceの「声」のイメージが強くあり、混乱することがあります。
（官公庁・公社・団体・600点台）

envoy「使者」と同じ語源で「送り出されたもの」ですが、難しすぎるので、「金払えと中で（in）声（voice）が聞こえそうなもの」で。

lastから「最後の最後で」と覚えている。
（医療・400点台）

文字通り「最後の1分で」→「土壇場の・直前の」です。TOEICでは会議や旅行の予定でlast-minute change「直前の変更」がよく起きます。

aquariumなどと混同しやすかったが、何度も似た言葉を区別しながら覚えて最近ではすぐに意味を把握することができている。
（商社・700点台）

「オーディオ設備（audi）がある場所（rium）」→「講堂」です。aquarium「水族館」はaqua「水」のイメージです。

シュワちゃん演じる『ターミネーター』のおかげですぐ覚えられました。人類を「終わらせる」。
（学生・700点台）

映画『ターミネーター』は「世界を終わらせる存在」のことです。また、「東京駅」など大きな駅をterminalというのは「終点」ということです。

含まれている単語が「最新式」という意味と合うとは思えず、記憶に残りづらかったです。
（インフラ・700点台）

「芸術（art）の域・状態（state）に達した」→「最新式の」です。商品や設備に使われる単語です。カッコいい響きだけに宣伝で多用されます。

0945 allocate

[ǽləkèɪt]

動 (時間・お金を)割り当てる
locate 動 置く　allocation 名 割り当て
例 **allocate** more budget for advertising
広告により大きな予算を割り当てる

0946 outing

[áutɪŋ]

名 遠出・遠足
out 動 外出する
例 organize a company **outing**
社員旅行を企画する

0947 nutrition

[n(j)u:tríʃən]

名 栄養
nutritious 形 栄養のある
例 **nutrition** information
栄養成分表

0948 plumber

[plʌ́mər]

名 配管工
plumbing 名 配管(配管業・配管工事・配管設備)
例 call a **plumber** for repairs
修理のために配管工を呼ぶ

0949 statistics

[stətístɪks]

名 統計
例 **Statistics** show that society is aging rapidly.
社会が急速に高齢化していることを統計は示しています。

0950 accommodate

[əkámədèɪt]

動 収容できる・宿泊できる・適応させる
accommodation 名 宿泊施設・収容力
例 The room can **accommodate** 50 people.
その部屋は50人収容できます。

0951 voucher

[váutʃər]

名 引換券・クーポン券
例 a **voucher** for breakfast
朝食引換券

0952 picturesque

[pìktʃərésk]

形 絵のような・美しい
例 enjoy a view of **picturesque** scenery
美しい景色の眺めを楽しむ

記憶エピソード	カクシン

IT用語の「アロケーション」→「割り当て」を知っていたので覚えやすかった。
（メーカー・600点台）

「〜に向かって（al=前置詞 at）時間・お金を置く（locate）」→「割り当てる」になりました。

out が動詞というイメージがなかったので、語尾に-ing がついていることにも違和感があり、意味を理解できなかったです。
（メーカー・900点台）

out は副詞・前置詞があまりにも有名ですが、動詞「外出する」もあり、-ing がついたのが outing です。picnic や hiking と同じ意味です。

nut(ナッツ)には栄養がある、と覚えました。nu- で始まると、どうしても nuclear と結びついてしまうので注意しています。
（会社員・600点台）

Nature or nurture? 「生まれか育ちか」という有名な言葉で使われる nurture「育てる」と語源が同じで「（育てるための）栄養」です。

知りませんでした……。どんなときに使うんだろう？？ 配管工？？
（団体職員・700点台）

新店舗や引っ越し、水漏れトラブルなど意外と身近ですよね。ちなみに、ゲームの「マリオ」の職業は plumber「配管工」です。発音にも注意。

発音までしっかり覚えてないと、リスニングで何を言ってるか聞き取れません。
（メーカー・600点台）

「ある状態（statist=state）を示した学問（ics）」です。「いろんなデータを集めたもの」ということで、statistics と複数形になります。

「適応させる」と「収容する」と2つの意味があるので注意しています。
（金融・800点台）

本来「詰め込む」で、「人を詰め込む」→「収容・宿泊できる」です。発展で「環境に詰め込む」→「適応させる」もあります。

ミャンマーで買い物をしていたときに、「バウチャーいる？」って聞かれたことがあります。
（ソフトウェア・インターネット・通信・600点台）

日本でも旅行代理店のパンフレットに「ホテルのバウチャーは空港で配布」と書いてあります（この場合は「ホテルの宿泊券」という意味です）。

「絵のように美しい」という意味だと知って驚きました。情景が目に浮かぶような素敵な単語ですね。
（メーカー・600点台）

「picture のような」という意味で、イタリア語由来の単語です。ローマやヴェネチアあたりの風景を思い浮かべてみてください。

0953		
aspiring	**形 意欲的な**	
☐☐☐	aspire **動** 熱望する	
[əspáɪərɪŋ]	例 an **aspiring** young artist	
	意欲的な若手の芸術家	

0954		
wholesale	**形 卸売りの** **名 卸売**	
☐☐☐	wholesaler **名** 卸売業者	
	retail **形** 小売りの **名** 小売り	
[hóulsèɪl]	例 the **wholesale** industry	
	卸売業	

0955		
exhausted	**形 疲れ切った**	
☐☐☐	exhaust **動** 疲れさせる	
[ɪgzɔ́:stɪd]	例 He looks **exhausted**.	
	彼は疲れ切った表情をしています。	

0956		
duplicate	**動 複写する・複製する** **形 複写の・複製の**	
☐☐☐	duplication **名** 複写・複製	
動 [d(j)ú:plɪkèɪt]	例 **duplicate** files	
形 [d(j)ú:plɪkət]	複製ファイル	

0957		
confidential	**形 秘密の**	
☐☐☐	confidence **名** 自信・信頼	
[kànfɪdénʃəl]	例 **confidential** information	
	機密情報	

0958		
coincide	**動 同時に起こる・一致する**	
☐☐☐	coincidence **名** 同時発生・一致	
[kòuənsáɪd]	例 The ceremony **coincides** with a national holiday.	
	式典は国民の祝日に重なっています。	

0959		
intensive	**形 集中的な**	
☐☐☐	intense **形** 集中した	
[ɪnténsɪv]	例 two-week **intensive** course	
	2週間の集中コース	

0960		
stack	**動 積み重ねる** **名 積み重ね**	
☐☐☐	pile **動** 積み重ねる **名** 積み重ね	
[stæk]	例 Some boxes are **stacked** in the room.	
	いくつかの箱が部屋に積み重ねられています。	

inspire等かなり混同しやすい言葉で判別に苦労しています。
（商社・700点台）

動詞 aspire は「～に（a=at）息を吹き込む（spire）」→「熱望する」です。inspire は「心の中（in）に息を吹き込む」→「やる気にさせる」です。

会員制ショッピングセンターの「コストコホールセール」で「卸売り」と覚えました。
（会社員・800点台）

なるほど、イメージがわきますね。本来「まるごと（whole）販売する（sale）」→「卸売りの」です。

「使い果たす」の意味。TOEICでは「疲労」という意味で出てくると予測している。
（金融・400点台）

動詞 exhaust は本来「徹底的に使う」で、「体力を徹底的に使う」→「疲れさせる」です。過去分詞で「疲れさせられた」→「疲れた」です。

同僚が何かが重複したことを「デュプった」と言って、それで覚えました。
（メーカー・500点台）

du は「2」という意味で、duet「デュエット」、dual「2つの」も同じ語源です。「デュプった」は僕の知人も口癖にしています。例では形容詞として使われています。

会社で機密書類を配布する際、必ずヘッダーに印字されているので、意味を覚えやすかったです。
（メーカー・700点台）

本来「信頼（confidence）がある」→「秘密の」です。郵便物に「親展」と書いてあるそばに confidential と表記されていることがあります。

前半のcoinでいわゆるお金のコインの意味で取って頭に固定されてしまい、意味がわからなくなったことがあった。
（ソフトウェア・インターネット・通信・700点台）

co で切ってください。「一緒に（co）事件（incident）が起こる」→「同時に起こる」です。coincide with ～ の形でよく使われます。

なかなか覚えられなかったですが、ICU の Intensive Care Unit（集中治療室）で覚えました。
（ソフトウェア・インターネット・通信・700点台）

intensive は「集中的な」という意味で、大学で夏休みなどに行われる「集中講座」を「インテンシブコース」と言います。

stack については、「積み重ねる」と覚えているのですが、時々、stock（在庫）と混同してしまいます。
（メーカー・500点台）

Part 1で「物（いす・帽子・皿など）が積み重なっている」ときは必ず stack か pile が出てきます。しかもよく正解になります。

0961 **surplus** [sə́r:plʌs]	**名** 余剰・黒字　**形** 余剰の 例 **surplus** inventory 過剰在庫

0962 **enroll** [enróul]	**動** 登録する **enrollment** **名** 登録・入会 例 **enroll** in an accounting class 会計学のクラスに登録する

0963 **entrepreneur** [ɑ̀:ntrəprənə́r:]	**名** 起業家・事業家 **enterprise** **名** 事業・会社 例 **entrepreneur** spirit 起業家精神

0964 **constraint** [kənstréint]	**名** 制約 **constrain** **動** 束縛する・抑制する 例 budget **constraints** for a project プロジェクトの予算上の制約

0965 **predecessor** [prédəsèsər]	**名** 前任者・前にあったもの **successor** **名** 後任者・取って代わるもの 例 take over from a **predecessor** 前任者から引き継ぐ

0966 **hypothesis** [haɪpáθəsɪs]	**名** 仮説 例 test a **hypothesis** 仮説を検証する

0967 **surpass** [sərpǽs]	**動** 超える 例 **surpass** a sales target 販売目標を上回る

0968 **persuasive** [pərswéisiv]	**形** 説得力のある **persuade** **動** 説得する 例 give a **persuasive** presentation 説得力のあるプレゼンテーションを行う

「さあ、プラスだ」ということで、余っている意味をイメージしている。
（金融・600点台）

良い覚え方です。本来「基準を超えて(sur)、さらにプラス(plus)になるもの」→「余剰・黒字」です。

大学の講義登録のときに使われていた。そのときは知らなかったけど、TOEICで覚えた。
（学生・500点台）

「名前を名簿(roll)の中に入れる(en)」→「登録する」です。rollは「(ロール状に巻いた)名簿」です。**Part 5**でも問われる単語です。

日本語でも使われている「エンターテイナー」と紛らわしかったです。
（医師・弁護士等の専門職・800点台）

最近は「起業家」を「アントレプレナー」と言うことも多いです。enterprise「事業・会社」と同じ語源なのでセットで覚えるのもアリ。

まったく覚えられないのですが、ビジネスで使えそうなので、例のフレーズごと覚えてみようと思います。
（学生・700点台）

conは「強調」の働きで、straintは「結ぶ」という意味です。「ストレイント」に「キュッと締め付ける」響きがあるなぁと個人的には思います。

「ファシリテーター」と混同してしまい、司会者や世話人と混同した。
（メーカー・500点台）

語源が難しいので、pre「前に」だけに注目して、「前にいた人・もの」くらいに覚えればOKかと思います。

他の単語と似たものがないせいか、なぜか意味がスッと頭に入り、定着しやすい単語でした。
（学生・700点台）

本来はお堅いギリシャ語で、難しい雰囲気を醸し出しています。「仮説→検証」はビジネスでも大事なのでTOEICでも普通に出てくる単語です。

「サーパス○○(地域の名前)」というマンションのブランドがあり、勝っているイメージから名付けたのだと覚えた。
（公務員・700点台）

「上を(sur)過ぎ去る(pass)」→「超える」です。surは、survive「上(sur)を生きる(vive)」→「生き延びる・長生きする」などにもあります。

persuade を知らなかったので苦労しました。
（自営業・500点台）

確かに元の単語を覚えていないと苦労しますね。persuade「説得する」はビジネスでも日常でもよく使います。

0969 fertilizer
[fə́r:tlàɪzər]

名 肥料
fertilize 動 肥料をやる
例 use of chemical **fertilizer**
化学肥料の使用

0970 landmark
[lǽndmàərk]

名 名所
例 preserve a historic **landmark**
歴史的名所を保存する

0971 wheelbarrow
[wíːlbæroʊ]

名 手押し車
wheel 名 車輪
例 A construction worker is pushing a **wheelbarrow**.
建設作業員が手押し車を押しています。

0972 cuisine
[kwɪzíːn]

名 料理
culinary 形 料理の
例 enjoy **cuisine** from around the world
世界中の料理を楽しむ

0973 enhance
[enhǽns]

動 高める
enhancement 名 強化・増進
例 **enhance** the productivity of employees
従業員の生産性を高める

0974 heritage
[hérətɪdʒ]

名 遺産
例 **heritage** from the past
過去の遺産

0975 misleading
[mɪslíːdɪŋ]

形 誤解を招く
mislead 動 誤った方向に導く
例 a **misleading** comment
誤解を招く発言

0976 compartment
[kəmpáːrtmənt]

名 区画
例 The baggage **compartment** is full.
手荷物を置くスペースは一杯です。

appetizer「前菜」とごっちゃになってしまうことが多く、いつも整理できない。（商社・300点台）	実際にごっちゃにしたらとんでもないことになりますが、なんかそのイメージで覚えられそうな気も。
横浜、というイメージなので、海岸沿いの何かかな…とずっと思っていました。（会社員・300点台）	「陸にある（land）旅行者の目印（mark）となるようなもの」→「名所」のことです。Part 4の「ツアー」でよく使われます。
TOEICを学習するまではwheelbarrowを知りませんでしたが、Part 1の問題でよく見るのでびっくりしました。（パート・アルバイト・500点台）	確かに手押し車なんて触ったことない人も多いはず（僕は重くて転倒させたことがあります）。wheelは「ホイール（車輪）」です。
昔『料理の鉄人』という番組で、最初に「アーレ キュイジーヌ」と司会が言うシーンがあり、そこと絡めて「料理」と覚えています。（サービス・700点台）	フランス語由来で響きがカッコいいためか、レストランの名前やホテルでよく使われています。French cuisineで「フランス料理」です。
ゲームで攻撃力を上げる際に「エンハンス」という言葉をよく使っていたため、意味がすぐにリンクした。（学生・700点台）	「高さ（hance=high）を中に込める（en）」→「高くする」です。ビジネスで欠かせない単語だけにTOEICでもよく使われます。
「ためらう」という意味であったか、「恥ずかしがる」という意味であったか、自分の中でよく混同してしまう。（学生・800点台）	それhesitate「ためらう」ですね。本来「受け継がれた（herit=inherit）こと（age）」→「遺産」です。
「リード」を「ミスする」ということから意味が想像できました。（医師・弁護士等の専門職・800点台）	「誤って（mis）導く（lead）」→「誤った方向に導く」です。最近は日本語でも「ミスリーディングな話」などと使われます。
列車の「コンパートメント」が、映画『ハリー・ポッター』の一場面のイメージと一緒に浮かびます。（公務員・800点台）	compartmentの綴りにpart（一部分）がありますね。「完全に部分に分けられた場所」という意味です。

0977	**remedy**	名 治療・改善策
	[rémədi]	例 a **remedy** for a serious disease 重病に効く治療法

0978	**scenic**	形 景色の・景色のよい
	[sí:nɪk]	scene 名 景色 例 a **scenic** location 景色のよい場所

0979	**prospective**	形 見込みのある
	[prəspéktɪv]	prospect 名 見込み 例 a **prospective** client 見込みのある顧客(顧客になってくれそうな人)

0980	**nationwide**	形 全国的な・全国規模の 副 全国的に・全国規模に
	[nèɪʃənwáɪd]	nation 名 国家 例 a **nationwide** advertising campaign 全国的な広告キャンペーン

0981	**reluctant**	形 気が進まない
	[rɪlʌ́ktənt]	reluctance 名 気が進まないこと reluctantly 副 いやいやながら 例 be **reluctant** to admit one's mistake 自分の過ちを認めたがらない

0982	**comprehensive**	形 包括的な・広範囲にわたる
	[kàmprɪhénsɪv]	comprehend 動 理解する comprehension 名 理解力 例 a **comprehensive** agreement 包括的な合意

0983	**array**	名 配列・ずらりと並んだもの 動 配列する
	[əréɪ]	例 an **array** of merchandise ずらりと並んだ商品

0984	**periodically**	副 周期的に・定期的に・時々
	[pìəriádɪkəli]	period 名 期間　periodical 名 定期刊行物 例 have an inspection **periodically** 定期的に点検を行う

記憶エピソード

カクシン

Chapter 1

Chapter 2

Chapter 3
目標860点の英単語

Extra Words

何のつながりもありませんが、レメディ、メロディ、治療する、というリズムで頭に叩き込んでいます。
（ソフトウェア・インターネット・通信・700点台）

「再び(re)薬をつける(medy=medicine)」→「治療」です。さらに「(問題の)改善策」といった意味にも発展しました。

scene で日本語でも「景色、風景」というので、そこに関連付けて「眺めのいい」という意味で覚えた。
（商社・700点台）

その通りですね。名詞 scene「景色」の形容詞が scenic です。「インスタ映え」する景色をイメージしてください。

単語そのものも訳語もどうにも覚えづらい。そのわりによく出てくるような。
（金融・500点台）

本来「前を(pro)見る(spect)ような」です。訳語は、potential と同じで、「もしかしたら○○かも」と考えても OK です。

「nation=国」+「wide=広く」から、「全国的」という言葉は連想しやすい。
（メーカー・700点台）

その通りです。「国家レベルで(nation)幅広く(wide)」→「全国的な(に)・全国規模の(に)」となりました。

なんとなく文字面からゆったりできるイメージを抱いたが、「しぶしぶ～する」といった意味で驚いた。
（医療・900点台）

「リラクタント」という発音に「落胆」があると考えてください。be reluctant to ～「～したがらない」という形が重要です。

comprehension「理解」は知ってるが、この単語とまったく結びつかないです。
（ソフトウェア・インターネット・通信・700点台）

本来「理解力(comprehension)がある」→「理解力があるので、多くを頭に含める」→「包括的な・広範囲にわたる」となりました。

なんとなく「鉄アレイ」のアレイが浮かんできて、意味がわからなくなります。
（広告・出版・マスコミ・600点台）

では「鉄アレイがずらっと並んでいる」ところをイメージしてみてください。an array of ～「ずらりと並んだ～」の形が重要です。

会社の定期点検のときにこの単語を見かけてから確実に覚えました。
（公務員・700点台）

本来「ある程度の期間(period)ごとに」という意味です。よく「定期的」とだけ訳されますが、必ずしも一定周期である必要はありません。

0985 compensate
[kámpənsèɪt]

動 補償する・報酬を支払う
compensation 名 補償・報酬・支払い
例 **compensate** for a loss
損失を補償する

0986 tuition
[t(j)u(:)íʃən]

名 授業料
tutor 名 家庭教師・個別指導教員
例 pay **tuition** for business school
ビジネススクールの授業料を払う

0987 deduct
[dɪdʌ́kt]

動 差し引く
deduction 名 差し引き・控除
例 The transaction fee is **deducted** from the amount.
金額から取引手数料が差し引かれます。

0988 congested
[kəndʒéstɪd]

形 混雑した
congest 動 詰め込む・混雑させる
congestion 名 混雑
例 The street is **congested** with traffic.
道路が車で混んでいる。

0989 withstand
[wɪθstǽnd]

動 耐える
例 **withstand** a large earthquake
大地震に耐える

0990 browse
[bráuz]

動 閲覧する　名 閲覧・拾い読み
browser 名 ブラウザ
例 The man is **browsing** a document.
男性は書類を閲覧しています。

0991 diagnosis
[dàɪəgnóusəs]

名 診察・診断
diagnose 動 診断する
例 receive a doctor's **diagnosis**
医師の診断を受ける

0992 commend
[kəménd]

動 ほめる
commendation 名 称賛・推薦
例 **commend** staff for their efforts
社員の努力を称賛する

似たような単語が多いので、他の単語と意味がごっちゃになってしまうことが多い。
（会社員・700点台）

「補償する」とは訳されますが、実際の英文ではもっと具体的に「報酬を支払う」という意味で使われることも多いです。

なぜか意味が頭に入りやすい言葉でした。発音しやすいからでしょうか？
（自営業・700点台）

tutor「家庭教師・個別指導教員」のほうが知られているかもしれません。「tutor に払うのが tuition」と覚えてください。

deでなんらかを減らすイメージを持てるので、「控除する」という意味はつかみやすい。
（ソフトウェア・インターネット・通信・700点台）

「分離（de）導く（duct）」→「差し引く」となりました。duct は conduct「導く・案内する」で使われています。

リスニングで出てきたときにパッと意味が出てこなかった。
（小売・500点台）

「コンジェスト」という響きがもう「ゴチャッとした状態」のイメージです。Part 4のラジオニュースでよく使われます。

withdraw と意味を混同しやすいが、後ろの stand と draw の意味をしっかり覚えて区別した。
（学生・700点台）

「逆らって（with）立つ（stand）」→「耐える」です。with は大昔は「逆らって」という、今と真逆の意味がありました。

Webページを閲覧するためのソフトである「ブラウザ」から、意味を容易に覚えることができた。
（会社員・700点台）

本来「牛が草を選びながら食べる」から、「（色々選びながら）本をパラパラめくる・ネットを見る」となりました。

「恐竜」という意味で覚えているが、「診察」という意味の単語もあったと思うので混同しやすい。
（サービス・400点台）

「恐竜」は dinosaur ですが、TOEICでは一旦置いといて、gnosis「知る」に注目を。ニュースアプリ Gunosy も同じ語源です。

「コメントを書いて称賛する」と覚えました。
（インフラ・400点台）

recommend「推薦する」は「何度も（re）ほめる（commend）」→「推薦する」で、もともと commend が土台にあったんです。

TRACK
03-10

0993	**unveil** [ʌnvéil]	動 公開する veil 名 ベール　動 覆う・隠す unveiled 形 あらわな 例 unveil a plan for expansion into Europe ヨーロッパ進出の計画を明らかにする
0994	**persistence** [pərsístns]	名 粘り強さ persist 動 辛抱強く～し続ける 例 Persistence will be the key to success. 粘り強さが成功のカギとなるでしょう。
0995	**durable** [d(j)úərəbl]	形 長持ちする・耐久性のある dure 動 続く・耐える duration 名 持続・存続（期間） 例 This material is durable. この素材は耐久性が高いです。
0996	**intermission** [ìntərmíʃən]	名 休憩時間 例 We will have a 10-minute intermission. これから10分間の休憩を取ります。
0997	**misplace** [mispléis]	動 置き間違える・置き忘れる misplacement 名 置き間違え・置き忘れ 例 misplace a room key 部屋の鍵を置き忘れる
0998	**lapse** [læps]	動 失効する　名 失効・過失 例 The contract will lapse next week. 契約は来週失効します。
0999	**vital** [váitl]	形 生命の・重要な vitality 名 生命力・活力 例 a vital element in product development 商品開発における不可欠な要素
1000	**dietary** [dáiətèri]	形 食事の diet 名 食事 例 dietary therapy 食事療法

	記憶エピソード	カクシン

"un"がついているので、「ベールをとる→明かす」ということは連想しやすかったです。
（医師・弁護士等の専門職・800点台）

まさにその通りです。日本語でも「ベールに包まれた」と言いますが、「そのベールを取って公開する」という意味です。Part 7で、新商品の発表で使われます。

英語の自己啓発本でよく出てくるので、辞書を引いて覚えました。
（専業主婦・800点台）

「完全に（per=perfect）立ち続ける（sist=stand）」から「粘り強く立ち続ける」→「粘り強さ」です。求人広告の条件の1つとして出てくる単語です。

電池に書いてあった「Duracell」から「とにかくよくもつ」というイメージで覚えました。
（サービス・700点台）

TOEICには出ないフレーズですが、durable friendship「ずっと変わらない友情」で高校生は結構覚えてくれます。

missionという言葉から活動的なイメージを持ってしまっていて、「休憩時間」という意味と結びつきませんでした。
（医師・弁護士等の専門職・800点台）

あくまでinter「間」なので、「活動の間」なんです。「使命（mission）の間に（inter）あるもの」→「休憩時間」ということです。

placeが「きちんと置く」なので「うっかりミスして置き忘れる」という感覚で覚えました。
（サービス・400点台）

その通りです。「誤って（mis）置く（place）」→「置き間違える・置き忘れる」です。

なんとなく「失敗したもの」ってイメージで覚えてます。
（会社員・600点台）

「知らぬ間に過ぎ去る」イメージを持ってください（スマホの「タイムラプス」でも使われています）。「経過する」→「（期限が過ぎて）失効する」→「過失」という流れで覚えてください。

医療系ドラマで聞く「バイタル下がってます！」に耳慣れしているためよく覚えている。
（学生・700点台）

「バイタリティ溢れる」と使われるvitalityは「生命力・活力」のことです。その形容詞がvitalで「生命に関する」→「重要な」となりました。

日本語の「ダイエット」のイメージが強く、「食べ物」のイメージがすぐにわからない。
（商社・700点台）

dietは本来「（きちんとした）食事」→「ダイエット」となりました。本来は「食事」の意味で、実際にこっちのほうが重要なんです。

1001	**bid**	**名 入札**
☐☐☐	[bíd]	例 **bids** for public works 公共事業への入札

1002	**detergent**	**名 洗剤**
☐☐☐	[dɪtɚːdʒənt]	例 purchase home-use **detergent** 家庭用洗剤を購入する

1003	**overview**	**名 概要・要旨**
☐☐☐	[óuvərvjùː]	例 give an **overview** of a project プロジェクトの概要を伝える

1004	**informative**	**形 有益な**
☐☐☐	[ɪnfɔ́ːrmətɪv]	information 名 情報 例 an **informative** lecture 有益な講義

1005	**activate**	**動 始動させる・有効にする**
☐☐☐	[ǽktəvèɪt]	例 **activate** a software program ソフトウェアのプログラムを起動する

1006	**authentic**	**形 本物の**
☐☐☐	[ɔːθéntɪk]	例 **authentic** Japanese cuisine 本格的な日本料理

1007	**reunion**	**名 同窓会・再会**
☐☐☐	[riːjúːnjən]	例 hold a high-school **reunion** 高校の同窓会を開く

1008	**adjacent**	**形 隣接した**
☐☐☐	[ədʒéɪsnt]	例 a café **adjacent** to a building ビルに隣接したカフェ

記憶エピソード	カクシン

短くてすぐ覚えられそうに思うのになぜか記憶に残らず何回も間違えてしまいます。
（メーカー・700点台）

短い単語ほど「記憶のフック」が少ないので覚えられないものですよ。TVニュースでも何かの入札時にどこかに **bid** とよく書かれています。

会社の洗剤のボトルに書いてあるため、見るたびに思い出す単語。
（サービス・900点台）

ではそれにならって、家の洗剤にマジックで書いてしまえば覚えるでしょう。「汚れを分離させる（**de**）もの」→「洗剤」ということです。

over「超える」、view「眺め」という意味からなんとなく全体の意味を想像できる。
（専業主婦・800点台）

「覆うように全体を（**over**）見る（**view**）」→「概要・要旨」となりました。プレゼンで重要な単語ですよね。

informationから「情報」という意味が浮かぶのですが、tive の訳し方がわからないので、なかなか覚えづらい。
（学生・300点台）

「情報を与えてくれるような」→「有益な」です。Part 3で「あのプレゼンは **informative** だったよ」といった感想がよく出ます。

IT用語で使ってます。ソフトウェアをインストールして、「アクティベート」して使えるようにするというイメージです。
（ソフトウェア・インターネット・通信・700点台）

「**act** できる状態にする」→「始動させる」→「有効にする」です。アメリカでは、クレジットカードが届いてから電話確認でカードを有効化させます。

author の類義語かと思って戸惑ってしまう単語です。あまり見かけないので間違えてしまう。
（サービス・700点台）

「何かを通していない・直の」とか「本場のものそのまま」というイメージです。例のように、日本紹介や海外旅行でも便利な単語です。

ユニオンが「組織」のイメージで、それにreがついているので「再度組織する」という意味で覚えてしまいました。
（ソフトウェア・インターネット・通信・700点台）

「**re**（再び）**union**（結合）」→「再び会う」→「同窓会・再会」です。Part 7のメール文で出てきます。

最近やっと覚えた。ついつい adjustment が浮かんでしまう。
（インフラ・800点台）

確かに難しい単語ですが、TOEICではよく出てきますし、道案内でも便利です。「近くに（**ad**）横たわる（**jacent**）」→「隣接した」です。

1009 solicit
[səlísɪt]

動 求める

例 **solicit** feedback from customers
顧客からのフィードバックを求める

1010 subsidiary
[səbsídièri]

名 子会社

例 a **subsidiary** of a German insurance company
ドイツ系保険会社の子会社

1011 refrain
[rɪfréɪn]

動 控える

例 **refrain** from talking on the phone
通話を控える

1012 malfunction
[mælfʌ́ŋkʃən]

名 故障

例 report a **malfunction** of equipment
備品の故障を報告する

1013 novice
[nάvəs]

名 初心者

例 a **novice** programmer
プログラミング初心者

1014 outdated
[àutdéɪtɪd]

形 時代遅れの・失効した

outdate **動** 時代遅れにする
out-of-date **形** 時代遅れの・失効した
例 an **outdated** business model
時代遅れのビジネスモデル

1015 retrieve
[rɪtríːv]

動 回収する

例 **retrieve** deleted documents
削除された文書を取り戻す

1016 advocate
名 [ǽdvəkət]
動 [ǽdvəkèit]

名 主張者　**動** 主張する

例 an **advocate** for controls on greenhouse gases
温暖化ガス規制の支持者

記憶エピソード	カクシン

 全然知らない単語です。覚えにくい特徴もなく、覚えにくいです。（サービス・700点台）

1人の歌手を「ソロ」と言いますが、「孤独(**soli**「ソロ」)で不安なので、色々求める」→「求める」というイメージで覚えてください。

 TOEICで初めて知った単語。英字新聞でも出てきて驚いた。（学生・700点台）

sub「サブの・補助の」から覚えてください。**sub**だけで「〜のサブ的なもの」と考えても、大体の意味は取れますよ。

 電車の "please refrain from talking on the phone" で覚えた。（広告・出版・マスコミ・600点台）

素晴らしい覚え方です。refrain from 〜「〜を控える」の形で使われます。from は「動作からの分離（〜を離れて）」の意味です。

 「マル（性能がよさそう、という意味）なのに故障」と覚えました。（メーカー・600点台）

TOEICでは機械はすぐ壊れるのでよく出る単語。ちなみに malaria「マラリア」は「悪い(mal)空気(aria)」です（昔は空気感染だと思われていました）。

 スポーツで「ノービスクラス」があるのでイメージしやすいと感じました。（ソフトウェア・インターネット・通信・600点台）

beginner と同じ意味。novice は名詞ですが、形容詞っぽく、a novice scuba diver「スキューバダイビングの初心者」のように使われることが多いです。

 なんとなくスペルから意味が推測しやすいので、覚えやすかった。（学生・700点台）

「時代の(date)外(out)」→「時代遅れの」となりました。その他「(パスポートなどが)時代遅れの」→「失効した」という意味でも使える単語です。

 「ゴールデンレトリバー」がこの意味からきていると知って覚えている。（サービス・700点台）

「ゴールデンレトリバー(golden retriever)」は「(ハンターが撃ち落とした獲物を)持って帰ってくる犬」です。最近は例のように、PC関係でも使われます。

 音がアボカドと似ているので、「栄養満点でおいしいのでアボカドをたくさん食べるように主張する」と覚えました。（教育・500点台）

それ、授業で使いたい覚え方です。本来 advocate の vocate は vocal「ボーカル・声の」で、「声に出して呼びかける人」という意味です。

1017	**tentative** ☐☐☐ [téntətɪv]	形 仮の 例 a **tentative** measure for the malfunction 不具合に対する暫定措置

1018	**proofread** ☐☐☐ [prú:frì:d]	動 校正する 例 **proofread** an article for a newspaper 新聞記事を校正する

1019	**commemorate** ☐☐☐ [kəmémərèɪt]	動 お祝いをする・記念する **commemoration** 名 祝賀・記念 例 **commemorate** the opening of a shop 開店を祝う

1020	**inclement** ☐☐☐ [ɪnklémənt]	形 荒れ模様の 例 due to **inclement** weather 悪天候により

1021	**designated** ☐☐☐ [dézɪgnèɪtɪd]	形 指定された **designate** 動 指定する 例 a **designated** area 指定地域

1022	**apprentice** ☐☐☐ [əpréntɪs]	名 見習い・実習生 例 He started as an **apprentice**. 彼は見習いから始めました。

1023	**delegate** ☐☐☐ [déləgət]	名 代表 **delegation** 名 代表団 例 U.S. **delegates** to a convention 会議に出席した米国代表

1024	**respectively** ☐☐☐ [rɪspéktɪvli]	副 それぞれ **respect** 名 点 例 Deadlines are Wednesday and Friday, **respectively**. 締め切りはそれぞれ水曜と金曜です。

記憶エピソード	カクシン

記憶エピソード	カクシン

 単独だと覚えづらいので名詞とセットで覚えるのが良いと思います。tentative theory「仮説」で覚えました。（会社員・700点台）

では他の例も。**tentative budget**「仮の予算」、**tentative plan**「仮の計画」です。**Part 7**で出てきたら「あくまで仮の」なので、「後で変更される」内容がよく続きます。

 少し無理矢理ですが「正しい証拠（proof）を探すように読む」と考えて「校正する」と覚えました。（メーカー・600点台）

良い覚え方だと思います。**proof**「証拠」には、動詞「検査する」という意味もあります。「検査する（**proof**）ように読む（**read**）」→「校正する」です。

 memoryと似ていて「記憶」のような意味と思ってしまう。coが「共有する」なので「記憶を共有するから祝う」と覚えた。（メーカー・400点台）

「すっごく（強調のcom）記憶（memor=memory）に残す」→「（記憶に残るように）お祝いをする・記念する」となりました。

 台風で出勤するときに「こんなinclementなのに会社に行くなんてincredibleだ！」と思うようにしている。（ソフトウェア・インターネット・通信・700点台）

inclement weather「悪天候」という形で出るので、次の台風時からはそのフレーズで。**Part 4**で**inclement weather**が原因で飛行機が遅れる話が出ます。

 綴りにdesign（デザイン）が入っているのに意味は関係ないから紛らわしいです。（医師・弁護士等の専門職・800点台）

deで切れるんです。「すごく（**de**は強調）目印（**sign**）をつける」→「指定する」です。野球で「指名打者」を**DH**と言いますが、**designated hitter**のことです。

 人事の仕事をしていなければ、まったく知らなかったであろう単語でした。（メーカー・600点台）

TOEICでよく出る難単語ですが、実際に人事で使うという情報はありがたいですね。本来「学ぶ」という意味で、そこから「見習い・実習生」となりました。

 プログラミング用語で「デリゲート」があり、使い方が「委任（委託）する」という感じなので覚えられました。（メーカー・500点台）

「分離（**de**）送る（**legate**）」→「送り出す」で、「送り出される人」→「代表」です。しかしプログラミング用語は英単語に溢れてますね。

 respectが入っているのに「尊敬」などの意味ではないので、紛らわしい。（インフラ・500点台）

respectには「尊敬」以外に「点」という重要な意味があります。「点」→「それぞれ（点において）」となりました。

273

1025	**enforce** 動 施行する・押し付ける
☐☐☐ [enfɔ́:rs]	enforcement 名 施行・強制 例 **enforce** a revised regulation 改訂規則を施行する

1026	**integral** 形 不可欠な・完全な
☐☐☐ [íntɪɡrəl]	integrate 動 統合する 例 Your assistance is **integral** to our success. 君の支援は我々の成功に不可欠です。

1027	**interact** 動 相互に作用する・交流する
☐☐☐ [ìntərǽkt]	interaction 名 相互作用・交流 例 **interact** with conference participants 会議の参加者と交流する

1028	**superb** 形 素晴らしい
☐☐☐ [supə́r:b]	例 a **superb** performance by an orchestra オーケストラによる見事な演奏

1029	**whereas** 接 一方で
☐☐☐ [weərǽz]	例 Some prefer coffee, **whereas** others prefer tea. コーヒーを好む人もいる一方で、紅茶を好む人もいます。

1030	**appraisal** 名 評価・査定
☐☐☐ [əpréɪzl]	appraise 動 評価する・査定する 例 **appraisal** value of a building 建物の査定価値

1031	**prosperous** 形 繁栄している
☐☐☐ [prɑ́spərəs]	prosper 動 繁栄する　prosperity 名 繁栄 例 a **prosperous** society 繁栄した社会

1032	**proficiency** 名 熟達・技能
☐☐☐ [prəfíʃənsi]	proficient 形 熟達した・堪能な 例 have **proficiency** in English 英語が堪能である

記憶エピソード

カクシン

Chapter 1

Chapter 2

Chapter 3
目標860点の英単語

Extra Words

force が「力」というのはわかるが、そこから「施行する」という意味になるのがよくわからないです。
（会社員・700点台）

「力(force)のある状態にする(en)」→「押し付ける」、「法律を押し付ける」→「施行する」です。en「〜にする」は、enrich「豊かにする」などで使われています。

化粧品のブランド「INTEGRATE」の愛用品で不可欠なものがあるので、それで覚えています。
（教育・700点台）

本来「完全なもの」という意味でそこから「不可欠な」となりました。

act があるので何か行動する系の意味かなというところまでは想像できます。
（自営業・500点台）

「人と人の間で(inter)作用する(act)」→「相互に作用する・交流する」です。

suburb「郊外」と間違えます。でも、super からなんとなく意味がわかります。
（医療・600点台）

superb は「super だ」→「素晴らしい」と考えてください。suburb は sub に注目でしたね（221ページ）。

当初、場所を尋ねるニュアンスを感じていたものの、何度も繰り返すことで覚えられました。
（会社員・700点台）

while は「〜する間に」と「〜する一方で」の2つの意味がありますが、whereas は「一方」の意味だけです。Part 6 で狙われる単語です。

昔、外部の方で、社内のあるシステムを評定する人が Appraisal として呼ばれていたことから覚えた。
（メーカー・800点台）

本来「値段(prais=price)をつける」→「評価・査定」です。Part 7 の英文でよく見かける単語です。

読みにくいしなじみもなくてとにかく覚えにくい単語です。
（メーカー・600点台）

「リッチで成功した」イメージの単語。名詞は、enjoy prosperity「繁栄を謳歌する」のように使います。景気の良い会社が多い TOEIC では欠かせない単語です。

「プロだから熟達している」とゴロ合わせで覚えました。
（会社員・700点台）

本当に「プロのスキル」という意味なんです。ちなみに『英検』の主催団体は、以前は The Society for Testing English Proficiency「日本英語技能検定協会」という名称でした。

| 1033 **infer**
[ɪnfə́r:] | 動 推察する
例 **infer** climate changes from data
データから気候変動を推測する |

| 1034 **quota**
[kwóutə] | 名 割り当て・ノルマ
例 assign a monthly **quota**
月間ノルマを割り当てる |

| 1035 **oversee**
[òuvərsíː] | 動 監督する・監視する
oversight 名 監督・見落とし
例 **oversee** construction workers
建設作業員を監督する |

| 1036 **correspondence**
[kɔ̀ːrəspándns] | 名 文書・通信
correspond 動 一致する・文通する　correspondent 名 通信者
例 have some **correspondence** with a sales representative
営業担当者と何度か文書のやりとりをする |

| 1037 **acclaimed**
[əkléɪmd] | 形 高く評価された
acclaim 動 称賛する
例 a critically **acclaimed** actor
評論家に高く評価されている俳優 |

| 1038 **hands-on**
[hǽndzán] | 形 実地の
例 **hands-on** experience
実地経験 |

| 1039 **conform**
[kənfɔ́ːrm] | 動 従う・一致する
例 **conform** to company regulations
会社の規則に従う |

| 1040 **emerging**
[ɪmə́ːrdʒɪŋ] | 形 新興の
emerge 動 現れる
例 an **emerging** company
新興企業 |

スペルにも意味にも特徴がないのでなかなか覚えられません。
（教育・400点台）

「なんとなく心の中へ（in）運ばれてくる（fer）」→「推察する」となりました。fer は ferry「フェリー（人・荷物を運ぶもの）」と同語源です。

外資系企業で「クオータ」と言われてまったく見当もつかなかったのが、この単語だった。
（会社員・700点台）

「分担」という意味があり、そこから「分担されたもの」→「割り当て」、「責任をもって割り当てられた仕事」→「ノルマ」となりました。

oversea と取り違えて、問題文をまったく違う意味で読み進めてしまったことがある。
（メーカー・700点台）

oversea(s) は副詞なので、品詞を意識すれば勘違いは激減します。本来「覆うように（over）見る（see）」→「監督する・監視する」です。

なんかかわいい響きなので「リスと通信する」と覚えました。
（ソフトウェア・インターネット・通信・800点台）

動詞 correspond は「一緒に（co）反応する・レスをする（respond）」→「文通する」です。名詞 correspondence は「文通」→「文書・通信」になりました。

「称賛」という単語は praise のほうが頭に浮かびます。acclaimed は聞き慣れないです。
（サービス・400点台）

praise は動詞、acclaimed は形容詞（本来は過去分詞）という決定的な違いを意識してください。本来「大声をあげて（claim）称賛された」です。

「手持ちの」という意味で誤訳した。真ん中のハイフンの意味がよくわからない。
（インフラ・500点台）

本来 Hands are on.「手が触れている」→「実際に体験している」から生まれた単語です。ハイフンは「2つの単語がまとまってる」感じを出すためにあります。

最初は confirm「確認する」とよく間違えましたが、逆にそれがうろ覚え防止につながりました。
（メーカー・400点台）

form に注目してください。「一緒に（con）形作る（form）」→「みんなで1つのものを作り上げる」→「（ルールに）従う・一致する」となりました。

emergency「緊急」と似た意味かと思ってしまい、全然違うので覚えにくい。
（ソフトウェア・インターネット・通信・400点台）

語源は関連しています。動詞 emerge は「急にニュッと現れる」イメージで、それに -ing がついたのが emerging です。emergency は「急に現れた出来事」→「緊急事態」です。

1041	complement	動 補足する
☐☐☐	[kámpləmènt]	例 **complement** each other 互いに補いあう

1042	incur	動 (出費・損害を)招く・被る
☐☐☐	[ɪnkə́r:]	例 **incur** huge debts 巨額の負債を負う

1043	subsequent	形 その後の
☐☐☐	[sʌ́bsəkwənt]	**subsequently** 副 その後 例 in **subsequent** months その後数カ月で

1044	credential	名 資格・経歴
☐☐☐	[krədénʃəl]	例 academic **credentials** 学歴

1045	showcase	動 展示する・披露する 名 展示・披露の場
☐☐☐	[ʃóukèɪs]	例 **showcase** new laptops 新しいノートパソコンを展示する

1046	sustainable	形 持続可能な
☐☐☐	[səstéɪnəbl]	**sustain** 動 持続させる 例 a **sustainable** business model 持続可能なビジネスモデル

1047	mural	名 壁画　形 壁の・壁面の
☐☐☐	[mjúərəl]	例 design a **mural** 壁画をデザインする

1048	unprecedented	形 前例のない
☐☐☐	[ʌnprésɪdəntɪd]	**precede** 動 先行する **precedented** 形 前例のある 例 an **unprecedented** incident 前例のない出来事

complete と混同することがとても多く、覚えづらかった。
（ソフトウェア・インターネット・通信・500点台）

実は **complete** と関連があります。「完全にする」→「（完全にするために）補足する」となりました。

occur とよく混同します。意識したつもりでもなかなか覚えられないです。
（サービス・600点台）

非常に意味が取りづらい単語ですが、訳しにくいときは「**have**と同じ意味」って考えるだけで解決することが多いです。

最初に「サブ」という言葉があるので、どうしても、「補助」とかいうイメージを思い浮かべてしまいます。
（公務員・600点台）

よく「後の」と訳されますが、「その後の」と覚えたほうが文意がわかりやすくなります。**sub** は「ある出来事に副次的に（二番手的に）続いて」というイメージです。

英字新聞記事で頻繁に使われていましたので頭にインプットされやすいです。
（メーカー・400点台）

「信用（**cred=credit**）できるもの」→「資格・経歴」です。ビジネスには欠かせない単語ですね。

おいしそうなケーキが並べられたデパートの「ショーケース」をイメージしている。
（金融・600点台）

最近は日本の展示会でも **showcase** という単語を使っています。名詞「展示・披露の場」だけでなく、動詞としても使われるところがポイントです。

「持続可能な」という訳で色々なところで目にするが、いまいち意味がわかってない。
（ソフトウェア・インターネット・通信・800点台）

石油はいつか枯渇するので「持続可能」ではありません。太陽光や風力で作るエネルギーは「持続可能」です。環境問題の話で使われます。

聞いたこともない単語すぎて、辞書で確認したから逆に覚えてしまった。
（金融・800点台）

「壁画」と聞くと、古代遺跡を考えてしまいますが、銀行の「壁」などで出ます。マニアックな単語ですが、リスニングでも出たことがあります。

最初は面食らったが、precede「先に起こる」をちゃんと覚えていたので、記憶に定着させられた。
（商社・700点台）

動詞 **precede** は「先に（pre）行く（cede=go）」→「先行する」です。これの過去分詞に否定の un がついた **unprecedented** は「先行されない」→「前例がない」です。

1049	detour	名 迂回路
	[díːtuər] [dɪtúər]	例 take a **detour** to an airport 空港まで迂回路を通る

1050	affiliated	形 提携した
	[əfílièɪtɪd]	affiliate 動 提携する・提携させる 例 an **affiliated** business 関連企業

1051	reimburse	動 払い戻す
	[rìːɪmbə́ːs]	reimbursement 名 払い戻し 例 **reimburse** a transportation fee 交通費を払い戻す

1052	keynote	名 基調
	[kíːnòut]	例 a **keynote** speaker 基調講演者

1053	liable	形 法的責任がある・傾向がある
	[láɪəbl]	liability 名 責任・責務 例 be **liable** for damage 損害に対して法的な責任がある

1054	mandatory	形 義務の
	[mǽndətɔ̀ːri]	mandate 動 命令する 例 a **mandatory** questionnaire 必須の調査票

1055	plaque	名 表彰盾
	[plǽk]	例 display a **plaque** on a wall 表彰盾を壁に飾る

1056	attire	名 衣服
	[ətáɪər]	例 in casual **attire** カジュアルな服装で

記憶エピソード	カクシン

 発音できなくて、ネイティブに伝わらなかったからスペルで会話をして笑い話になった。（メーカー・700点台）

「離れて（de）動く（tour：ツアー）」→「迂回路」です。**Part 4**のラジオの「交通情報」で、「渋滞なので迂回路を使って」という内容で出ます。

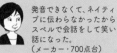 ネット上で商品の広告宣伝などをしている人のことを「アフィリエイター」と呼ぶので、そこから簡単に覚えられた。（会社員・700点台）

「企業と提携した」という意味で「アフィリエイト」と言いますね。動詞**affiliate**「提携させる」の過去分詞**affiliated**は「提携させられた」→「提携した」です。

 TOEICにはよく出てくるので、refundとセットで覚えています。（メーカー・700点台）

imburseの部分は「収入となる」ですが、難しすぎるので、ここは思い切って、**re**「再び」だけに注目して「再びお金が戻る」→「払い戻す」と考えてください。

 海外のコンピューター関連の発表会やイベントで、CEOが発表する最初のプレゼンを指すときによく使う。（ソフトウェア・インターネット・通信・800点台）

本来「主音」という音楽用語ですが、「メインテーマ」の意味で使われます。イベントのメインの演説をする人を**keynote speaker**「基調講演者」と言います。

 「法的責任」と「傾向」がなんで同じ単語なのか見当もつかない。（自営業・700点台）

本来「縛る」で、**be liable for ~**「~に対して法的に縛られている」→「責任がある」、**be liable to**原形「~するように（to ~）縛られている」→「~しがちだ」です。

 なんか「マンダトリー」ってすごい威圧感があるので、そこから強制的なニュアンスを覚えている。（自営業・700点台）

僕はこの単語を本番の英文で見かけるたびに、「あ、ここ設問で聞いてくるな」と反応します。やたら狙われますよ。

 歯磨き粉で見かける「プラーク（歯垢）」と同じ単語というのが驚き。どうにも関連付けられない。（ソフトウェア・インターネット・通信・500点台）

そんなこと考えたこともなかった…。では、「プラーク（歯垢）は歯の周りにつくもの」→「写真・賞状の周りを飾るもの」→「表彰盾」と覚えてください。

 ファッション用語として日常的に使うものでもないので覚えづらいです。（会社員・ソフトウェア・インターネット・通信・400点台）

厳密には「きちんとした衣服」という意味です。**attire**で検索すると、ビシッと決めた外国人の写真ばかりが出てきてインパクトありますよ。

1057 impending

[ɪmpéndɪŋ]

形 差し迫った
pending 形 保留の
pend 動 保留にする
例 alert citizens to **impending** danger
市民に迫りくる危険を警告する

1058 waive

[wéɪv]

動 放棄する・(要求などを)差し控える
waiver 名 権利放棄
例 **waive** a delivery charge
配送料を請求しない

1059 commensurate

[kəménsərət]

形 見合った・同等の
例 salary **commensurate** with ability
能力に見合った給料

1060 debris

[dəbríː]

名 がれき
例 remove the **debris**
がれきを撤去する

1061 synopsis

[sənáːpsəs]

名 概要
例 prepare a brief **synopsis**
簡潔な概要を用意する

1062 recitation

[rèsətéɪʃən]

名 暗唱・朗読
recite 動 暗唱する・朗読する
例 an English **recitation** contest
英語朗読コンテスト

1063 odometer

[oudáːmətər]

名 走行距離計
例 An **odometer** indicates the distance covered.
走行距離計は走行距離を示す。

1064 broadly

[bróːdli]

副 おおむね
例 I **broadly** agree with you.
おおむねあなたに賛成します。

記憶エピソード	カクシン

接頭語 の im と 後 ろ の pending に分解してみたが、覚えられず。（ソフトウェア・インターネット・通信・700点台）

pending は「保留 の」という意味ですが、impending は「今まさに pending の状態の中に入ろうと(in)している」→「差し迫った」と考えてください。

wave と混同してしまい「放棄する」が出てこない。（メーカー・500点台）

発音は wave「波」と同じです。サーファーになったつもりで「(良い波が来たけど、他のサーファーのために)良い波を放棄する」と覚えてください。

comments や commercial など と綴りが似ており、うろ覚えだと正確な意味をつかめず長文に出てくると間違ったイメージで読んでしまう。（医療・700点台）

Part 7 の「求人広告」で、給料の説明に出てきます。commensurate with ～「～に見合った」の形が重要。例では直前の salary を後ろから修飾しています。

ガンダムでスペースデブリという言葉が、「宇宙のゴミ」という意味で使われていたので覚えやすかったです。（広告・出版・マスコミ・500点台）

僕もアニメで言っていたのを聞いたことがあります。「強調(de)＋壊す(bris=break)」→「(砕かれた)破片・ごみ・がれき」となります。

synapse「神経」と形が似ているが、意味がまったく関係なかった。（学生・600点台）

そういうときは無理矢理つなげて「synapse をまとめた synopsis」と覚えるのもアリ。日常で使う summary「概要」を堅くした単語で、主に小説や映像作品の「概要」に使われます。

「リサイタル」っていう言葉と発音が似ているので、その関連で覚えました。（学生・600点台）

「ジャイアン・リサイタル」は日本の大半の小学生が聞いたことがありますよね。実際に recital「リサイタル」と recitation「暗唱・朗読」はどちらも recite「暗唱する」の名詞形です。

父の車に乗ったときに運転席に書いてあって、なんだか嬉しくなり、それ以来忘れなくなりました。（学生・500点台）

"meter" は「測るもの」で(例：thermometer「温度計・体温計」)、odometer は「(車が)走行した距離を測るもの」です。アメリカで免許を取得したウチのスタッフは知らなかったとのこと。

broad「幅広い」は知っていますが、この単語はまったく知りませんでした。（医療・800点台）

broad「幅広い」から「幅広く」→「おおむね」と考えてください。broadly speaking「概して言うと・大雑把に言うと」の形を押さえておきましょう。

Chapter 1

Chapter 2

Chapter 3
目標860点の英単語

Extra Words

1065 benevolent

☐
☐
☐

[bənévələnt]

形 慈善の

例 a **benevolent** institution
慈善協会

1066 off-limits

☐
☐
☐

[ɔ́(:)f límɪts]

形 立ち入り禁止の

例 The seventh floor is **off-limits** to visitors.
7階は訪問者の立ち入り禁止です。

1067 wobbly

☐
☐
☐

[wá:bli]

形 ぐらぐらする

例 a **wobbly** chair
ぐらぐらする椅子

1068 superintendent

☐
☐
☐

[sù:pərɪnténdənt]

名 監督者

例 a **superintendent** of a factory
工場の監督者

1069 marble

☐
☐
☐

[má:rbl]

名 大理石　形 大理石の

例 a **marble** statue
大理石の像

1070 patronage

☐
☐
☐

[pǽtrənɪdʒ]

名 支援

例 This product has a strong **patronage**.
この製品には強力な支援者がいる。

1071 offshore

☐
☐
☐

[á:fʃɔ́:r]

形 海外の

例 set up an **offshore** office
海外事務所を設立する

1072 bond

☐
☐
☐

[bá:nd]

名 保証金

例 rental **bond** refund
賃借保証金の返済

記憶エピソード	カクシン

「benefit と 似 た 意 味 か な？ 利益っぽいような？」と思ったら違った。
（医療・800点台）

benefit と benevolent に共通する"bene"は「良い」という意味です。benefit は「当事者にとって良い」→「利益」、benevolent は「相手にとって良い」→「親切な・慈善の」と考えてください。

「制限の off」のようなイメージが先行してしまい、覚えるのに苦労しました。
（メーカー・600点台）

「入っても良いリミット（limit）から離れて（off）」→「立ち入り禁止」と考えてください。黄色の「立ち入り禁止テープ」に OFF LIMITS と書かれていることがあります。

「ウワー！」って言いながら「ぐらぐら」してる人を思い浮かべています。
（学生・500点台）

工夫ある良い覚え方ですね。まわりにガタつくイス[テーブル]はありませんか？ それをガタガタさせながら、「これが a wobbly chair[table] じゃん」と3回言えば覚えると思いますよ。

super=素晴らしい=すごい人=上司=監督者という連想で覚えています。上司がすごくないと連想しにくいですが（笑）。
（金融・700点台）

イメージが湧く覚え方が一番ですが、実際は super は「上」で、「上に（super）気持ちを伸ばす（intend）人（ent）」という感じです。

覚えにくかったため、画像検索した。たくさん同じような画像が並んでいた。
（学生・600点台）

本来は「輝く石」で、「大理石／ビー玉・おはじき」の意味があります。「マーブルチョコレート」は「大理石」に似た光沢、「おはじき」に似た形から名づけられたそうです。

パトロンという言葉が一般的で覚えている。ごひいきにという感じでしょうか？
（メーカー・700点台）

そのイメージで OK です。「店をひいきにすること」→「ひいき・愛顧・支援」です。Thank you very much for your patronage.「ご愛顧に感謝」→「いつもありがとうございます」です。

オフショア開発という言葉で知りました。岸（shore）から離れ（off）て海に向かって流れる風、つまり「陸風」のことだそうです。ここから派生して、本拠の外の海外のことを意味するようになったそうです。
（ソフトウェア・インターネット・通信・800点台）

よく調べてますね。もう言うことはありませんが、「オフショア開発」とは「システム開発を人件費が安い海外で行う」ことなどに使われます。

ボンドで強力に接着したような固い絆、それをベースにした保証と覚えている。
（メーカー・700点台）

良い覚え方ですね。日常生活では「絆」の意味で使われますが、ビジネスでは「保証金・債券」の意味が大事です。

1073	**validate**	動 有効にする
	[vǽlədèɪt]	例 **validate** the parking ticket 駐車券を有効にする

1074	**immaculately**	副 ちり1つなく
	[ɪmǽkjələtli]	例 The reception room was **immaculately** clean. 待合室はちり1つなく清潔だった。

1075	**congregate**	動 集まる
	[kɑ́:ŋgrɪgèɪt]	例 The guests **congregated** in the lobby. 客はロビーに集まった。

1076	**prolific**	形 多作な
	[prəlífɪk]	例 She is a **prolific** writer. 彼女は多作な作家だ。

1077	**seaworthy**	形 航海に適した状態の
	[síːwə̀:rði]	例 a **seaworthy** ship 航海に適した船

1078	**mindfulness**	名 注意深さ・意識を集中して現実を受け入れること（瞑想に近いもの）
	[máɪndflnəs]	例 how to develop **mindfulness** 注意深さを発達させる方法

1079	**outskirts**	名 郊外
	[áʊtskə̀:rts]	例 on the western **outskirts** of the city 市の西の郊外に

1080	**philanthropic**	形 慈善の
	[fìlənθrɑ́:pɪk]	例 a **philanthropic** foundation 慈善基金

機械学習でクロスバリデーション（交差検証）という手法があるため、動詞形の validate が検証するという意味だと覚えやすいです。（ソフトウェア・インターネット・通信・800点台）

形容詞 valid は value「価値」と関連があり、「期限内なら価値がある」→「有効な」となりました。動詞 validate は「有効な状態（valid）にする（ate）」→「有効にする」です。

Part 5 で immaculate、clean と出てきたのでそこで覚えました。（学生・600点台）

very clean という意味です。an immaculately clean hotel「ちり1つないきれいなホテル」、immaculately maintained roads「完璧に整備された道路」となります。

「コングリゲイト」という音がなんか密集しているというか、そんな感じを持っています。（会社員・700点台）

「一緒に（con）群がる（gregate）」→「集まる」です。ちなみに、segregate は「離れて（se）群がる（gregate）」→「分離する・差別する」です。

単語のとらえどころがなくて、何回接してもきちんと意味を覚えられない。（メーカー・700点台）

a prolific writer「多作家」、a prolific artist「多作な芸術家」のように芸術関係で多用されます。ちなみにピカソは、the most prolific artist と紹介されます（約15万点の作品を残した）。

worthy に注目すればいいでしょうか？（パート・600点台）

worthy「価値がある・値する・ふさわしい」に注目すれば、意味は予測できるので十分です。むしろ worthy は形容詞、worth「～の価値がある」は前置詞ということのほうが1億倍大事です。

RPGのスキルで「マインドフルネス」というものがあり、MP強化される。注意深く自分を見つめたということか？（メーカー・600点台）

少し違う気がしますが、覚えられれば OK です。mindful は「注意・関心（mind）をいっぱいにして（ful）」→「注意して」で、その名詞形が mindfulness「注意深さ」です。

スカートというのが入ってるので、「スカートはいて郊外へ出る」と覚えました。（金融・500点台）

良い覚え方です。実際にやれば100％覚えられるかと。「外へ向けて（out）」と「端っこ（skirts）」がくっついたのですが、スカートはくほうが良いですね。

海外のセレブリティのニュースなどで、「篤志家・慈善事業家」ということで philanthropist という肩書きが出てくることがあるので、覚えやすいです。（医師・弁護士等の専門職・800点台）

僕もビル・ゲイツに使われているのを見ました。「人間（anthrop）を愛する（phil）」→「慈善の」です。"phil" は philosophy「知を愛すること」→「哲学」、"anthrop" は anthropology「人類学」で使われています。

1081	**miscalculation**	名 見込み違い

[mìskælkjəléɪʃən]

例 We made a serious **miscalculation**.
私たちは深刻な見込み違いをしていた。

1082	**rejuvenation**	名 再生

[rɪdʒùːvənéɪʃən]

例 a **rejuvenation** project for the area
地域再生プロジェクト

1083	**ingenious**	形 独創的な

[ɪndʒíːnjəs]

例 an **ingenious** machine
独創的な機械

1084	**sanitizer**	名 消毒剤

[sǽnətàɪzər]

例 wipe the tables with a **sanitizer**
消毒剤を使ってテーブルを拭く

1085	**perk**	名 特典

[pə́ːrk]

例 a **perk** for volunteers
ボランティアの方々への特典

1086	**attic**	名 屋根裏

[ǽtɪk]

例 I found this album in the **attic**.
屋根裏でこのアルバムを見つけた。

1087	**downtime**	名 稼働停止期間

[dáʊntaɪm]

例 reduce **downtime**
稼働停止期間を減少させる

1088	**provision**	名 用意

[prəvíʒən]

例 make ample **provisions** for the future
将来のために十分な準備をする

記憶エピソード

カクシン

Chapter 1

Chapter 2

Chapter 3 目標860点の英単語

Extra Words

calculation「計算」に"mis"がつけば、「失敗」に関する表現になる、という覚え方をしています。
（メーカー・700点台）

バッチリです。**calculate**「計算する」は、算数で **One orange costs $0.85. Calculate the cost of 3 oranges.**「オレンジ1個0.85ドル（85セント）。3個の金額を計算せよ」と使われます。

とにかく発音が難しいが、映画の中で若返りや再生などでこの単語が出てくることが多い。
（インフラ・800点台）

juvenileは「若々しい」で、イタリアのサッカーチーム『ユベントス（Juventus）』は**juvenile**に由来。**re**「再び」がついた、**rejuvenate**は「再生させる」となります。英字新聞・ニュースで多用されます。

genious に"in"なので「バカ」みたいな意味かと思ったら「独創的」とは…バカと天才は紙一重なのでしょうか。
（学生・500点台）

ここでの**in**は「否定」ではなく、単純に「中に」で、「人の中に（in）才能・天才（geni=genius）がある」→「才能溢れる・利巧な・独創的な」です。inが気になるなら「**intelligent**と似た意味」と覚えるのもアリかと。

「サニタイザー」がなんか薬みたいな響きだと思っています。
（医療・800点台）

新型コロナウイルスの感染拡大後、使用場面が激増しました。消毒剤（手指消毒のジェル）に**hand sanitizer**と書いてあることがよくあります。

イギリスの携帯電話で Family perk というプランがあったので記憶に残っている。
（専業主婦・700点台）

本来は**perquisite**という単語ですが、短く**perk**と言うことが多いです（複数形**perks**で使うのが普通）。通常の給料に加えてもらう「手当・特典」を表します。「採用」の話で出てきます。

エアロスミスの名曲「Toys in the Attic」で覚えてます。
（教育・800点台）

映画『Toy Story 3』でAndyが**toy**たちをしまおうとしていたのが**attic**です。日本でも、たまに住宅用語やカフェの名前で「アティック」が使われることがあります。

整形手術の後の予後期間、ということで「ダウンタイム」という言葉はよく聞くので、覚えやすいです。
（医師・弁護士等の専門職・700点台）

いろんなところにヒントが眠っているものですね。「パソコンがダウンした（down）時間（time）」→「稼働停止期間」です。主に「パソコン関係」に使われます。

provide は知ってるんだけど、これと区別がつかないでいつも間違える。
（メーカー・300点台）

provide「供給する」の名詞形で、「供給すること」や、「供給するもの」→「用意・食料」といった意味があります。僕は Winnie-the-Pooh（『くまのプーさん』の原題）の中で覚えました。

1089	**briefing**	**名** 簡潔な説明会
☐☐☐	[brí:fɪŋ]	例 attend a **briefing** 説明会に参加する

1090	**intimate**	**形** 精通した
☐☐☐	[íntəmət]	例 an **intimate** understanding of global issues 地球規模の問題についての精通した理解

1091	**lucrative**	**形** 利益の上がる
☐☐☐	[lú:krətɪv]	例 seek a **lucrative** job 利益の上がる仕事を探し求める

1092	**swap**	**動** 交換する
☐☐☐	[swá:p]	例 Could you **swap** seats with me? 座席を私と交換していただけますか?

1093	**proximity**	**名** 近接
☐☐☐	[prɑːksíməti]	例 in close **proximity** to the airport 空港に近接して

1094	**entrant**	**名** 参加者
☐☐☐	[éntrənt]	例 **entrants** in the contest コンテストの参加者

1095	**untidy**	**形** 散らかった
☐☐☐	[ʌntáɪdi]	例 Don't leave your desk **untidy**. 机を散らかったままにしないで。

1096	**panoramic**	**形** 全景を見渡せる
☐☐☐	[pæ̀nərǽmɪk]	例 have a **panoramic** view of London ロンドンの全景を見渡せる

「ブリーフ」と聞くと下着が浮かぶ。（メーカー・600点台）	**brief**は「短い・簡潔な」という意味です。「ブリーフ・ケース」は「（書類など）簡易なものを入れるケース」です。**briefing**は「短く説明すること」→「簡潔な説明会」です。
「親しい」の意味を表す語には friendly や close がありますが、区別するのが大変だった。（学生・500点台）	「心の中に(in)めいっぱい(timate)入った」→「親密な・深い・詳しい」となります。大学受験では「親しい」が有名ですが、TOEICでは知識・理解が「深い・詳しい」で覚えてください。
なんとなく「ルークラティヴ」という発音が、「ちょっと怪しいけど儲かりそうな」という感じがして、それで覚えています。（サービス・600点台）	僕も「野心溢れる」イメージで覚えています。a lucrative job「儲かる仕事」、a lucrative business「儲かるビジネス」、lucrative market「儲かる（収益性の高い）市場」などがあります。
為替取引で「スワップ」という言葉が出てくるので、交換するイメージはしやすかった。（通信・500点台）	通貨スワップは「異なる通貨の資金を交換する取引」です。TOEICでは、swap and sell event「交換・販売イベント」の話題が出ることもあります。
文字から意味が想像しづらく覚えにくかった。approximately とセットですぐに「近接」と覚えました。（サービス・700点台）	**approximately**は「〜に(ap)最も近い(proxim)状態にして」→「約」なので、その覚え方も非常に良いですね。Part 5では、in proximity to 〜「〜に近い」の形がよく狙われます。
エントランスのイメージが強かったですが、逆にとって「エントランスに集まった人たち」→「参加者」という風に覚えました。（ソフトウェア・インターネット・通信・600点台）	"-ant"は「人」を表します（例：assistant「アシスタント・助手」／participant「参加者」）。entrant は「参加する（entry する）人」→「参加者」と考えればOKです。
tidy が「キチンと」なので un が元の逆の意味と捉えてます。しかし、tidy の発音が怠惰ィーみたいに思えて最初は逆になってましたが。（メーカー・700点台）	1074のimmaculatelyと関連させて、immaculate ≒ clean and tidyと覚えてもよいでしょう。tidy「きちんとした」の対義語がuntidy「散らかった」です。
写真などでパノラマで写す機能があるためイメージしやすかった。（学生・400点台）	パノラマ撮影は、連続撮影した複数の写真をつなげて「全景を見渡せる」ような写真を作ることですね。a panoramic view of 〜「〜の全景」の形でよく使われます。

1097 vibrant
[váɪbrənt]

形 活気ある

例 a vibrant street
活気のある通り

1098 protocol
[próutəkà:l]

名 規約

例 set new security protocols
新しい安全規約を定める

1099 bluff
[blʌf]

名 絶壁

例 The bluff overlooks the ocean.
その絶壁から海が見渡せる。

1100 query
[kwíəri]

名 質問

例 make a query about the application form
申請書に関する質問をする

1101 declare
[dɪkléər]

動 宣言する

例 declare one's opinion
自分の意見を宣言する

1102 paver
[péɪvər]

名 敷石

pave 動 舗装する
例 build a patio with brick pavers
れんがの敷石で中庭を造る

1103 upmarket
[ʌ́pmɑːrkɪt]

形 高級志向の

例 luxury vehicles for upmarket customers
高級志向の顧客向けの高級車

1104 scrutiny
[skrúːtəni]

名 精査

例 endure the public scrutiny
公衆の精査に耐える

記憶エピソード	カクシン
スマホのバイブが元気にブルブルしている様子を思い浮かべています。（学生・500点台）	すごく良い覚え方だと思います。スマホの「バイブレーション」は vibration「振動」のことです。形容詞 vibrant は「振動する」、「人が動いている」→「活気ある」となりました。
実験でよく方法のことを「プロトコル」と言っていたので、実験手法という意味は知っていたのですが、その印象が強すぎて、国際儀礼、議定書という意味がなかなか覚えられず困りました。（600点台）	「（外交的な）儀礼・（国際的な）議定書・（コンピューターの）通信規約」（IPアドレスは Internet Protocol address）など様々な意味がありますが、まずは大雑把に「ルール」関係と考えればいいでしょう。
ニュージーランドにブラフオイスターという世界一おいしいと言われているカキがある。ブラフというのは地名なのですが、調べたら「崖」でした。崖に生息しているカキなんだ、と覚えました。（800点台）	こういう情報こそ、この本の醍醐味ですね。また、bluff には「ブラフ（はったり）」の意味もあるので（別語源ですが）、「絶壁でブラフをかます」と覚えるのもアリかと。
データベースに問い合わせをしたり、データを抽出する際に「クエリ」という言葉を使うので、IT系の人にはなじみのある単語です。（ソフトウェア・インターネット・通信・700点台）	question「質問」と inquiry「質問」を混ぜた綴りになります。query はコンピューター関係の話でよく使われ、「質問」→「問い合わせ・検索」の意味もあります。
IT業界に入って、プログラミングで最初に覚えたことが、declare でした。「変数の宣言」です。（700点台）	新型コロナウイルスが感染拡大した後は、declare a state of emergency「緊急事態を宣言する」→「緊急事態宣言を発令する」という表現が非常によく使われました。
TOEIC Speaking Test で写真描写の際に、paved road をよく使っていたので、なじみがあり、派生語として覚えている。（サービス・700点台）	動詞 pave は「舗装する」で、paver は「舗装するときに使われる石」です。僕は paver のイメージは浮かびますが、「敷石」の読み方に自信はなかったので今回調べたら、普通に「しきいし」でした。
知らなかった単語ですが、up（上の）+ market（市場）から、高級志向とかそのあたり？と見当をつけることができました。（ソフトウェア・インターネット・通信・800点台）	その通り、「上へ向かった（up）市場（market）」→「高級志向の」と考えればいいでしょう。ちなみに、upmarket は主にイギリスで使われ、アメリカでは upscale「高級志向の」が使われます。
大学受験時代、関先生のスタディサプリの授業で、京都大学の和訳問題で解説されていたのを覚えています。（学生・700点台）	一説では scratch「ひっかく」と関連があり、「ひっかくように綿密にチェックする」と考えられています。日本語でも「爪痕を残す」なんて言いますが、それほど執着して精査するイメージで。

1105	prodigy	名 天才
	[prɑ́:dədʒi]	例 He is a piano **prodigy**. 彼はピアノの天才だ。

1106	cargo	名 積荷
	[kɑ́:rgou]	例 carry a **cargo** of oil 石油の積荷を運ぶ

1107	enact	動 制定する
	[ɪnǽkt]	例 **enact** a law 法律を制定する

1108	trendy	形 流行の先端を行く
	[tréndi]	trend 名 傾向・流行 例 a **trendy** hair style 流行の先端を行くヘアスタイル

1109	bulb	名 電球
	[bʌ́lb]	例 change a **bulb** 電球を替える

1110	landlord	名 土地所有者
	[lǽndlɔ̀:rd]	例 agree to the **landlord**'s conditions 土地所有者の条件に同意する

1111	leisurely	形 のんびりとした
	[líːʒərli]	例 walk at a **leisurely** pace のんびりとした歩調で歩く

1112	conspicuous	形 目立つ
	[kənspíkjuəs]	例 make a **conspicuous** change to the plan 計画に顕著な変更を行う

天才といえばgenius の印象が強く、正直なところprodigyはなじみの薄い単語です。
（サービス・600点台）

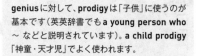

geniusに対して、prodigyは「子供」に使うのが基本です（英英辞書でも a young person who ～ などと説明されています）。a child prodigy「神童・天才児」でよく使われます。

「カーゴパンツ」から、「ポケットがやたらたくさんある形の物を運ぶ貨物」と連想して覚えていました。
（学生・600点台）

良いですね。ちなみにカーゴパンツは貨物船で働く作業員たちがはいたのがはじまりだそうです。car から「車に荷物を積む」が語源で、Part 7で、cargo shipping「貨物輸送」が重要です。

「有効(act)にする(en)」イメージを持っています。しかし、inactive との区別に混乱します。
（金融・900点台）

「法律を活動・有効な(act)状態にする(en)」→「制定する」と考えてもOKですが、actには「法令・行動」の意味があるので、「法に制定する・実行に移す」と考えるといいでしょう。またinactive「活動的でない」は形容詞なので品詞を区別してください。

トレンディドラマや、芸人のトレンディエンジェルさんから、なんとなく「トレンディな」と考えていましたが、今回初めて日本語の訳を知りました。
（学生・500点台）

「トレンディドラマ」は「当時の最先端のトレンドが盛り込まれたドラマ」です（これ自体は和製英語）。Twitter の「トレンド」からも連想できます。英語版の Twitter では Trending で、今、何が多くつぶやかれているかを示します。

「弁」という意味のvalveとどっちかわからなくなるけど、バルーンみたいなイメージを持ってbから始まるほうは「球形」とか「球根」とか「球」のイメージを持つようにしたら迷わなくなった。
（会社員・600点台）

素晴らしい発想です。bulb は元々「タマネギ」という意味で、そこから「球根」→「(球根と似た形の)電球」となりました（light bulb「電球」という使い方もアリ）。

lord は貴族の領主みたいな意味でRPGなんかで出てくるので覚えていて、土地のlordなので「大家・地主」のようなイメージで覚えてました。
（ソフトウェア・インターネット・通信・700点台）

「農地・土地(land)の主人・所有者(lord)」→「土地所有者・地主・家主」です。リスニングでは「不動産業者・家主とのやりとり」が頻出で、そこでは「家主」の意味で使われます。

意味はわかりやすいけど、もし書くとなると大変そう…。
（サービス・500点台）

名詞 leisure「余暇」は、「レジャー」と関連付ければOKですね。その形容詞形がleisurely「余暇を過ごすように」→「ゆっくりした・のんびりとした」です。まさに海外の人の余暇の過ごし方のイメージ。

conspicuous をスタディサプリで発音しているネイティブのナレーターが特徴的だったので紐付けて覚えられた。
（メーカー・700点台）

マニアックな覚え方ですが、その「関連付ける発想」は他にも応用できそうです。本来「よく(con)見える(spicu)」→「目立つ」です。spicu同様、spect も「見る」で、respect「振り返って(re)見る(spect)」→「尊敬する」で使われています。

1113 serial
[síəriəl]

形 ひと続きの
例 the **serial** number of a computer
パソコンの通し番号

1114 janitor
[dʒǽnətər]

名 管理人
例 the **janitor** of an apartment building
アパートの管理人

1115 stall
[stɔ́:l]

名 ブース・区画
例 a shower **stall**
シャワーブース

1116 esteemed
[ɪstí:md]

形 尊敬された
例 an **esteemed** researcher
尊敬されている研究者

1117 accordance
[əkɔ́:rdns]

名 一致
例 in **accordance** with customer needs
顧客の要望に従って

1118 infringe
[ɪnfríndʒ]

動 侵害する
例 **infringe** on human rights
人権を侵害する

1119 ballot
[bǽlət]

名 投票
例 hold a **ballot**
投票を行う

1120 perpetual
[pərpétʃuəl]

形 永遠の
例 We want **perpetual** peace.
私たちは永続的な平和を欲している。

記憶エピソード	カクシン

家電などについているシリアルナンバーからすぐに連想できました。
（ソフトウェア・インターネット・通信・800点台）

「シリアルナンバー」や「シリアルコード」とよく使われますが、これは「製品を識別するためのひと続きの番号・コード」のことです。series「連続」と関連させてもいいでしょう。

スタサプ内で、janitor がオフィスのライトを消したため…という例文があり、「消灯したのは誰？」という謎解きの気持ちで覚えられた。
（パート・アルバイト・600点台）

日本の学校では生徒が掃除しますが、アメリカでは janitor「清掃員・管理人」が掃除をします。学校などの大きな建物の管理（清掃・修理など）をする人のことです。janitorial staff「用務員」でも TOEIC に出ます。

「食べ物」から考えて food stall や、「屋台」といった意味では market stall といった表現を覚えていた。
（学生・500点台）

「一仕切りの区画・売店・露店」の意味があり、例の a shower stall は「（区切られた）シャワー室」です。food stall／market stall／street stall「屋台・露店」は海外旅行先でも見かけます。

慌てて黙読すると estimated と勘違いしてしまうので、許す限り音読しています。
（パート・アルバイト・600点台）

その勘違いにも一理あって、実は estimate「（価値を）見積もる」と同じ語源で、動詞 esteem は「価値を置く」→「高く評価する・尊敬する」となったのです。

学生の頃、「あーこうダンスで調和をとる」とゴロで教わったことがあり、忘れられない単語となった。
（サービス・700点台）

熟語の in accordance with ～「～ に 一 致（accordance with）した状態で(in)」→「～に従って・応じて」の形で出ます。また、副詞 accordingly「それに応じて」も Part 6 で狙われます。

fringe を調べてみたら、「外辺」とか「境界」とか他に「前髪」や「房飾り」の意味が見つかりました。房飾りは端っこにつけることから fringe と呼ばれるようになったのかな、とイメージできて楽しかったです。
（会社員・800点台）

シンプルに「周辺(fringe)から中に入っていく(in)」→「（人のテリトリーを）侵害する」と考えればいいでしょう。例の infringe on ～「～を侵害する」が大事です。

トランプ元大統領の投票に関するツイートで ballot という単語を何度も見ているので覚えました。
（ソフトウェア・インターネット・通信・800点台）

2020年の米大統領選では、新型コロナウイルスの感染拡大を受けて、mail-in ballots「郵送投票」が大幅に増えました（毎日のようにニュースで聞きました）。TOEIC に政治ネタは出ませんが、「地方自治体や会社のルール・役職に就く人を決める」話は出てきます。

腕時計の世界で「パーペチュアルカレンダー（永久に日付調整が不要）」という言葉が使われており、すんなりと覚えられました。
（会社員・400点台）

per は「～を通して・通り抜けて」を表すので、「最後まで通り抜けるような」→「永遠の」と考えれば OK です。permanent「永久の」と同じイメージで捉えてもいいでしょう。

1121	**novelty**	名 目新しいもの
	[nάːvlti]	例 display **novelty** items 珍しい品物を展示する

1122	**fledgling**	形 新生の
	[flédʒlɪŋ]	例 a **fledgling** organization 新生の組織

1123	**replenish**	動 再び満たす
	[rɪplénɪʃ]	例 **replenish** a supply room 備品室に補充をする

1124	**boast**	動 (物が)〜を持っている
	[bóust]	例 The town **boasts** a new auditorium. その町は新しい講堂を持っている(その町には新しい講堂がある)。

1125	**faulty**	形 欠陥のある
	[fɔ́ːlti]	**fault** 名 責任・欠点 例 replace a **faulty** telephone 欠陥のある電話機を交換する

1126	**corridor**	名 廊下
	[kɔ́ːrədər]	例 hotel **corridors** ホテルの廊下

1127	**pantry**	名 食料品室
	[pǽntri]	例 store the food cans in a **pantry** 食料品室に食べ物の缶詰を保管する

1128	**subsidize**	動 助成金を支給する
	[sʌ́bsədàɪz]	**subsidy** 名 補助金 例 The government **subsidized** the company. 政府はその企業に助成金を支給した。

記憶エピソード	カクシン
日本語でのノベルティには、何かを買ったりしたときのおまけみたいなイメージがあるので、「珍しい」という意味との関連がなくて、覚えにくかったです。（学生・700点台）	グッズは「販売していない」という点で「目新しいもの」ということです。**novel**「小説・新しい」は、18世紀では小説が「新しい」文学ジャンルで（それまでは戯曲、詩などがメイン）、そこから名詞形**novelty**が「目新しいもの」となりました。
単語には自信がありましたが、もはや手も足も出ないほど難しい単語です。（学生・600点台）	**fledge**は「羽が生えそろう」で、**fledgling**「羽が生えそろいそうな・飛べそうな」→「新生の・駆け出しの」です。TOEICでは**fledgling career**「駆け出しのキャリア」、**fledgling organization**「新生の組織」をチェック。
英検1級対策の中で覚えた。なかなかイメージがつかず、何度も繰り返し覚えた。（会社員・800点台）	「再び(re)いっぱいに(plen=plenty)する」→「再び満たす・補充する」です。TOEIC頻出の「在庫・備品の補充」の話題で、**replenish supplies**「備品を補充する」や**replenish inventory ／ replenish stock**「在庫を補充する」と使われます。
エンジンのようなイメージがあり、自慢という訳がとっさにでてこない。（ソフトウェア・インターネット・通信・500点台）	たぶん**boost**「押し上げる」と勘違いしてるかも。**boast**は「自慢する」が有名ですが、「（お店・会社が商品を自慢する・誇るほど良いものを）持っている」の意味もあります。
「欠陥」系のイメージは持っているのですが、名詞なのか形容詞なのかでいつも迷います。（ソフトウェア・インターネット・通信・800点台）	名詞**fault**「責任・欠点」の形容詞形が**faulty**「欠陥のある」です。名詞や動詞の語尾に"-y"がつくと「形容詞」になることが多く、1108番も**trend → trendy**（形容詞）ですね。
新橋のコリドー街は、廊下でみんなナンパしてたのかと覚えた。（商社・400点台）	「コリドー街」は飲食店が並ぶ様子を「廊下・通路」に見立てたという説があります。昔の彼女が「本当にナンパスポットなの？」と試しに歩いたら5分で2組から声かけられたと意味不明な報告してきたことがあります。
Amazonのサービスで定期的に配送してくれるサービスがあって、そのせいで「定期的に」みたいなイメージを先に持ってしまった。ただAmazon自体が保存庫みたいなものなので、pantry→Amazon→貯蔵庫というイメージ。（会社員・600点台）	本来は「パン(pant)をしまっておく場所(ry)」で、そこからパンに限らず「食料品室」を表すようになりました。Amazonパントリーは「食料品室から送られてくる」イメージでしょう（残念ながら2021年に終了）。
subsidy「助成金」などと、よくごっちゃになる。（ソフトウェア・インターネット・通信・600点台）	**subsidy**は「下に(sub)座る(sid)」→「（下から支える）補助金」、その動詞形が**subsidize**です。"-ize"は動詞を作る語尾で、**realize**「理解する・実現する」／**finalize**「完了する」／**legalize**「合法化する」などで使われています。

1129 **chamber** [tʃéɪmbər]	**名** 会議所
	例 attend the meeting at the council **chamber**
	会議室での会議に出席する

1130 **acidity** [əsídəti]	**名** 酸味
	acid 形 酸性の
	例 coffee with little **acidity**
	ほとんど酸味のないコーヒー

1131 **gauge** [géɪdʒ]	**動** 測定する
	例 **gauge** the urgency of the situation
	状況の緊急性を判断する

1132 **attest** [ətést]	**動** 証明する
	例 **attest** to the reliability of the staff
	スタッフの信頼性を証明する

1133 **calamity** [kəlǽməti]	**名** 災難
	例 avoid natural **calamities**
	自然災害を回避する

1134 **charcoal** [tʃáːrkòul]	**名** 炭
	例 burn **charcoal**
	炭を燃やす

1135 **bewilder** [bɪwíldər]	**動** 当惑させる
	例 I was **bewildered** by his reaction.
	彼の反応に当惑させられた。

1136 **revamp** [rìːvǽmp]	**動** 改良する
	例 **revamp** a product
	製品を改良する

記憶エピソード　　　　　　カクシン

ハリー・ポッターの「チェンバーオブシークレッツ」で、部屋という言葉がすぐに思いつく。
（サービス・800点台）

TOEICには出ませんが、第二次世界大戦時のユダヤ人虐殺に使われたガス室を gas chamber と言います（ポーランドで実際に見たことがあります）。TOEIC では chamber of commerce「商工会議所」が重要です。

acid が「酸性」という意味なのでそれの名詞形で覚えやすかった。
（メーカー・700点台）

形容詞の acid「酸性の」は、acid rain「酸性雨」という表現で有名です。その名詞形が acidity で、「酸性(度)」のほかに「酸味」の意味もあります。

発音と綴りが結びつかず苦労しています。
（サービス・500点台）

確かに"au"は「オー」の発音が多いので注意が必要です（大学入試の発音問題でもよく狙われます）。台所の「計量器」の「ゲージ」はこのことです（正確には「ゲイジ」）。そこから動詞「測定する」を覚えてください。

「テスト」と強引に結びつけています。
（会社員・700点台）

"test" は「証言する」で、testify「証言する」、protest「人前で証言する」→「抗議する」で使われています。attest は「〜に向かって(at)証言する(test)」→「証明する」です。attest to 〜「〜を証明する」の形が大事です。

伝説の西部の女「カラミティ・ジェーン」は災難が多かったのではないでしょうか？
（メーカー・700点台）

カラミティ・ジェーンは「法廷の疫病神(court calamity)」として男性を怒らせたことに由来しているそうです。映画やアニメで「カラミティ」と使われることもあります。disaster「災害・災難」を堅くした単語です。

昔、炭で布に線を描いていたからチャコペンというと聞いたことがあったので覚えられました。
（メーカー・800点台）

charcoal は画材でも使われ、charcoal pencil「木炭鉛筆」です。coal「石炭」に注目するのもいいでしょう。「チャコールグレー(charcoal gray)」は本来「炭に似た濃い灰色」ということです。

獣のようにワイルドに(wild)なって(be)周りを当惑させる、と覚えました。
（学生・700点台）

自作の覚え方はインパクトが強いので、それはそれでアリです。「えっ!?」という感じで、混乱して何をすればよいかわからない様子を表します。be bewildered「当惑させられた」→「当惑した」で使います。

なんかカッコいい響きなので、「改良を重ねてカッコよくする」と覚えました。
（会社員・800点台）

「再び(re)良くする」→「改良する・修繕する」と考えれば OK です（vamp は「つぎはぎ」）。TOEIC では美術館などが「改装されて使えない」場面が頻出で、そこで使われることがあります。

1137	**authoritative**	**形 権威ある**
	[əθɔ́:rətèɪtɪv]	**authority** 名 第一人者・権威 **authorize** 動 権限を与える 例 in an **authoritative** manner 権威ある方法で

1138	**audiovisual**	**形 視聴覚の**
	[ɔ́:diouvíʒuəl]	例 borrow a piece of **audiovisual** equipment 1組の視聴覚機器を借りる

1139	**autobiography**	**名 自叙伝**
	[ɔ̀:təbaɪáːgrəfi]	例 publish one's **autobiography** 自分の自叙伝を出版する

1140	**cinematography**	**名 映画撮影技術**
	[sìnəmətáːgrəfi]	例 developments in **cinematography** 映画撮影技術の進化

1141	**systematic**	**形 体系的な**
	[sìstəmǽtɪk]	例 create a **systematic** plan 体系的な計画を作る

1142	**congestion**	**名 混雑**
	[kəndʒéstʃən]	例 ease **congestion** in the area その地域の混雑を緩和する

1143	**personalize**	**動 好みのものにする**
	[pə́:rsənlàɪz]	**personalized** 形 個人向けにした 例 **personalize** travel arrangements 旅行の手配を好みのものにする

1144	**criterion**	**名 基準**
	[kraɪtíəriən]	例 meet all the **criteria** for the position その職のすべての基準を満たす

記憶エピソード	カクシン

記憶エピソード / カクシン

システムの世界では、権限設定の世界で「オーサライズ」といった言葉を使うことがあるため、それと関連して「権限がある」といった意味をイメージしやすいと思いました。
（メーカー・500点台）

良いですね。author「著者」は本来「生み出す人」で、authorityは「生み出す人」→「(ある分野における)第一人者・権威」となりました。その形容詞形がauthoritative「権威ある」です。

「オーディオ＝音」、「ビジュアル＝見栄え」から、それらを足し合わせたものとして覚えた。
（メーカー・600点台）

audio「聴覚」とvisual「視覚」を組み合わせた言葉です。「AV機器」とはAudio Visualの略で、「テレビ・DVDプレーヤーなど聴覚・視覚を用いる電子機器の総称」です。

biographyで伝記はわかったが、autoは自動というイメージなのでピンと来なかった。
（学生・400点台）

"auto"は「自動」と共に、「自分」という意味を押さえてください。automobileは「車が自分で(auto)動く(mobile)」→「自動車」です。autobiographyは「自分の(auto)伝記(biography)」です。

cinema→「シネマ」→「映画」、「グラフィック」→「映像」で覚えました。
（600点台）

最近では、日本でも「シネマトグラフィー／シネマトグラファー(映像を撮影する人)」と使われることもあります。TOEICでは意外と「映画(の受賞)」の話題がよく出てきますよ。

すでに「システマチック」が日本語になっているため、システム的なところから「組織的」「系統的」という意味がすぐに入ってきました。
（ソフトウェア・インターネット・通信・600点台）

systemは「きちっとした仕組み」を表し、systematicは「きちっとした仕組みに基づいた」イメージです。a systematic approach to ～「～に対する体系的なアプローチ」のように使われます。

traffic jamとセットで覚えていたので、混雑した感じであることは想像できた。
（メーカー・600点台）

congestは「一緒に(con)運ぶ(gest)」→「混雑させる」で、その名詞形がcongestion「混雑・渋滞」です(traffic congestionという言い方もアリ)。交通渋滞が頻繁に起こるTOEICでは欠かせない単語です。

「個人(person)をカスタム化する」ということで、「自分専用にする」感じで覚えてます。
（メーカー・700点台）

「個人的な(personal)ものにする(ize)」→「個人に向ける・好みのものにする」です。過去分詞(形容詞)のpersonalized「個人に向けられた」→「個人向けにした」もよく使われます。

「その案件のクライテリアは何なの？」みたいな言い回しを使う人が職場にいました。成功かどうかの判断基準や条件みたいな意味で使われていたように思います。
（ソフトウェア・インターネット・通信・700点台）

そういう人には「criterionの複数形がcriteriaですが、確かに普通はcriteriaのほうが使われますよね」という、うんちくを返してみてもいいかと。

/* side tabs */

Chapter 1, Chapter 2, Chapter 3 目標860点の英単語, Extra Words

Chapter 1　Chapter 2　Chapter 3 目標860点の英単語　Extra Words

記憶エピソード　／　カクシン

システムの世界では、権限設定の世界で「オーサライズ」といった言葉を使うことがあるため、それと関連して「権限がある」といった意味をイメージしやすいと思いました。
（メーカー・500点台）

良いですね。author「著者」は本来「生み出す人」で、authorityは「生み出す人」→「(ある分野における)第一人者・権威」となりました。その形容詞形がauthoritative「権威ある」です。

「オーディオ＝音」、「ビジュアル＝見栄え」から、それらを足し合わせたものとして覚えた。
（メーカー・600点台）

audio「聴覚」とvisual「視覚」を組み合わせた言葉です。「AV機器」とはAudio Visualの略で、「テレビ・DVDプレーヤーなど聴覚・視覚を用いる電子機器の総称」です。

biographyで伝記はわかったが、autoは自動というイメージなのでピンと来なかった。
（学生・400点台）

"auto"は「自動」と共に、「自分」という意味を押さえてください。automobileは「車が自分で(auto)動く(mobile)」→「自動車」です。autobiographyは「自分の(auto)伝記(biography)」です。

cinema→「シネマ」→「映画」、「グラフィック」→「映像」で覚えました。
（600点台）

最近では、日本でも「シネマトグラフィー／シネマトグラファー(映像を撮影する人)」と使われることもあります。TOEICでは意外と「映画(の受賞)」の話題がよく出てきますよ。

すでに「システマチック」が日本語になっているため、システム的なところから「組織的」「系統的」という意味がすぐに入ってきました。
（ソフトウェア・インターネット・通信・600点台）

systemは「きちっとした仕組み」を表し、systematicは「きちっとした仕組みに基づいた」イメージです。a systematic approach to ～「～に対する体系的なアプローチ」のように使われます。

traffic jamとセットで覚えていたので、混雑した感じであることは想像できた。
（メーカー・600点台）

congestは「一緒に(con)運ぶ(gest)」→「混雑させる」で、その名詞形がcongestion「混雑・渋滞」です(traffic congestionという言い方もアリ)。交通渋滞が頻繁に起こるTOEICでは欠かせない単語です。

「個人(person)をカスタム化する」ということで、「自分専用にする」感じで覚えてます。
（メーカー・700点台）

「個人的な(personal)ものにする(ize)」→「個人に向ける・好みのものにする」です。過去分詞(形容詞)のpersonalized「個人に向けられた」→「個人向けにした」もよく使われます。

「その案件のクライテリアは何なの？」みたいな言い回しを使う人が職場にいました。成功かどうかの判断基準や条件みたいな意味で使われていたように思います。
（ソフトウェア・インターネット・通信・700点台）

そういう人には「criterionの複数形がcriteriaですが、確かに普通はcriteriaのほうが使われますよね」という、うんちくを返してみてもいいかと。

| 1145 **proficient** ☐☐☐ [prəfíʃənt] | 形 熟達した |
| | 例 He is **proficient** in English.
彼は英語に熟達している。 |

| 1146 **intermediate** ☐☐☐ [ìntərmíːdiət] | 形 中級の |
| | 例 an **intermediate** language course
中級の語学コース |

| 1147 **zeal** ☐☐☐ [zíːl] | 名 熱意 |
| | 例 **zeal** to accomplish the project
プロジェクトを成し遂げる熱意 |

| 1148 **deputy** ☐☐☐ [dépjəti] | 形 副〜 |
| | 例 a **deputy** chairman
副議長 |

プロフェッショナルと関連付けて覚えているのですが、いつも忘れてしまい、sufficient と混同する。（サービス・800点台）	それなら「プロ(pro)が十分な(sufficient)技術を持っているのが proficient」と覚えるか、本来の語源から「前で(pro)作る・行う(fici)」→「(人前で作るほど)熟達した」と考えてみてください。
理系の実験で使っていた物質が「intermediate ○○」と言われていて、それが「中間○○」という意味で使われていた。（会社員・600点台）	「〜の間(inter)＋真ん中(mediate=middle)」→「中級の」です。TOEIC では 講座説明で、beginner・basic「初級」／intermediate「中級」／advanced「上級」にレベル分けされることがよくあります。
zで始まる、なんかカッコいいイメージから「熱意」と覚えるようにしています。（会社員・700点台）	zで始まる単語は滅多にありませんよね。「最後(zはアルファベットの最後)は熱意が TOEIC のスコアに必要」と覚えてみましょうか。
名刺を作る際、表が日本語、裏が英語なのですが、「副○○」の役職の人にはこの単語が使われていた気がします。（ソフトウェア・インターネット・通信・800点台）	「組織の中でポジションが1つ下の人」や「代わりに業務を行う人」を表します。a deputy director「副部長」、a deputy mayor「副市長」、a deputy chairman「副議長」などが大事です。

最終チェックの英単語

ここまでお疲れ様でした。みなさんのTOEIC に対する力はかなり洗練されたものになった はずです。ここでは「まだ余力あるんだけど」 という方のために「おかわり」的に単語を載せ ました。ぜひ活用してみてください。

目標730点の英単語

1149	**coupon** [kú:pɑn]	名 クーポン・割引券
1150	**checkout** [tʃékàut]	名 レジ・チェックアウト
1151	**journalism** [dʒə́:rnlìzm]	名 ジャーナリズム
1152	**booking** [búkɪŋ]	名 予約
1153	**surprisingly** [sərpráɪzɪŋli]	副 驚くほど・意外にも
1154	**debate** [dɪbéɪt]	名 討論・議論 動 討論する・議論する
1155	**productivity** [pròudʌktívəti]	名 生産性
1156	**advertisement** [ædvərtáɪzmənt]	名 広告
1157	**mission** [míʃən]	名 使命・任務
1158	**nearby** [níərbáɪ]	副 近くに 形 近くの
1159	**sharply** [ʃáːrpli]	副 急激に・鋭く
1160	**shift** [ʃíft]	動 移る・変える
1161	**generally** [dʒénərəli]	副 一般的に・たいてい
1162	**proudly** [práudli]	副 誇らしげに
1163	**negotiate** [nɪɡóuʃièɪt]	動 交渉する・取り決める
1164	**frequently** [frí:kwəntli]	副 頻繁に
1165	**solution** [səlú:ʃən]	名 解決策
1166	**surrounding** [səráundɪŋ]	形 周囲の 名 (〜sで)環境
1167	**sightseeing** [sáɪtsì:ɪŋ]	名 観光
1168	**emergency** [ɪmə́:rdʒənsi]	名 緊急事態
1169	**commonly** [kámənli]	副 一般的に
1170	**briefly** [brí:fli]	副 手短に・簡単に

1171	**resolve** [rɪzálv]	動	解決する・決心する
1172	**ownership** [óunərʃìp]	名	所有権
1173	**timeline** [táimlàin]	名	年表・予定表・時刻表
1174	**ambitious** [æmbíʃəs]	形	野心的な
1175	**investigation** [ɪnvèstɪɡéɪʃən]	名	調査・研究
1176	**specify** [spésəfàɪ]	動	具体的に述べる・特定する
1177	**maintenance** [méɪntənəns]	名	整備・維持管理・メンテナンス
1178	**promote** [prəmóut]	動	促進する・昇進させる
1179	**disappointing** [dìsəpóɪntɪŋ]	形	がっかりさせるような
1180	**overcome** [òuvərkʌ́m]	動	克服する・打ち勝つ
1181	**majority** [mədʒɔ́rəti]	名	大多数・過半数
1182	**kneel** [ní:l]	動	ひざをつく
1183	**combined** [kəmbáɪnd]	形	共同の・複合の
1184	**rapidly** [rǽpɪdli]	副	急速に・急激に
1185	**tourism** [túərìzm]	名	観光事業
1186	**permission** [pərmíʃən]	名	認可・許可・承認
1187	**capable** [kéɪpəbl]	形	能力がある
1188	**competitor** [kəmpétətər]	名	競合他社・競争相手
1189	**boost** [bú:st]	動	高める・促進する
1190	**civil** [sívl]	形	市民の・民間の・国内の
1191	**acceptance** [ækséptəns]	名	承諾・採用
1192	**logical** [ládʒɪkl]	形	論理的な・筋が通った
1193	**influential** [ɪnfluénʃəl]	形	影響力のある
1194	**landscape** [lǽndskèɪp]	名	風景

1195	**strategy** [strǽtədʒi]	名 戦略
1196	**reservation** [rèzərvéɪʃən]	名 予約
1197	**convenience** [kənvíːnjəns]	名 好都合・便利さ
1198	**reject** [rɪdʒékt]	動 拒絶する・却下する
1199	**inspiring** [ɪnspáɪərɪŋ]	形 刺激的な・感動的な
1200	**remodel** [rɪmádl]	動 改装する・改築する
1201	**supplement** [sʌ́pləmènt]	動 補う　名 補足
1202	**removal** [rɪmúːvl]	名 除去・解任
1203	**apparent** [əpǽrənt]	形 明らかな・見かけ上の
1204	**heavily** [hévli]	副 激しく・大量に・大きく
1205	**reasonably** [ríːznəbli]	副 ほどよく・合理的に
1206	**container** [kəntéɪnər]	名 容器・入れ物
1207	**successfully** [səksésfəli]	副 うまく
1208	**expansion** [ɪkspǽnʃən]	名 拡大・拡張・展開
1209	**assemble** [əsémbl]	動 集まる・集める・組み立てる
1210	**institute** [ínstət(j)ùːt]	名 研究所・協会　動 設立する
1211	**attempt** [ətémpt]	動 試みる　名 試み
1212	**convert** [kənvə́ːrt]	動 変える・変換する
1213	**extend** [ɪksténd]	動 延長する・拡張する
1214	**emphasis** [émfəsɪs]	名 強調
1215	**enlarge** [enláːrdʒ]	動 拡大する・増大する
1216	**increasingly** [ɪnkríːsɪŋli]	副 ますます
1217	**previously** [príːviəsli]	副 以前に・これまでは
1218	**conflict** [kánflɪkt]	名 闘争・口論・矛盾・葛藤

1219	novelist [návlɪst]	名 小説家
1220	specifically [spɪsífɪkəli]	副 特に
1221	approval [əprúːvl]	名 承認
1222	exceptional [ɪksépʃənl]	形 例外的な・優れた
1223	wage [wéɪdʒ]	名 賃金
1224	associate [əsóuʃièɪt]	動 結びつける・連想する
1225	sophisticated [səfístɪkèɪtɪd]	形 洗練された・高機能な
1226	current [kə́ːrənt]	形 現在の・最新の
1227	struggle [strʌ́gl]	動 奮闘する
1228	remote [rɪmóut]	形 遠く離れた・遠隔の
1229	lumber [lʌ́mbər]	名 材木
1230	patron [péɪtrən] [pǽtrən]	名 後援者・顧客
1231	scope [skóup]	名 範囲
1232	steadily [stédɪli]	副 着実に
1233	dependable [dɪpéndəbl]	形 信頼できる
1234	concentrated [kánsəntrèɪtɪd]	形 集中的な
1235	stable [stéɪbl]	形 安定した・着実な
1236	contribution [kàntrəbjúːʃən]	名 貢献・寄付・寄贈
1237	laundry [lɔ́ːndri]	名 洗濯
1238	engagement [engéɪdʒmənt]	名 約束・婚約・従事
1239	lighting [láɪtɪŋ]	名 照明
1240	lack [lǽk]	名 不足
1241	restore [rɪstɔ́ːr]	動 回復させる・修復する
1242	predict [prɪdíkt]	動 予言する

1243	**paragraph** [pǽrəgræf]	名 段落
1244	**partial** [pá:rʃəl]	形 部分的な・不公平な
1245	**crossing** [krɔ́(:)sɪŋ]	名 交差点・横断歩道
1246	**fund-raising** [fʌ́ndrèɪzɪŋ]	名 資金調達　形 資金を集める
1247	**outlet** [áutlèt]	名 直販店・コンセント
1248	**critic** [krítɪk]	名 批評家・評論家
1249	**postage** [póustɪdʒ]	名 郵便料金
1250	**originally** [ərídʒənəli]	副 最初は・もともと
1251	**independently** [ìndɪpéndəntli]	副 単独で
1252	**generate** [dʒénərèɪt]	動 生み出す・起こす
1253	**preference** [préfərəns]	名 好み
1254	**solid** [sálɪd]	形 かたい・しっかりした
1255	**profitable** [práfətəbl]	形 利益になる・役立つ
1256	**restrict** [rɪstríkt]	動 制限する
1257	**manuscript** [mǽnjəskrìpt]	名 原稿
1258	**capture** [kǽptʃər]	動 捕まえる・記録する
1259	**dealership** [díːlərʃìp]	名 販売特約店
1260	**evident** [évədnt]	形 明らかな
1261	**eliminate** [ɪlímənèɪt]	動 取り除く
1262	**pastry** [péɪstri]	名 焼き菓子
1263	**accommodations** [əkàmədéɪʃənz]	名 宿泊施設
1264	**portion** [pɔ́:rʃən]	名 部分
1265	**tailor** [téɪlər]	名 仕立て屋
1266	**output** [áutpùt]	名 生産高・出力

1267	**interruption** [ɪntərápʃən]	名	邪魔・中断
1268	**obligation** [àbləgéɪʃən]	名	義務・責務
1269	**adequate** [ǽdɪkwət]	形	十分な・適切な
1270	**profile** [próufaɪl]	名	(人物の)紹介・プロフィール
1271	**reveal** [rɪvíːl]	動	明らかにする
1272	**ordinary** [ɔ́ːrdnèri]	形	普通の・ありふれた・平凡な
1273	**encounter** [enkáuntər]	動	偶然出会う・直面する
1274	**completion** [kəmplíːʃən]	名	完了・完成
1275	**corporation** [kɔ̀ːrpəréɪʃən]	名	企業・法人
1276	**measurement** [méʒərmənt]	名	寸法・測定値
1277	**optimistic** [àptəmístɪk]	形	楽観的な
1278	**presence** [prézns]	名	出席・存在
1279	**endeavor** [endévər]	名	努力・試み
1280	**authority** [əθɔ́ːrəti]	名	権威・権威者
1281	**aim** [éɪm]	動	狙う・目指す
1282	**punctual** [páŋktʃuəl]	形	時間を守る・時間通りの
1283	**ample** [ǽmpl]	形	豊富な・十分な
1284	**outline** [áutlàɪn]	動	概要を述べる
1285	**fulfill** [fulfíl]	動	果たす・実現する
1286	**retain** [rɪtéɪn]	動	保持する
1287	**urge** [ɔ́ːrdʒ]	動	説得する・促す
1288	**define** [dɪfáɪn]	動	定義する・はっきりさせる
1289	**asset** [ǽset]	名	財産・貴重な人
1290	**anticipated** [æntísəpèɪtɪd]	形	予想される・期待された

1291	**conventional** [kənvénʃənl]	形 慣習的な・従来の
1292	**consideration** [kənsìdəréɪʃən]	名 考慮
1293	**consequence** [kánsəkwèns]	名 結果
1294	**strive** [stráɪv]	動 努力する・奮闘する
1295	**modest** [mádəst]	形 控えめな・わずかな
1296	**vendor** [véndər]	名 業者・販売会社
1297	**eventually** [ɪvéntʃuəli]	副 最終的に・結局
1298	**noted** [nóutɪd]	形 有名な・著名な
1299	**steep** [stí:p]	形 険しい・急勾配の
1300	**physician** [fɪzíʃən]	名 医師
1301	**considerably** [kənsídərəbli]	副 かなり
1302	**impose** [ɪmpóuz]	動 課す
1303	**convinced** [kənvínst]	形 確信して
1304	**garment** [gáːrmənt]	名 衣類
1305	**specialize** [spéʃəlàɪz]	動 専攻する・専門に扱う
1306	**mutual** [mjúːtʃuəl]	形 相互の
1307	**consistently** [kənsístəntli]	副 一貫して・常に
1308	**objective** [əbdʒéktɪv]	名 目的　形 客観的な
1309	**controversial** [kàntrəvə́ːrʃəl]	形 議論を招く・賛否両論ある
1310	**allowance** [əláuəns]	名 手当・許容量
1311	**promptly** [prámptli]	副 すぐに・(時刻)ぴったりに
1312	**legislation** [lèdʒɪsléɪʃən]	名 立法・法律
1313	**remark** [rɪmáːrk]	名 所見・意見　動 気づく・述べる
1314	**perspective** [pərspéktɪv]	名 見方・考え方

1315	**precisely** [prɪsáɪsli]	副 正確に
1316	**speculation** [spèkjəléɪʃən]	名 推測・熟考
1317	**substantial** [səbstǽnʃəl]	形 かなりの・相当な
1318	**assignment** [əsáɪnmənt]	名 業務・課題
1319	**instrumental** [ìnstrəméntl]	形 役に立つ・楽器の

目標860点の英単語

1320	**registration** [rèdʒəstréɪʃən]	名 登録・記録
1321	**renewal** [rɪn(j)úːəl]	名 更新・再開
1322	**economics** [èkənáːmɪks]	名 経済学
1323	**simplify** [símpləfàɪ]	動 単純化する
1324	**identification** [aɪdèntəfɪkéɪʃən]	名 身分証明・本人確認
1325	**mobile** [móubl]	形 移動式の・携帯電話の
1326	**applicant** [ǽplɪkənt]	名 応募者
1327	**optional** [ápʃənl]	形 選択自由の・任意の
1328	**insert** [ɪnsə́ːrt]	動 挿入する
1329	**knowledgeable** [nálɪdʒəbl]	形 知識豊富な・精通している
1330	**introductory** [ìntrədʌ́ktri]	形 入門の・初歩の・導入の
1331	**installation** [ìnstəléɪʃən]	名 設置・インストール
1332	**attendance** [əténdəns]	名 出席・出席数
1333	**enrollment** [enróulmənt]	名 登録・入会
1334	**receptionist** [rɪsépʃənɪst]	名 受付係・フロント係
1335	**attachment** [ətǽtʃmənt]	名 添付ファイル・付属品
1336	**accountant** [əkáuntənt]	名 会計士・経理
1337	**reminder** [rɪmáɪndər]	名 思い出させるもの・督促状・リマインダー
1338	**prediction** [prɪdíkʃən]	名 予言
1339	**willingness** [wílɪŋnəs]	名 進んで〜すること・意欲
1340	**qualification** [kwàləfɪkéɪʃən]	名 資格・資質・必要条件
1341	**pharmacist** [fáːrməsɪst]	名 薬剤師

1342	accelerate [æksélərèɪt]	動	加速する・促進する
1343	lengthy [léŋkθi]	形	長い・冗長な
1344	assorted [əsɔ́ːrtɪd]	形	詰め合わせの
1345	enclosure [enklóuʒər]	名	同封・同封物
1346	staircase [stéərkèɪs]	名	階段
1347	incentive [ɪnséntɪv]	名	刺激・動機・やる気を起こさせるもの
1348	countless [káuntləs]	形	無数の
1349	energetic [ènərdʒétɪk]	形	活動的な・精力的な
1350	inexpensive [ɪnɪkspénsɪv]	形	低価格の
1351	patiently [péɪʃəntli]	副	我慢強く
1352	shipment [ʃípmənt]	名	発送・積荷
1353	publicize [pʌ́bləsàɪz]	動	公表する・宣伝する
1354	reportedly [rɪpɔ́ːrtɪdli]	副	伝えられるところによれば
1355	quote [kwóut]	名	引用・見積価格　動 引用する
1356	participant [pɑːrtísəpənt]	名	参加者
1357	recipient [rɪsípiənt]	名	受取人・臓器受容者(レシピエント)
1358	insight [ínsàɪt]	名	洞察力
1359	facilitate [fəsílətèɪt]	動	容易にする・促進する
1360	exclusive [ɪksklúːsɪv]	形	排他的な・独占的な
1361	revitalize [rìːváɪtəlàɪz]	動	再活性化する・再生する
1362	spectacular [spèktækjələr]	形	見世物の・壮観な
1363	discard [dɪskáːrd]	動	捨てる
1364	notable [nóutəbl]	形	注目に値する・著名な
1365	foster [fɔ́(ː)stər]	動	育てる・促進する

1366	**nutritious** [n(j)u:tríʃəs]	形 栄養のある
1367	**expertise** [èkspərtí:z]	名 専門知識
1368	**execute** [éksəkjù:t]	動 実行する
1369	**compile** [kəmpáil]	動 編集する・取りまとめる
1370	**interoffice** [ìntərá:fəs]	形 社内の・部門間の
1371	**compromise** [kámprəmàiz]	名 妥協　動 歩み寄る・妥協する
1372	**revision** [rɪvíʒən]	名 修正・見直し・改訂
1373	**continuous** [kəntínjuəs]	形 継続的な・連続の
1374	**certified** [sə́:rtəfàɪd]	形 公認の・資格を持った・保証された
1375	**inquiry** [ɪnkwáɪəri]	名 問い合わせ・質問・調査
1376	**fabric** [fæbrɪk]	名 生地・織物
1377	**remainder** [rɪméɪndər]	名 残り
1378	**screening** [skrí:nɪŋ]	名 ふるい分け・選別
1379	**pension** [pénʃən]	名 年金・補助金
1380	**overwhelmingly** [òuvərwélmɪŋli]	副 圧倒的に
1381	**subscribe** [səbskráɪb]	動 定期購読する
1382	**duration** [d(j)uəréɪʃən]	名 継続時間・持続
1383	**initiate** [ɪníʃièɪt]	動 開始する
1384	**spacious** [spéɪʃəs]	形 広々とした・ゆったりした
1385	**abundant** [əbándənt]	形 豊富な
1386	**delegation** [dèləgéɪʃən]	名 代表団
1387	**tutorial** [t(j)u:tɔ́:riəl]	名 個別指導・指導教本・取扱説明書
1388	**prestigious** [prestí:dʒəs]	形 一流の・有名な
1389	**precaution** [prɪkɔ́:ʃən]	名 用心・慎重さ・予防策

1390	**periodical** [pìəriádɪkl]	名 定期刊行物
1391	**synthetic** [sɪnθétɪk]	形 合成の
1392	**mutually** [mjú:tʃuəli]	副 お互いに
1393	**specification** [spèsəfɪkéɪʃən]	名 仕様書
1394	**resistant** [rɪzístənt]	形 耐久性のある
1395	**intentionally** [ɪnténʃənəli]	副 意図的に
1396	**obstruct** [əbstrʌ́kt]	動 妨害する・妨げる
1397	**solely** [sóulli]	副 〜だけ・単独で
1398	**embrace** [embréɪs]	動 受け入れる・採用する
1399	**offset** [á:fsèt]	動 相殺する・埋め合わせる 名 相殺
1400	**dominant** [dámənənt]	形 支配的な・優勢な
1401	**agreeable** [əgrí:əbl]	形 感じの良い・好感の持てる
1402	**proceeds** [próusi:dz]	名 収益
1403	**fierce** [fíərs]	形 荒々しい・(風雨や競争などが)激しい
1404	**anecdote** [ǽnɪkdòut]	名 逸話・秘話
1405	**rigorous** [rígərəs]	形 厳格な
1406	**supplementary** [sʌ̀pləméntəri]	形 補足の・追加の・付録の
1407	**concise** [kənsáɪs]	形 簡潔な
1408	**medication** [mèdɪkéɪʃn]	名 薬
1409	**disruption** [dɪsrʌ́pʃən]	名 混乱・崩壊
1410	**adhere** [ædhíər]	動 くっつく・固守する
1411	**prominently** [prámənəntli]	副 顕著に・卓越して
1412	**transparent** [trænspérənt]	形 透明の
1413	**outfit** [áutfìt]	名 衣服・用具

1414	**distraction** [dɪstrǽkʃən]	名 注意散漫・気晴らし
1415	**notorious** [noutɔ́:riəs]	形 悪名高い
1416	**transit** [trǽnsət]	名 通過・輸送・交通
1417	**devise** [dɪváɪz]	動 考案する
1418	**obsolete** [ὰbsəlí:t]	形 時代遅れの・使われなくなった
1419	**detect** [dɪtékt]	動 見抜く・見つける・発見する・気づく
1420	**adoption** [ədάpʃən]	名 採用・採択
1421	**commence** [kəméns]	動 始まる・始める
1422	**incorporate** [ɪnkɔ́:rpərèɪt]	動 取り入れる
1423	**exquisite** [ɪkskwízɪt]	形 素晴らしい・精巧な
1424	**breathtaking** [bréθtèɪkɪŋ]	形 息をのむほどの
1425	**centerpiece** [séntərpì:s]	名 中心となるもの
1426	**pharmaceutical** [fὰːrməs(j)úːtɪkl]	形 製薬の
1427	**oversight** [óuvərsàɪt]	名 監督・見落とし
1428	**reimbursement** [rìːɪmbɔ́:rsmənt]	名 払い戻し・返済
1429	**equipped** [ɪkwípt]	形 設備の整った
1430	**botanical** [bətǽnɪkl]	形 植物の
1431	**keenly** [kíːnli]	副 鋭く
1432	**itemize** [áɪtəmàɪz]	動 箇条書きにする
1433	**occupancy** [ά:kjəpənsi]	名 占有・居住
1434	**thoughtfully** [θɔ́:tfəli]	副 よく考えて
1435	**artifact** [ά:rtəfæ̀kt]	名 工芸品
1436	**outreach** [áutrì:tʃ]	名 奉仕活動
1437	**mentor** [méntɔ:r]	名 指導者・助言者

1438	**skeptical** [sképtɪkl]	形 懐疑的な
1439	**memorabilia** [mèmərəbíliə]	名 記念品・思い出の品
1440	**fluctuation** [flʌ̀ktʃuéɪʃən]	名 変動
1441	**faucet** [fɔ́:sɪt]	名 蛇口
1442	**feasible** [fí:zəbl]	形 実行可能な
1443	**foremost** [fɔ́:rmòust]	形 最も優れた・最重要の
1444	**gala** [géɪlə]	名 祭り
1445	**repave** [rɪpéɪv]	動 再舗装する
1446	**turnover** [tə́:rnòuvər]	名 離職率
1447	**shortcoming** [ʃɔ́:rtkʌ̀mɪŋ]	名 欠点
1448	**anonymous** [ənɑ́nəməs]	形 匿名の
1449	**avid** [ǽvɪd]	形 熱心な
1450	**definitive** [dɪfínətɪv]	形 決定的な・最終的な
1451	**privileged** [prívəlɪdʒd]	形 特権のある
1452	**perishable** [pérɪʃəbl]	形 腐りやすい・傷みやすい
1453	**liaison** [lí:əzɑ̀:n]	名 連絡係
1454	**sturdy** [stə́:rdi]	形 頑丈な
1455	**jeopardy** [dʒépərdi]	名 危機・危険
1456	**imperative** [ɪmpérətɪv]	形 必要不可欠の・緊急の
1457	**recur** [rɪkə́:r]	動 再発する
1458	**abridged** [əbrídʒd]	形 要約された
1459	**turnout** [tə́:rnàut]	名 参加者数
1460	**cubicle** [kjú:bɪkl]	名 区切られたスペース
1461	**tenure** [ténjər]	名 在任期間

1462	**outage** [áutɪdʒ]	名 機能停止・供給停止
1463	**demolish** [dɪmálɪʃ]	動 取り壊す
1464	**compatible** [kəmpǽtəbl]	形 互換性のある
1465	**unanimous** [ju(:)nǽnəməs]	形 満場一致の
1466	**streamline** [strí:mlàɪn]	動 合理化する・効率化する
1467	**discreetly** [dɪskrí:tli]	副 慎重に・思慮深く
1468	**consolidate** [kənsá:lədèɪt]	動 合併する・集約する
1469	**bearer** [béərər]	名 持参人
1470	**stagnant** [stǽgnənt]	形 停滞した
1471	**carpool** [ká:rpù:l]	動 相乗りする
1472	**installment** [ɪnstɔ́:lmənt]	名 分割払いの1回分
1473	**viable** [váɪəbl]	形 実行可能な
1474	**consecutive** [kənsékjətɪv]	形 連続した
1475	**endorse** [endɔ́:rs]	動 推薦する・承認する
1476	**versatile** [və́:rsətl]	形 多才な・用途の広い・万能な
1477	**amendment** [əméndmənt]	名 修正
1478	**exempt** [ɪgzémpt]	形 免除された・免れた
1479	**considerate** [kənsídərət]	形 思いやりある
1480	**deteriorate** [dɪtíəriərèɪt]	動 悪化させる・低下させる
1481	**stringent** [stríndʒənt]	形 厳しい・厳重な
1482	**explicit** [ɪksplísɪt]	形 明確な
1483	**retreat** [rɪtrí:t]	名 保養所・研修旅行
1484	**exponentially** [èkspounénʃəli]	副 加速度的に
1485	**testimonial** [tèstəmóuniəl]	名 推薦文

1486	**deplete** [dɪplíːt]	動 使い果たす
1487	**adverse** [ædvə́ːrs]	形 不利な・逆の
1488	**entail** [entéɪl]	動 伴う・必要とする
1489	**intact** [ɪntǽkt]	形 傷のない
1490	**optimal** [áptəml]	形 最適な
1491	**vicinity** [vɪsínəti]	名 近所
1492	**expedite** [ékspədàɪt]	動 早める・迅速に処理する
1493	**deviate** [díːvièɪt]	動 それる・外れる
1494	**vigorous** [vígərəs]	形 精力的な・活発な
1495	**deliberation** [dɪlìbəréɪʃən]	名 よく考えること
1496	**objectionable** [əbdʒékʃənəbl]	形 不快な・好ましくない
1497	**redeemable** [rɪdíːməbl]	形 交換可能な
1498	**inaugural** [ɪnɔ́ːgjərəl]	形 就任の・最初の

*数字はページを表します。斜体の数字は派生語として掲載されているものです。

[著者]

スタディサプリENGLISH（イングリッシュ）（英文作成）

リクルートが提供する大人気英語学習サービス。英会話とTOEIC® の対策をオンラインで気軽に行うことができる。TOEIC® L&R TEST対策コースでは本書の著者 関正生によるTOEIC® と英文法の講義を約400本以上公開しているほか、模試20回分に匹敵する問題集やディクテーションなどの本格的なトレーニングも収録。スマホアプリはシリーズ累計544万DL(2021年4月時点)

関 正生（せきまさお）（解説）

TOEIC® L&R TEST990点満点取得。

1975年東京生まれ。埼玉県立浦和高校、慶應義塾大学文学部（英米文学専攻）卒業。

リクルート運営のオンライン学習サービス「スタディサプリ」講師。スタディサプリでの有料受講者数は194万人（2020年度有料会員）。いままでの予備校では、250人教室満席、朝6時からの整理券配布、立ち見講座、1日6講座200名全講座で満席など、数々の記録を残した英語教育界の革命児。

著書は「世界一わかりやすい授業」シリーズ、「大学入試 関正生のプラチナルール」シリーズ（以上、KADOKAWA）など累計250万部突破。またNHKラジオ『小学生の基礎英語』や、英語雑誌『CNN ENGLISH EXPRESS』でのコラム連載など多数。

TSUTAYAではDVD版授業33タイトルがレンタル中。DVD BOXも9作。

オンライン英会話スクールhanaso（株式会社アンフープ）での教材監修、社会人向けの講演など、25年以上のキャリアで磨かれた「教えるプロ」として、英語を学習する全世代に強力な影響を与えている。

カバーデザイン／西垂水 敦（krran）　　　　本文デザイン／斎藤 充（クロロス）
DTP／株式会社河源社　　音声収録／ELEC　　イラスト／辻子　　校正／鷗来堂

改訂版（かいていばん）　TOEIC®（トーイック）テスト TEPPAN 英単語（えいたんご）

2021年12月24日　初版発行
2024年 7 月20日　3 版発行

著者／スタディサプリ ENGLISH（イングリッシュ）・関正生（せきまさお）
発行者／山下直久
発行／株式会社KADOKAWA
〒102-8177　東京都千代田区富士見2-13-3
電話 0570-002-301(ナビダイヤル)

印刷所／TOPPANクロレ株式会社